Themis

Revista de Direito

Director
Maria Lúcia Amaral

Redacção
*Ana Prata, António Manuel Hespanha, Armando Marques Guedes,
Carlos Ferreira de Almeida, Miguel Poiares Maduro, Rui Pinto Duarte,
Teresa Pizarro Beleza*

Secretária da Redacção
Isabel Falcão

EDIÇÃO ESPECIAL

(2006)

THEMIS
REVISTA DE DIREITO

EDITOR
EDIÇÕES ALMEDINA, SA
Rua da Estrela, n.º 6
3000-161 Coimbra
Tel.: 239 851 904
Fax: 239 851 901
www.almedina.net
editora@almedina.net

EXECUÇÃO GRÁFICA
G.C. – GRÁFICA DE COIMBRA, LDA.
Palheira – Assafarge
3001-453 Coimbra
producao@graficadecoimbra.pt

LOGÓTIPO
DESÏGN ATELIER B_2

Novembro, 2006

DEPÓSITO LEGAL
149844/00

*Apesar do cuidado e rigor colocados na elaboração da presente obra,
devem os diplomas legais dela constantes ser sempre objecto
de confirmação com as publicações oficiais.*

Toda a reprodução desta obra, por fotocópia ou outro qualquer processo,
sem prévia autorização escrita do Editor,
é ilícita e passível de procedimento judicial contra o infractor.

Comunicações apresentadas no Colóquio organizado pela Faculdade de Direito da Universidade Nova de Lisboa, realizado nos dias 4 e 5 de Abril de 2006.

Jorge Miranda

Vital Moreira

António Marques Júnior

Rui Chancerelle de Machete

Luís Roberto Barroso

Jorge Carlos Fonseca

Jorge Bacelar Gouveia

Maria Lúcia Amaral

Gábor Halmai

Alessandro Pizzorusso

Pedro Cruz Villalón

Teresa Pizarro Beleza

Paulo Mota Pinto

Nuno Piçarra

Comissão Organizadora: Jorge Bacelar Gouveia, José João Abrantes, Marta Tavares de Almeida, Nuno Piçarra, Teresa Pizarro Beleza

Sessão de abertura

Diogo Freitas do Amaral[*]

Senhor Presidente do Tribunal Constitucional, Senhor Dr. Jorge Sampaio, Magnífico Reitor desta Universidade, Senhor Director e meu querido amigo João Caupers, minhas senhoras e meus senhores, caros estudantes:

Antes de mais, gostaria de agradecer o convite que me foi dirigido para tomar a palavra nesta sessão de abertura do colóquio, muito oportuno, que a Faculdade de Direito da Universidade Nova de Lisboa promove sobre o 30.º aniversário da nossa Constituição.

O primeiro facto que me parece de sublinhar ao falar dos 30 anos da nossa Constituição é, precisamente, a sua longevidade: 30 anos na vida de um país não é nada, na vida de uma pessoa é quase metade, às vezes mais de metade dessa vida, na vida de uma Constituição é imenso. Há muitas constituições, mesmo europeias, que não duraram tanto. Das 6 constituições portuguesas, a actual já é a segunda mais longa de todas. Descontando a Constituição da ditadura, cuja longevidade foi especialmente facilitada, esta é a segunda mais longa constituição portuguesa após a Carta Constitucional, que continua em primeiro lugar.

A Carta foi, aliás, a constituição natural da monarquia constitucional portuguesa; e já pode dizer-se, hoje, que a Constituição de 76 é a constituição natural da república democrática e social.

Mas a longevidade não é apenas interessante como efeméride: ela tem um duplo significado e profundo. Por um lado, significa que não houve nenhuma interrupção ou suspensão da vigência desta Constituição por golpe de Estado ou outro acto violento. Todas as tentativas de interferência violenta no processo político português pós 25 de Abril ocorreram no ano de 1975. Depois disso nada mais houve, felizmente. O que prova, por um lado, a utilidade do período de transição que a própria Constituição de 76 previu, e por outro a maturidade cívica do povo português e a adequação desta Constituição à realidade do nosso país.

Houve 7 revisões da Constituição de 76. Foram muitas? Foram poucas? Foram bastantes, mas revelaram uma grande capacidade de adaptação do

---

[*] Professor da Faculdade de Direito da Universidade Nova de Lisboa. Ministro de Estado e dos Negócios Estrangeiros, à data da realização do Colóquio.

texto inicial às mutações políticas, económicas e sociais que se foram verificando quer em Portugal quer no mundo que nos rodeia.

Lembremos a classificação clássica das constituições em rígidas e flexíveis. Talvez possamos dizer que a nossa se tem mostrado uma constituição super-flexível. De tudo isto resulta que já não há, como houve até 1982 e mesmo até 1989, uma querela constitucional entre nós.

Isso não quer dizer que a Constituição, na sua versão actual, seja perfeita; muito há com certeza, que pode ser melhorado; e haverá também, com certeza, surpresas que levarão a alterar de novo a Constituição. Mas, provavelmente, nada de ideológico acontecerá: a Constituição é hoje bem aceite por todos os partidos políticos com assento parlamentar na Assembleia da Republica.

Este elemento confere estabilidade ao país, credibilidade às instituições, confiança aos agentes económicos. É um valor precioso a conservar.

De todas as opções fundamentais feitas pela Constituição em 1976, apenas uma não chegou até hoje. Chegaram até hoje as opções feitas pela democracia pluralista, pelos direitos humanos e, em particular, pelas liberdade cívicas, pelo Estado laico com regime de separação, pelo sistema semi-presidencial de tendência parlamentar, pelo sistema eleitoral da representação proporcional segundo a média mais alta de *Hondt*, pelo sistema partidário com quatro partidos principais, dos quais dois liderantes e alternativos no governo, pela autonomia do poder local autárquico e pelo auto-governo das regiões autónomas dos Açores e da Madeira. A única opção feita em 76 que não chegou até hoje foi a do socialismo como modelo económico imposto pela própria Constituição.

É digno de realçar como o sistema de governo adoptado em 1976 se adequou tão bem às realidades políticas portuguesas que não foi posto em causa em nenhuma das eleições legislativas ou presidenciais realizadas até hoje. Não é aliás, este, um fenómeno específico português: o mesmo aconteceu nas outras democracias europeias. Tanto em Monarquia, como em República, os povos apreciam ter um Chefe de Estado que, sem responsabilidades governativas, não se intrometa na política, esteja acima dos partidos e seja um símbolo da unidade nacional e uma garantia dos grandes equilíbrios.

Quanto ao modelo económico, em 75/76 ele foi muito influenciado pela própria Revolução em curso, pela maioria dos militares do MFA e, nas elites políticas, pelos acontecimentos de Maio de 68, ainda então recentes na memória de muitos. A realidade se encarregou de demonstrar que o modelo era inadequado. Em sucessivas revisões constitucionais, tal modelo tem-se aproximado do Estado Social de Direito, sem colectivismo, que caracteriza hoje a grande maioria dos países do mundo e a totalidade dos países europeus.

Não temos, porém, um Estado liberal ou neo-liberal, como alguns aliás defendem; temos sim, um Estado social que, na melhor tradição europeia, estabelece, a par de uma economia de mercado, uma intervenção significativa do Estado, não tanto para produzir ou comerciar, como sobretudo para legislar, para exercer a função reguladora da concorrência, para corrigir as falhas de mercado, e sobretudo para garantir um elevado nível de protecção social aos indivíduos e grupos mais carenciados. Se nos lembrarmos de que ainda há dois milhões de portugueses abaixo do limiar da pobreza e que somos, na Europa dos 15, o país com maior fosso de separação entre os 10% mais ricos e os 10 % mais pobres, a função social do Estado fica imediatamente justificada. E o que convém discutir, a meu ver, não é se ela deve ou não existir, mas como deve ser exercida.

Um outro aspecto interessante é o do primado da Constituição. Desde que se implantou na Europa e no mundo o constitucionalismo, nos fins do século XVIII, princípios do século XIX, foi um dogma aceite por todos, sem discussão, o princípio do primado absoluto da Constituição, lei fundamental, fonte suprema do Direito. Dela se podia dizer, como Hobbes disse do Estado no *Leviathan*: "não há na terra ou nos céus nenhum poder que lhe seja superior". A partir de 1945, porém, este dogma começa a ser questionado, tanto a nível interno, como externo.

A nível externo, aparece a ideia do primado do Direito Internacional. Nem todos aceitam essa ideia, mas crescem os seus adeptos, sobretudo fora das grandes potências. É muito difícil sustentar-se hoje, senão na base de um nacionalismo extremo, que a Constituição de cada país seja superior ao Direito Internacional geral. Se lhe for contrária pode, porventura, ser obrigatória para as autoridades e cidadãos do país, mas não é certamente válida no plano do ordenamento jurídico internacional. E neste plano da validade, sempre mais importante em direito do que o plano da eficácia, a Constituição já não é hoje a fonte suprema, pois deve conformar-se com o Direito Internacional geral e é inválida se o violar.

A nível interno, do Estado-Nação, aparecem também algumas realidades que a Constituição não conforma. A Constituição rege todo o Direito estadual Público e Privado, sobre isso não há dúvidas, mas não rege a maioria dos direitos não estaduais. Não rege os direitos religiosos: por exemplo, o direito canónico; não rege os direitos étnicos: por exemplo, o direito cigano; não rege os direitos das comunidades infra-estaduais: por exemplo, a família, as associações, as empresas.

Para além de todos estes aspectos, um outro, mais recente e mais polémico, surgiu nos últimos tempos: pode haver uma Constituição Europeia? E se houver, ela é superior às constituições nacionais? Eis um tema demasiado vasto para quem tem pouco tempo para acabar a sua intervenção. Mais vai ser um grande tema de debate político nos próximos tempos, quer em Portugal, quer em toda a Europa. Já o tinha começado a ser, foi depois interrompido, vai ser retomado nos próximos anos.

Haverá certamente nesse debate oportunidade para discutir o tema, e desde já me disponho a voltar aqui a esta faculdade e a esta universidade (entre outras), para participar no debate, se for convidado.

Concluo dizendo que me parece que a nossa Constituição de 1976 está de parabéns pelos seus 30 anos de vida e pela estabilidade político-constitucional que garantiu ao país. Isto significa também uma grande maturidade cívica do povo português. Quando em 1820 passámos da Monarquia Absoluta para o Constitucionalismo Liberal, a transformação foi igualmente muito profunda, mas muito mais difícil de assimilar.

Levámos 14 anos a atingir a estabilidade constitucional e 31 anos a alcançar a estabilidade política. Em comparação, a turbulência política subsequente ao 25 de Abril de 1974 durou apenas 18 meses e a normalidade constitucional foi obtida em 8 anos – de 1974 a 1982.

A Constituição da República Portuguesa fornece-nos, pois, desde há décadas, um quadro geral de estabilidade política e uma clara definição institucional que muito beneficia o nosso país. Aproveitemos então essa enorme mais-valia de que dispomos para discutir com vivacidade no debate político as grandes questões económicas e sociais, pois é aí que ainda temos problemas importantes e difíceis a resolver.

Não é a Constituição que nos impede de os discutir nem de os solucionar. Erra profundamente quem diz o contrário. Esse é talvez o maior ganho que obtivemos em termos constitucionais nestes 30 anos. Em 1976, a Constituição tolhia o debate livre e plural das questões económicas e sociais, procurando impor um pensamento único. Hoje, a Constituição abre-nos as portas a todos os debates económicos e sociais que queiramos fazer.

Oxalá sejamos capazes de assumir, todos, nessa matéria tão importante e decisiva para o nosso futuro colectivo, as responsabilidades que cabem a cada um de nós.

Muito obrigado.

Leopoldo Guimarães[*]

É com um misto de prazer e orgulho que em nome da equipa Reitoral felicito a nossa Faculdade de Direito pela oportuna iniciativa de comemorar os trinta anos da Constituição de Portugal.
O significado é evidente pela sua enorme importância na democracia portuguesa.

Para os jovens de hoje, a Constituição de 1976 resume-se a um extenso e denso texto jurídico, com implicações profundas de natureza política e em relação ao qual nutrem um sentimento de confiança intrínseca no que respeita ao decurso da vida em sociedade, isto apesar de não o conhecerem em pormenor.
Mas sabem que os mais velhos, os seus pais em particular, votaram massivamente no texto constitucional que pôs cobro a um longo período de falsas ou inexistentes eleições.
Trata-se, no essencial, duma efeméride.

Para os jovens de 1974, 75 e 76, a Constituição teve um significado bem diferente. Correspondia a um texto que fundamentalmente projectava luz sobre o destino de Portugal, traduzindo e descrevendo diferenças conceptuais entre o antes e o depois no contexto da história do país.
No imaginário, do povo, confundia-se conceitos como constituição e modernidade, constituição e progresso, passado e presente, cenário que já não foi repetido durante as sete revisões entretanto levadas a cabo.
A Constituição e as suas consequências foram analisadas, escalpelizadas e entendidas de acordo com o sentimento inerente aos diferentes extractos da população, mormente nas dimensões ligadas aos direitos humanos, achando-se sempre insuficiente a consagrarão dessa vertente.

Para os que ontem sentiram a Constituição ao vivo e hoje a avaliam são diferentes as noções que atravessam as consciências, confluindo todos, no entanto, num ponto comum: o extraordinário valor do texto constitucional que tanto contribuiu para devolver ao povo a noção da nação permitindo assim modelar o futuro em bases democráticas.
Pequenos exemplos para uns mas de enormes consequências para outros, podem e devem servir de ilustração: o ensino superior com cerca de 80.000

---

[*] Reitor da Universidade Nova de Lisboa.

estudantes em 1980 passou para 400.000 estudantes actualmente; o ensino para todos; o acesso aos programas comunitários em particular os dedicados à investigação científica... Tudo isto apesar de alguns pecados cometidos como, por exemplo, a interpretação errada das tutelas políticas sobre a lei de autonomia universitária, confundindo conceitos e práticas designadamente como os que correspondem a noções tão simples como tutela e superintendência.

João Caupers[*]

Senhor Presidente do Tribunal Constitucional, Senhor Dr. Jorge Sampaio, Senhor Ministro de Estado e dos Negócios Estrangeiros, Senhor Reitor da UNL, distintos convidados, caros Colegas desta e de outras universidades amigas, caros estudantes, minhas senhoras e meus senhores:
Permitam-me que comece a minha breve intervenção por saudar o regresso a casa, ainda que efémero, do Senhor Professor Diogo Freitas do Amaral, fundador da FDUNL. Seja muito bem vindo Senhor Professor.
Saúdo também o "dono da casa", Professor Leopoldo Guimarães, e dois grandes amigos da FDUNL: o senhor Dr. Jorge Sampaio que, enquanto supremo magistrado da República, honrou, por mais de uma vez, a FDUNL com a sua presença (todos recordamos a emoção que rodeou a entrega dos diplomas ao primeiro grupo de licenciados pela FDUNL, a que o então Presidente Jorge Sampaio presidiu) e o senhor Conselheiro Artur Maurício, visita habitual e querida da Faculdade, que já aqui esteve por diversas vezes, em cerimónias, em aulas, em colóquios. Se existisse uma associação dos amigos da FDUNL, o Dr. Jorge Sampaio e o senhor Conselheiro seriam seguramente sócios de mérito. Por isso, bem para lá do protocolo e do cerimonial, vimos aqui conversar com amigos e entre amigos, tendo como razão do nosso encontro o trigésimo aniversário da Constituição Portuguesa de 1976.
Permitam-me ainda uma saudação especial aos nossos Colegas de outros países que acederam a partilhar connosco os seus conhecimentos e as suas experiências e aos senhores representantes diplomáticos desses países, que nos honram com a sua presença.
Quisemos reunir nesta ocasião um grupo diversificado de pessoas e de experiências: participantes na Assembleia Constituinte, constitucionalistas portugueses e não portugueses, professores de outras áreas da ciência jurídica, magistrados do Tribunal Constitucional. E, claro, estudantes, muitos estudantes, sem a participação dos quais nenhum empreendimento académico faz sentido.

Meus Caros Estudantes:

Quando tinha a vossa idade, ainda não tinha nascido a Constituição de 1976. Na verdade, quando ela foi aprovada, tinha acabado de completar 25

---
[*] Professor e Director da Faculdade de Direito da Universidade Nova de Lisboa.

anos. Tendo estudado direito constitucional pela velha Constituição autoritária de 1933, foi com curiosidade e entusiasmo que acompanhei as variadas peripécias que, durante o convulsivo ano de 1975, marcaram a elaboração da Constituição. Durante estes dois dias, vão passar por aqui alguns dos protagonistas desses tempos conturbados: não hesitem em interpelá-los.

Não encaro o trigésimo aniversário da nossa Lei Fundamental como uma celebração no sentido tradicional: não se trata, creio, de louvar, menos ainda idolatrar. Não porque isso fosse inaceitável: mas porque não é uma atitude própria de uma instituição universitária.

Trata-se, julgo, de analisar, discutir, duvidar, contestar, apreciar efeitos e defeitos, ponderar benefícios e custos. Uma constituição não é um testamento nem um epitáfio. É um instrumento vivo e actuante da afirmação da vontade de uma colectividade em adoptar princípios e instituir regras que lhe permitam trilhar os caminhos da liberdade, do progresso e da solidariedade. Pelo menos, é assim que eu a vejo.

E nossa Constituição já foi revista sete vezes. Para melhor, dirão uns; para pior, dirão outros. Pela minha parte, num aspecto a que sou especialmente sensível – a protecção judicial dos cidadãos contra actos e omissões da Administração pública lesivos dos seus direitos e interesses – agradaram-me as diversas alterações ao artigo 268.º, que respondem pelo continuado aperfeiçoamento do sistema administrativo e pelo reforço da tutela judicial dos particulares.

Por isso, no programa deste colóquio procurámos fazer confluir várias abordagens: a história constitucional e as vicissitudes constitucionais; as experiências constitucionais de outros países; a jurisprudência constitucional; os direitos fundamentais. A intenção subjacente foi a de proporcionar um debate tão amplo e profundo quanto possível, centrado na Constituição Portuguesa mas aberto a outras realidades e interacções.

Goste-se muito ou pouco da nossa Constituição, é insensato não reconhecer que ela constituiu e constitui um instrumento fundamental de modernização da sociedade portuguesa e do progresso do País. Não é justo culpá-la das nossas dificuldades. A Constituição é uma lei e as leis, por si mesmas, não mudam as sociedades. Quando muito – e já é muito quando o fazem com sucesso – criam condições adequadas a que as cidadãs e os cidadãos decidam, livre e responsavelmente, o seu próprio futuro.

O resto, depende da capacidade e da sabedoria destes.

Quero também agradecer publicamente o trabalho e dedicação daqueles que contribuíram para que nos encontremos aqui, nomeadamente os membros da comissão organizadora, em particular a Dra. Marta Tavares de Almeida.

Comunicações

Primeira Sessão

Constituição de 1976:
O Processo Constituinte

A AFIRMAÇÃO DO PRINCÍPIO DEMOCRÁTICO NO PROCESSO CONSTITUINTE

JORGE MIRANDA[*]

O Professor António Manuel Hespanha disse há pouco que esta era uma aula ou uma sessão de história constitucional. Ora, eu fui, tenho sido (perdoem-me a imodéstia) um seu protagonista – na Assembleia Constituinte, entre 1976 e 1980 na Comissão Constitucional (primeiro órgão específico de controlo da constitucionalidade que existiu no nosso país), depois, como Deputado, na revisão constitucional de 1981-1982 e, desde então, como mero cidadão com algumas intervenções públicas em defesa da ordem constitucional democrática.

Precisamente por isso, tenho extrema dificuldade em desprender-me dessa participação e, assim, algum subjectivismo vai, com certeza, entrar naquilo que vou dizer. Todavia, espero que tal não seja levado a mal, num momento em que comemoramos 30 anos de uma Constituição, a única Constituição *normativa* que Portugal teve até hoje (os alunos de Direito Constitucional sabem o que isto significa) e a Constituição com a qual, apesar de todas as crises e de todas as transformações por que temos passado, temos conseguido viver em paz e liberdade – em *paz* e *liberdade*, como nunca antes havíamos vivido.

Dividirei a minha exposição em duas partes, uma mais directamente de história, referindo as origens e as circunstâncias da Assembleia Constituinte e outra incidindo já na própria Constituição e na sua evolução.

A propósito da história, gostaria de deixar um apelo a que os historiadores se debruçassem sobre a própria história interna e externa da Assembleia Constituinte. É um trabalho que falta.

I

1. O processo que havia de conduzir à Constituição de 1976 partiu da ideia de Direito invocada pela revolução de 25 de Abril de 1974.

---

[*] Professor da Faculdade de Direito Universidade de Lisboa e da Universidade Católica Portuguesa.

Com efeito, das proclamações difundidas no próprio dia 25 de Abril de 1974 e do programa do movimento revolucionário, o "Movimento das Forças Armadas" logo constou o anúncio público da convocação, no prazo de doze meses, de uma Assembleia Nacional Constituinte, a eleger por sufrágio universal, directo e secreto, e se estabeleceu que uma vez eleitos pela Nação a Assembleia Legislativa e o novo Presidente da República "a acção das Forças Armadas seria restringida à sua missão específica de defesa da soberania nacional".

De harmonia com a ortodoxia constitucional democrática, o Movimento das Forças Armadas propunha-se devolver o poder ao povo num prazo relativamente curto; e nisto se distinguia de quase todas as revoluções militares do nosso tempo. Deveria ser o povo, através da eleição dos Deputados à Assembleia Constituinte, a determinar o sistema político e económico-social em que desejaria viver – porque "a vontade do povo é o fundamento da autoridade dos poderes públicos e deve exprimir-se através de eleições honestas a realizar periodicamente por sufrágio universal e igual, com voto secreto..." (art. 21.º, n.º 3, da Declaração Universal dos Direitos do Homem, também invocada logo na noite a seguir à revolução).

Mas o processo que se desenrolaria até à Constituição – e que duraria dois anos – viria a ser marcado por uma turbulência sem precedentes na história portuguesa, derivada de condicionalismos de vária ordem (descompressão política e social imediatamente após a queda dum regime autoritário de 48 anos, descolonização dos territórios africanos feita em 15 meses após ter sido retardada 15 anos, luta pelo poder logo desencadeada) e traduzida, a partir de certa altura, num conflito de legitimidades e de projectos de revolução.

Dessas circunstâncias resultariam uma Constituição elaborada muito sobre o acontecimento, simultaneamente sofrendo o seu influxo e reagindo e agindo sobre o ambiente político e social; o confronto ideológico em que a Assembleia Constituinte se moveu; e a índole de compromisso – de "compromisso histórico" – do texto votado, indispensável em face do pluralismo partidário surgido e projectado numa Assembleia Constituinte, em que nenhum partido tinha maioria absoluta.

2. Em Dezembro de 1974 abriram as operações de recenseamento eleitoral, cuja autenticidade daria, em confronto com os "cadernos eleitorais" de antigamente, a medida da autenticidade das próximas eleições. Mas já nessa altura o MFA parecia estar a transformar-se de "garante" em "motor" do processo revolucionário, pelo que se falava na sua "institucionalização" e numa via "socializante" ou "socialista".

O MFA tinha ficado indirectamente institucionalizado, ou seja, integrado na organização do Estado, desde a revolução, através do Conselho de Estado, estabelecido pela Lei n.º 3/74. Agora, porém, pretendia-se muito mais: pretendia-se uma institucionalização duradoura (e não apenas até à entrada em vigor da Constituição) e directa (traduzido em amplas competências de direcção política do Estado ou até na identificação com os órgãos governativos). Para o efeito abriram-se negociações com os partidos que não pareciam estar muito adiantadas em 11 de Março de 1975, pois havia divergências e reticências da parte de alguns destes.

Na noite de 11 para 12 de Março é criado o Conselho da Revolução e, a seguir, a Assembleia do MFA, que até então já reunia informal ou irregularmente, é elevada a órgão de soberania. As eleições para a Assembleia Constituinte, marcadas para o mês de Abril, terão estado então em perigo de não se realizarem ou de serem adiadas. Só terão sido garantidas pelas relações de força subsistentes no seio do MFA, pela ductilidade dos partidos que se dispuseram a assinar um compromisso político com vista à inclusão na Constituição das principais cláusulas pretendidas pelos militares, pela pressão da opinião pública nacional e internacional e pela própria iminência de conclusão de um processo que, desde o início, sempre despertara o entusiasmo dos eleitores – eram as primeiras eleições livres desde há 48 anos e as primeiras eleições portuguesas por sufrágio universal no pleno sentido deste termo!

O compromisso, Plataforma de Acordo Constitucional ou Pacto (como vulgarmente ficou a ser designado) foi assinado em 13 de Abril e continha um elemento doutrinário – socialista, e não já (ou não apenas) democrático – e um elemento organizatório – relativo aos órgãos de soberania durante o "período de transição" que deveria ser fixado entre 3 e 5 anos pela Assembleia Constituinte (E. 1. 1).

Mais graves eram as limitações estabelecidas quer no respeitante à Assembleia Constituinte quer no respeitante aos futuros órgãos de poder político. As primeiras como que poderiam, na prática, colocar sob tutela a Assembleia; as segundas correspondiam a uma pré-Constituição.

Assim, haveria uma comissão do MFA que, em colaboração com os partidos, acompanharia os trabalhos da Constituinte "de forma a facilitar a cooperação entre os partidos e a impulsionar o andamento dos trabalhos, dentro do espírito do Programa do MFA e da presente plataforma" (C. 2); e, elaborada e aprovada pela Assembleia Constituinte, a nova Constituição deveria ser promulgada pelo Presidente da República, depois de ouvido o Conselho da Revolução (C. 3), o que poderia traduzir-se numa espécie de homologação da Constituição.

Por outro lado, reportando-se ao art. 3.º, n.º 1, da Lei n.º 3/74, que circunscrevia a Assembleia à feitura da Constituição, aparecia a prevenção segundo a qual não deveria haver relação entre os resultados das eleições e a composição do Governo provisório, só dependente do Presidente da República, ouvidos o Primeiro-Ministro e o Conselho da Revolução (C. 5). Era a cláusula política mais importante na altura e a sua natureza conjuntural ficaria demonstrada depois quando a correlação de forças político-militares se inverteu.

Embora um largo espaço ainda estivesse aberto à Assembleia Constituinte – desde a garantia dos direitos fundamentais à definição do sentido da socialização da economia, à organização do poder local e à própria articulação dos órgãos de soberania – dominava o pessimismo sobre o seu papel na Primavera de 1975.

As eleições para a Assembleia Constituinte realizaram-se nesse clima e sob o condicionamento do Pacto. Mas a participação maciça de eleitores (91%) e os seus resultados tornaram patentes as contradições políticas do momento e mostraram também que os partidos tinham acertado ao assinarem o Pacto como "preço" das eleições, pois estas desencadeariam – como vieram a desencadear – toda uma dinâmica política própria, decorrente do emergir, pela primeira vez desde há 50 anos, de uma imediata legitimidade democrática.

Assim, a Constituinte abriu em 2 de Junho alvo das atenções gerais, pela sua novidade representativa e pela importância não tanto da sua função jurídica (fazer a Constituição) quanto da sua função política – ser um contraponto ao poder ou às diversas sedes de poder militar. E, apesar de restringida no objecto das suas deliberações, sem interferir no Governo nem fazer leis, com a sua soberania limitada ou contestada, cedo se tornaria uma tribuna de máxima repercussão nos meses que se seguiriam.

3. Como não podia deixar de ser, a Assembleia Constituinte, assim que se reuniu, empregou os seus primeiros esforços na feitura de um regimento, que fosse adequado à sua missão; e as decisões que então teve de tomar não foram meramente técnicas, quer pelas incidências sobre os acontecimentos de que a Assembleia recebia a imagem quer porque o modo como veio a ser regulado o exercício dos poderes da Assembleia viria a projectar-se nas normas constitucionais cuja aprovação dele dependia; e, naturalmente, também mais tarde viria a ser este regimento a fonte do novo Direito parlamentar português.

Desde logo, o regimento definia um "plano de elaboração da Constituição" (art. 3.º) que consistia em: 1.º) apresentação de projectos de Constituição e de propostas de sistematização do texto constitucional; 2.º) nomeação de comissão que, tendo em vista os projectos e as propostas apresentados, desse parecer sobre a sistematização do texto constitucional; 3.º) debate na generalidade sobre os projectos e propostas e o parecer da comissão e aprovação pela Assembleia do sistema geral da Constituição; 4.º) nomeação de comissões para elaborar pareceres sobre as diversas matérias nos prazos determinados pela Assembleia; 5.º) debate, na generalidade e na especialidade, e votação a respeito de cada título ou capítulo da Constituição, com base em todos os projectos e propostas até então apresentados e os pareceres das respectivas comissões; 6.º) nomeação de comissão encarregada de proceder à harmonização dos títulos e capítulos da Constituição aprovados e à redacção final do texto; 7.º) aprovação global da Constituição pela Assembleia Constituinte.

O regimento organizou as comissões com representação proporcional dos diferentes partidos (art. 24.º) e reconheceu aos Deputados eleitos por cada partido o direito de se constituir em grupo parlamentar (art. 31.º). As reuniões plenárias eram públicas (art. 47.º), as das comissões eram-no quando estas assim o deliberassem (art. 48.º).

A iniciativa de projectos de Constituição ou de preceitos constitucionais e de propostas de alteração cabia a qualquer grupo parlamentar ou Deputado (art. 68.º). Era obrigatório o envio de qualquer projecto à comissão competente em razão da matéria, para apreciação (art. 72.º).

As deliberações de aprovação de qualquer princípio ou preceito da Constituição deveriam ser tomadas com voto favorável de mais de metade dos membros da Assembleia (art. 62.º, n.º 2), ou seja, à partida, 126 (sendo 250 o número total dos Deputados) – o que significava, em face da composição concreta da Câmara, que nenhum preceito ou decisão constituinte podia ser aprovado somente com os votos dos deputados de um partido, mesmo do mais numeroso (embora, em contrapartida, também fosse extremamente difícil qualquer aprovação sem esses votos, a qual, de facto, nunca se terá verificado).

O plano de elaboração da Constituição foi cumprido e, assim, no processo constituinte verificaram-se três fases fundamentais: uma fase de sistematização; uma fase de aprovação das matérias dos diferentes títulos e capítulos; e uma fase de redacção final e aprovação global.

Naturalmente, a fase mais longa, a fase central, foi a segunda. Em conexão com a sistematização aprovada, foram criadas oito comissões e, quase no fim, ainda mais duas. Cada comissão trabalhava sobre os projectos de Constituição dos partidos e sobre anteprojectos de autoria de algum ou alguns dos seus membros e elaborava um parecer, do qual constava um novo articulado; e, na prática, veio a ser cada um dos textos assim propostos que o Plenário discutiu e votou sucessivamente, sem prejuízo de iniciativas de alteração. E, como os projectos dos partidos foram apresentados em Junho de 1975 e a Constituição acabaria por ser aprovada em Abril de 1976, compreende-se o distanciamento entre uns e outros textos.

À Comissão de Redacção caberia recolher todo esse imenso material, visando dar-lhe concatenação, unidade e uma forma jurídica digna de um texto constitucional. Para tanto, teve de reformular, em alguns aspectos, a sistematização; de proceder a distribuições formais de preceitos, por deslocação, por aglutinação e fusão, por cisão, por remodelação e por explicitação de sentido; de propor alterações, aditamentos e eliminações de preceitos; e, ainda, de colocar epígrafes nos artigos. Esta Comissão, por norma interna, deliberou por unanimidade e os resultados do seu trabalho foram submetidos ao Plenário, que os aprovou sem discussão.

4. Ainda em Junho de 1975, foram apresentados à Assembleia projectos de Constituição dos partidos, os projectos dos seis partidos com Deputados eleitos. E a simples leitura dos textos, bem como das respectivas fundamentações e impugnações, mostraria as grandes diferenças que os separavam e a relativamente grande latitude ainda deixada pela Plataforma de Acordo Constitucional.

Os preâmbulos eram, desde logo, elucidativos quer dos princípios doutrinais acolhidos pelos seis partidos quer das preocupações imediatas que os moviam. Vale a pena recordá-los.

Assim, o Centro Democrático Social considerava "marcos orientadores" "os direitos inalienáveis da pessoa humana, o pluralismo e as liberdades democráticas, a solidariedade social e comunitária, a valorização da iniciativa, a reabilitação do trabalho, a abolição da condição proletária e o primado do trabalho sobre o capital". O Movimento Democrático Português – Comissão Democrática Eleitoral apelava para o "empenhamento unitário e profundo do povo português, em íntima e vigorosa união com o libertador Movimento das Forças Armadas e no apoio permanente à sua dinâmica revolucionária". O Partido Comunista Português acentuava a aliança entre o MFA, "vanguarda das forças armadas" e o "movimento popular de massas", ao serviço da construção duma sociedade socialista sem classes antagónicas baseada na colectivização dos meios de produção e que "abolirá, para sempre, da Pátria Portuguesa, a exploração do homem pelo homem". O Partido Socialista preconizava "a construção, por via pluralista e no respeito pela vontade popular, do socialismo, entendido este como poder democrático dos trabalhadores, no quadro da colectivização progressiva dos meios de produção e de um regime de democracia política, com vista à instauração de uma sociedade sem classes". O Partido Popular Democrático exigia o respeito da dignidade da pessoa humana para que "não mais reine em Portugal. o arbítrio das polícias e dos detentores do poder político ou económico e, antes, impere a justiça e o direito". A União Democrática Popular afirmava ser a classe operária a "força motora das transformações revolucionárias" e propugnava "a repressão severa dos inimigos internos e externos do povo, as mais amplas liberdades de organização e iniciativa revolucionária das massas populares e uma política intransigente de defesa da independência nacional".

Em Julho, porém, a Assembleia dir-se-ia condenada a apagar-se ou prestes a ser encerrada. Aparentemente, era um corpo estranho num contexto revolucionário hostil à "democracia burguesa" de que era tida como expressão. Daí os ataques que contra ela se multiplicavam. E, em 8 desse mês, a Assembleia do MFA aprovava na generalidade o chamado "Documento-Guia da Aliança Povo-MFA" (esquema de organização política em termos de "poder popular", com sucessivas assembleias desde a base até uma Assembleia Popular Nacional e em que o Conselho da Revolução era definido como "órgão máximo de soberania nacional").

Em contrapartida em Agosto, a Assembleia tomou uma parte importante no apoio ao "Grupo dos Nove" e na demissão do V Governo provisório. E nessa altura, começavam a ser aprovados os artigos da Constituição em correspondência com a relação de forças no hemiciclo e com a situação política – consagração dos princípios de soberania do povo, una e indivisível, e da constitucionalidade, grande atenção à defesa das liberdades, dos direitos dos trabalhadores e do pluralismo, acentuação das referências ao socialismo e à independência nacional; em geral necessidade e variabilidade de soluções de compromisso.

A formação do VI Governo equivaleu a uma derrota das tendências vanguardistas, mas subsistiram o anarcopopulismo e o seu sucedâneo, o anarco-militarismo. No mais agudo da crise político-militar, em 12 e 13 de Novembro, os Deputados foram sequestrados no Palácio de S. Bento por uma manifestação, durante cerca de 24 horas, sem que o Exército interviesse. Nunca na história constitucional portuguesa houvera nada de semelhante.

Os acontecimentos de 25 de Novembro põem termo a esta crise com a prevalência das correntes democrático-pluralistas. O que resta do MFA deixa de se distinguir do conjunto das Forças Armadas e estas pretendem reestruturar-se segundo uma concepção próxima da ocidental, conforme a Lei n.º 17//75, de 26 de Dezembro. Não se põem em causa, no entanto, muitos dos factos entretanto consumados.

5. Após o 25 de Novembro, o PS, o PPD e o CDS apressaram-se a pedir a renegociação da Plataforma de Acordo Constitucional, invocando a alteração de circunstâncias e a desadaptação das suas disposições "ao curso democrático da Revolução entretanto readquirido". Uma nova Plataforma seria celebrada em 26 de Fevereiro de 1976, desprovida de elemento doutrinário e que reduziria substancialmente a intervenção política dos militares (o MFA apenas apareceria referido na designação do acordo). Essa Plataforma manteria, contudo, cláusulas sobre outros pontos, entre os quais as respeitantes à eleição e aos poderes do

Presidente da República e à responsabilidade política do Governo, sem que tivessem sido previamente objecto de debate na Assembleia Constituinte.

Nos meses finais de elaboração da Constituição, as posições dos partidos perante o corpo de normas já aprovadas revelariam algumas oscilações. De um lado, do CDS e de certos meios do PPD e do PS, ouvem-se vozes cada vez mais críticas a tais normas, particularmente àquelas que no Verão e no Outono passados tinham consagrado ou até declarado irreversíveis certas modificações económicas ocorridas durante o processo revolucionário (como as respeitantes às nacionalizações). De outro lado, de parte do PCP, que anteriormente se mostrara, no mínimo, céptico sobre a capacidade e a vontade da Assembleia de fazer uma Constituição à medida das conquistas revolucionárias e que, com frequência tinha ficado batido em votações, ouvem-se vozes, cada vez mais, em defesa da Constituição. A mudança de conjuntura política explica estas variações.

Aquando das conversações para a nova Plataforma, há quem sugira a sujeição da Constituição a referendo – em nome do princípio democrático, contraposto ao "referendo orgânico", que, de algum modo, o 1.º Pacto introduzira (ao prever, como se disse, uma intervenção do Presidente da República e do Conselho da Revolução), mas também para levar a Assembleia a corrigir ou a repensar o sentido de alguns dos seus votos. Discute-se outrossim sobre a admissibilidade de revisão constitucional durante a primeira legislatura. Uma e outra ideia não conseguem vingar. Mas os resultados da Comissão de Redacção e o Preâmbulo, último texto parcelar votado pela Assembleia, denotam bem a procura de fórmulas de pacificação ideológica e de consenso nacional.

Finalmente, em 2 de Abril de 1976, após 10 meses de trabalhos, a Assembleia Constituinte procederia à votação global da Constituição, aprovada só com os votos contra do CDS. E nesse mesmo dia seria promulgada pelo Presidente da República provisório, sem interferência do Conselho da Revolução.

A Constituição entraria em vigor no dia 25, no segundo aniversário da revolução, e nesta mesma data seria eleita a primeira Assembleia da República; por último, em 14 de Julho, com a posse do Presidente da República eleito, entraria em funcionamento o sistema de órgãos de soberania.

II

6. Que dizer das duas Plataformas de Acordo Constitucional celebradas entre o Conselho da Revolução e os partidos a que pertenceu a quase totalidade dos Deputados à Assembleia Constituinte? A sua importância já foi atrás salientada, como limite da livre decisão da Assembleia Constituinte; e, assim, deve reconhecer-se que a Constituição politicamente surgiu com carácter pactício. Porém, no plano jurídico, nenhuma autonomia, nenhuma eficácia tiveram as Plataformas.

Basta pensar em que, por definição, o Conselho da Revolução e os partidos não podiam obrigar-se reciprocamente por nenhuma forma válida. O Conselho não tinha competência para tal. Admitir que podia praticar um acto relativo ao exercício do poder constituinte (definitivo) seria pressupor que era órgão deste poder, o que não estava previsto nem na Lei n.º 3/74, de 14 de Maio, nem na Lei n.º 5/75, de 14 de Março (as duas sucessivas leis de organização provisória do poder). Quanto aos partidos, também a lei não os institucionalizou com essa função; e, muito menos, podiam vincular os Deputados por eles propostos, porque a lei eleitoral expressamente declarava os Deputados representantes do Povo Português (art. 4.º do Decreto-Lei n.º 621-C/74, de 15 de Novembro).

A única via de dar força jurídica às Plataformas teria sido transformar as suas cláusulas em preceitos de lei constitucional, editada pelo Conselho da Revolução. Ora, nunca tal lei foi feita, nem as Plataformas vieram a ser publicados no *Diário do Governo* ou no *Diário da Assembleia Constituinte*; e tão pouco o texto final da Constituição inseriu em anexo o Pacto de 26 de Fevereiro de 1976.

Uma vez traduzidas as suas cláusulas em preceitos constitucionais, a Plataforma extinguiu-se, porque a sua finalidade específica – e aí se esgotava – consistia precisamente em conformar o conteúdo desses preceitos. Ou seja: o seu cumprimento implicava a sua plena constitucionalização; a Plataforma não poderia durar mais do que o necessário para aprovação da Constituição. Ela não pairava, de fora ou acima, como uma espécie de "superconstituição" ou como uma Constituição paralela. Constituição só podia haver uma: a que, embora sob os condicionalismos fácticos conhecidos, a Assembleia Constituinte iria decretar. E, se a menção de um "período de transição", que constava do articulado preparado pela 5.ª Comissão na vigência da 1.ª Plataforma, não se encontra no texto aprovado da Constituição não é apenas por na 2.ª Plataforma se ter reduzido o desvio ao princípio democrático; é também, significativamente, para evitar dúvidas sobre qualquer pretensa recepção do Pacto.

Com isto não advogo a total irrelevância da Plataforma. Pelo contrário, ela serviu de elemento histórico de interpretação do texto constitucional na parte da organização do poder político, designadamente no que concerne ao Conselho da Revolução (cuja transitoriedade, imposta pela coerência com o princípio democrático alicerçada da Constituição, ficava mais patente reconstituindo as vicissitudes que levaram à sua passagem para a Lei Fundamental). Só não mais que elemento histórico de interpretação.

Contra este entendimento poderia invocar-se a seguinte cláusula da 2.ª Plataforma (5.5): "O presente pacto vigora durante o período de transição, que terá a duração de quatro anos, não podendo ser revisto *durante esse período* sem o acordo do Conselho da Revolução". Logo, afinal seria a própria Plataforma a prever a sua subsistência para lá da aprovação da Constituição e, do mesmo passo, a abrir a possibilidade da sua revisão em qualquer momento ulterior. Mas esta maneira de ver não resistiria a uma análise mais aprofundada.

Do que se curava naquela cláusula não era da vigência do Pacto em si para além da vigência do seu conteúdo através das normas constitucionais; do que se tratava não era da vigência autónoma do Pacto ao lado da Constituição, era da necessidade de esta, nos quatro primeiros anos após a sua entrada em vigor, não estatuir diferentemente – e não poderia dispor diversamente desde que não fossem objecto de revisão os preceitos correspondentes à Plataforma ou que só o fossem com o acordo do Conselho da Revolução.

Porque não menos inconcebível seria uma qualquer revisão autónoma do Pacto. De duas uma: ou a Constituição seria também revista e a revisão do Pacto nada significaria; ou a Constituição não seria revista e a revisão do Pacto revelar-se-ia completamente ineficaz (e essa discrepância poderia dar-se, por exemplo, por os partidos dele signatários não terem assento ou não terem maioria na Assembleia da República investido de poderes de revisão ou virem a desaparecer por dissolução, extinção ou fusão).

Ao contrário da 1.ª Plataforma que regulava a revisão constitucional e a admitia no período dito de transição, a 2.ª Plataforma não se ocupou do assunto, deixando, pois, nessa matéria intocada a liberdade de opção dos partidos e dos Deputados constituintes sobre o tempo e o modo da revisão. Ora, a aludida cláusula do Pacto (5.5, 2.ª parte) destinava-se somente a prevenir a hipótese de a Assembleia Constituinte admitir a revisão na primeira legislatura, exigindo então a participação do Conselho da Revolução no processo se este incidisse sobre matérias provenientes da Plataforma. Rejeitadas, porém, pela Assembleia as propostas apresentadas nesse sentido, aquela disposição cautelar já não tinha razão de ser, porque o seu escopo – não haver revisão em certos domínios, sem o acordo do Conselho – se encontrava realizado na exacta medida em que nenhuma revisão iria haver entretanto...

Por outra banda, quando a 2.ª Plataforma dizia que na segunda legislatura, a Assembleia Legislativa teria obrigatoriamente poderes de revisão constitucional" (5.4), não estava, evidentemente, a impor – aliás, para além do período de vigência que fixava – a realização da revisão à Assembleia da República da época mas apenas a impor (enquanto politicamente, de facto, o podia fazer) aos Deputados constituintes que previssem (como previram) revisão constitucional na segunda legislatura.

Se se reconhecesse valor jurídico à Plataforma de Acordo Constitucional, teria de se concluir que, terminado o período de quatro anos a que se reportava caducaria e caducariam também as normas constitucionais que lhe dessem execução, e seria perfeitamente correcta a autodissolução do Conselho da Revolução, em princípio a partir de 26 de Fevereiro de 1980. Mas este resultado, se não seria absurdo, nem por isso deixaria de ser perturbador, porquanto até que se efectuasse a revisão constitucional pela Assembleia da República – a partir de 15 de Outubro de 1980 (arts. 286.º e 299.º) – estaria substancialmente alterado o sistema de órgãos de soberania sem que se soubesse como redistribuir as importantes competências do Conselho da Revolução.

De resto, haveria uma manifesta contradição entre supor a vigência (e a cessação de vigência) autónoma da Plataforma e a atribuição obrigatória de poderes de revisão à Assembleia Legislativa na segunda legislatura: para quê estes poderes, se os elementos vindos do Pacto caducariam antes do termo da primeira legislatura?

III

7. Como resulta à vista desarmada, a Constituição de 1976 é mais vasta e mais complexa que todas as Constituições anteriores – por receber os efeitos do denso e heterogéneo processo político do tempo da sua formação, por aglutinar contributos de partidos e forças sociais em luta, por beber em diversas internacionais ideológicas e por reflectir a experiência político-constitucional do país.

Ela tem como grandes fundamentos a democracia representativa e a liberdade política. É uma Constituição-garantia e, simultaneamente, uma Constituição prospectiva. Tendo em conta o regime autoritário derrubado em 1974 e o que foram ou poderiam ter sido os desvios de 1975, é uma Constituição muito preocupada com os direitos fundamentais e com a divisão do poder. Mas, surgida em ambiente de repulsa do passado próximo e em que tudo parecia possível, procura vivificar e enriquecer o conteúdo da democracia, multiplicando as manifestações de igualdade efectiva, participação, intervenção, socialização, numa visão ampla e não sem alguns ingredientes de utopia.

O resultado viria a ser um texto muito longo – com preâmbulo e 312 artigos (hoje 295) – dando particularíssimo relevo, em 69 artigos, à matéria dos direitos fundamentais, quer no regime de garantia quer no catálogo. Mas foi porque uns temiam pelas liberdades, outros pelos direitos dos trabalhadores, outros pelas nacionalizações e pela reforma agrária, outros pelo Parlamento e pela separação dos poderes, outros ainda pela descentralização regional e local, que a Constituição acabou por ficar como ficou.

8. A Constituição de 1976, ao contrário de outras, não teve nenhuma Constituição como fonte principal. O que nela se encontra são influências, num conjunto compromissório (repito), da experiência histórica portuguesa e de algumas Constituições estrangeiras, a par de importantes elementos de originalidade.

Podem ser indicados como elementos de originalidade (ou de relativa originalidade e singularidade):

- Não só dualismo de liberdades e garantias e de direitos económicos, sociais e culturais mas também enlace entre eles, operado, designadamente, pelo art. 17.º;
- A constitucionalização de novos direitos e vinculação das entidades privadas pelos direitos, liberdades e garantias;
- A recepção formal da Declaração Universal dos Direitos do Homem enquanto critério de interpretação e integração das normas sobre direitos fundamentais;
- Não só proclamação do direito ao ambiente mas também atribuição ao cidadão ameaçado ou lesado da faculdade de pedir a cessação das causas de violação e a respectiva indemnização;
- O desenvolvimento emprestado à matéria da comunicação social e a constitucionalização dos direitos dos jornalistas;
- A proibição do *lock-out*;
- O apelo à participação dos cidadãos, associações e grupos diversos nos procedimentos legislativos e administrativos; ou seja, à democracia participativa;
- O tratamento sistemático prestado às eleições, aos partidos, aos grupos parlamentares e ao direito de oposição;
- A redobrada preocupação com os mecanismos de controlo recíproco dos órgãos de poder e a constitucionalização do *Ombudsman* (o Provedor de Justiça);
- A coexistência de semipresidencialismo a nível de Estado, sistema de governo parlamentar a nível das regiões autónomas dos Açores e da Madeira e sistema directorial a nível de municípios;
- O sistema de fiscalização da constitucionalidade, com quatro vias – fiscalização preventiva, concreta, sucessiva da inconstitucionalidade por acção e da inconstitucionalidade por omissão – e o carácter misto da fiscalização concreta, com competência de decisão de todos os tribunais

e recurso, possível ou necessário, para a Comissão Constitucional, primeiro, e depois para o Tribunal Constitucional;
- A extensão da norma definidora de limites materiais de revisão constitucional.

Os constituintes pretenderam ainda construir uma organização económica que conjugasse o princípio da apropriação colectiva dos principais meios de produção, um socialismo autogestionário e a iniciativa privada. A realidade do país, as revisões constitucionais e a integração comunitária viriam mostrar que só poderia subsistir se entendida como economia mista ou pluralista, algo diferente, mas não oposta ao modelo de Estado social europeu.

IV

9. A Assembleia da República é o órgão competente para alterar a Constituição, por maioria de dois terços dos Deputados em efectividade de funções, observados certos requisitos temporais e procedimentais e no respeito dos limites materiais correspondentes aos princípios estruturantes fundamentais. Não é possível – a Constituição exclui-o expressamente – referendo de revisão, como pretenderam alguns em 1980 (no fundo, para a substituir por outra).

A Assembleia até hoje realizou sete revisões constitucionais, das quais três bastante vastas (as de 1982, 1989 e 1997) e quatro, relativamente curtas, mas de grande significado, ligadas a tratados internacionais (as de 1992, 2001, 2004 e 2005).

10. A primeira revisão era uma revisão necessária, por causa da necessidade de extinção do Conselho da Revolução, imposta pelo princípio democrático. E, assim, nela avultariam conexos com essa extinção, o repensar das relações entre o Presidente da República, a Assembleia da República e o Governo, com reflexos no sistema político (embora sem afastar o semipresidencialismo) e a criação de um Tribunal Constitucional, de um Conselho de Estado (como órgão consultivo do Presidente da República) e de um Conselho Superior de Defesa Nacional. Reordenou também alguns direitos fundamentais.

A segunda revisão constitucional centrou-se na organização económica, se bem que tenha abrangido outras matérias. E o seu ponto mais emblemático seria a supressão da regra da irreversibilidade das nacionalizações posteriores a 25 de Abril de 1974, e, em geral, o aligeiramento da parte da organização económica. Além disso, tornou mais complexo o sistema de actos legislativos, introduziu o referendo político a nível nacional (em moldes muito prudentes) e modificaria três das alíneas do art. 290.º (agora 288.º) sobre limites materiais da revisão constitucional.

A terceira, a sexta e a sétima foram provocadas pela integração europeia, inserindo-se na Constituição vários preceitos acerca da participação de Portugal e de correspondentes poderes dos órgãos do Estado e das regiões autónomas. A sexta aumentaria também os poderes destas regiões.

A quarta revisão, por seu turno, seria efectuada em nome da revitalização do sistema político – donde, aumento dos poderes formais da Assembleia da República e reforço de mecanismos de participação dos cidadãos (participação no planeamento urbanístico, referendos nacionais, regionais e locais, iniciativa popular, candidaturas independentes às eleições locais. Reforçaria também o Tribunal Constitucional. Em contrapartida, desconstitucionalizaria algumas matérias relevantes.

Quanto à quinta revisão, foi determinada pela ratificação do estatuto do Tribunal Penal Internacional, só possível se objecto de uma norma que a consagrasse. Tocou, contudo, em matérias respeitantes à União Europeia, à língua portuguesa, e às garantias de inviolabilidade do domicílio e ao direito à greve de agentes de forças de segurança.

11. O meu juízo – quer no plano político quer no da técnica legislativa – é francamente positivo sobre a primeira e a segunda revisões e, em parte, sobre a terceira e a quinta; e muito crítico sobre os pontos cruciais da quarta e da quinta revisões e, sobretudo, acerca da sexta revisão, na sua totalidade.

Não posso agora explicar porquê. Remeto para intervenções minhas, orais e escritas e para o debate que se vai realizar dentro de momentos.

12. Termino sublinhando aquilo que tantas vezes tenho aduzido: que a Constituição continua sendo, após sete revisões, após a entrada de Portugal para as Comunidades e para a União Europeia e após tantas mudanças registadas no país e no mundo, a mesma Constituição que em 1976 foi decretada pela Assembleia Constituinte – porque uma Constituição consiste, essencialmente, nunca é demais frisar, num conjunto de princípios e menos num conjunto de preceitos.

Foram modificados dezenas e dezenas de artigos e houve inflexões, formais ou reais, de sentido, mas permaneceram os princípios cardeais identificadores da Constituição – os princípios sintetizados na ideia de Estado de Direito democrático (preâmbulo e, também a seguir a 1982, arts. 2.º e 9.º).

Em primeiro lugar, as sensíveis modificações relativas aos órgãos políticos de soberania da primeira revisão não destruíram a identidade do sistema de governo; e as restantes alterações sofridas pela parte III – desde o referendo às regiões autónomas e ao poder local – destinaram-se (melhor ou pior) à sua viabilização.

Em segundo lugar, as alterações da parte III, conquanto bem mais profundas, tão pouco excederam o projecto compromissório e pluralista da Constituição económica, tal como sempre o interpretei. Subsistem os direitos dos trabalhadores e das suas organizações. O estatuto da iniciativa privada não apagou o favorecimento da iniciativa cooperativa e a garantia institucional de autogestão (arts. 61.º, 85.º, 94.º, n.º 2, e 97.º). Continuam a ser admitidas a apropriação pública e a planificação [arts. 80.º, alíneas *d*) e *e*), 81.º, alínea *g*), 83.º e 91.º e segs.]. As reprivatizações devem observar regras formais e materiais (art. 293.º). Subsistem, conquanto atenuadas, as normas de vedação de sectores básicos à iniciativa privada (art. 86.º, n.º 3) e de eliminação dos latifúndios (art. 94.º, n.º 1).

Em terceiro lugar, quanto à revisão constitucional de 1992, o que seja a União Europeia não se antolha claro e, de todo o modo, por ora, é um sistema *sui generis* de relações e instituições, que não atinge o núcleo da soberania estatal. Nem o art. 7.º, n.º 6, prevê transferência ou renúncia de raiz de poderes nela compreendidos, apenas delegação do seu exercício, a convencionar com respeito pelos princípios da reciprocidade e da subsidiariedade. E, quanto à revisão de 2004, o art. 8.º, n.º 4 (apesar de precipitado e susceptível de entendimentos difíceis de aceitar) reitera como limite insuperável de aplicação do Direito da União Europeia na ordem interna portuguesa o respeito dos princípios fundamentais do Estado de Direito democrático – quer dizer, da Constituição *material* portuguesa.

Por último, as modificações introduzidas no art. 290.º (hoje art. 288.º), corroborando a tese que há muito eu sustentava da revisibilidade de cláusulas expressas de limites materiais de revisão, não representam também senão benfeitorias e actualizações. O princípio da coexistência de sectores é – e já era em 1976 – mais significativo do cerne da Constituição do que a apropriação colectiva; a modificação respeitante ao planeamento é pouco mais que verbal; a participação das organizações populares de base no exercício do poder local, aliás praticamente sem efectividade, terá sido tão só um limite material de segundo grau, e essas organizações ou associações de moradores não desapareceram do texto constitucional.

Foi um fenómeno de desenvolvimento constitucional, e não de ruptura, aquele que atravessou a Constituição de 1976 ao longo destes anos, por efeito da jurisprudência da Comissão e do Tribunal Constitucional, das revisões constitucionais (pelo menos, das três primeiras) e da interacção dialéctica da aplicação das normas e do crescimento de cultura cívica no país.

A METAMORFOSE DA "CONSTITUIÇÃO ECONÓMICA"

VITAL MOREIRA*

1. A TRANSMUTAÇÃO DA CONSTITUIÇÃO ECONÓMICA

Se há uma parcela da versão originária da Constituição de 1976 que não aguentou o teste do tempo e que claudicou perante a dinâmica da realidade infraconstitucional, essa foi seguramente a *constituição económica*, entendida esta noção como o conjunto das normas e dos princípios constitucionais relativos à economia, isto é, que configuram a ordem constitucional da economia.

Na sua primitiva configuração e conteúdo, a constituição económica resultou essencialmente das transformações da ordem económico-social efectuadas no período que mediou entre a Revolução de 1974 e a aprovação da Constituição em 2 de Abril de 1976. Foi nesse período que se aboliu a ordem jurídico-económica do corporativismo, que se efectuaram transformações profundas das estruturas económicas (nacionalizações dos sectores básicos e dos latifúndios no sul do país) e que se definiu um projecto de transformação económica de sentido socialista.

A Constituição limitou-se em grande parte a acolher na constituição económica as transformações pré-constitucionais no campo da economia: as nacionalizações, a reforma agrária, a intervenção dos trabalhadores na vida das empresas, a eliminação das formas pré-capitalistas da exploração da terra (enfiteuse, colonia, parceria), a instauração de formas de gestão colectiva em explorações agrícolas e em empresas industriais (autogestão), a intervenção estadual na gestão de grande número de empresas privadas, a devolução dos baldios à gestão comunitária, etc.

A «constituição económica» vertida no texto originário de 1976 foi, portanto, em grande parte, um acolhimento de transformações já consumadas ou em vias de realização na ordem económica, as quais se procurou garantir, dando-lhes um sentido global e comprometendo-as num sistema apontado à realização dos objectivos constitucionais de transformação da sociedade.

Todavia, desde o início, a evolução da ordem económica desde 1976 nunca foi ao encontro das grandes directivas constitucionais originárias nesta maté-

---

* Professor da Faculdade de Direito da Universidade de Coimbra.

ria, pelo contrário: não se ampliou a «apropriação colectiva» de meios de produção; não progrediu a sua «socialização» através da autogestão; o planeamento manteve-se praticamente inoperante; a participação dos trabalhadores na vida das empresas e na economia em geral não se intensificou. O que se verificou foi o retrocesso em todos esses aspectos.

As sucessivas revisões constitucionais encarregaram-se, embora sempre com atraso, de pôr a Constituição de acordo com a realidade, mediante extensas operações de alteração do texto constitucional. Sobretudo após a segunda revisão (1989), a constituição económica deixou definitivamente de obedecer a um princípio de transformação de sentido socialista, passando as metas de política económica a ser essencialmente livres, de acordo com a orientação política dominante, dentro dos parâmetros de uma *economia mista*, assente na coexistência dos três sectores de meios de produção, embora sem perder de vista os objectivos do «Estado social» ou da «democracia económica, social e cultural» assinalados no art. 2.º da CRP.

O resultado é que hoje, diferentemente do que ocorre no restante espaço constitucional, o texto da constituição económica mal reconhece a sua versão originária, tantas e tão profundas foram as modificações. Podemos por isso falar aqui de uma verdadeira e própria mutação ou metamorfose constitucional. Neste domínio, podemos dizer com alguma propriedade que a Constituição não é a mesma.

Deve, no entanto, notar-se à partida que essa transmutação constitucional só é verdadeira no que respeita à disciplina constitucional incluída na parte II da Constituição, sob a rubrica de "organização económica", onde se definem os princípios da ordem económica e se enunciam as bases das políticas económicas. Já o mesmo não se pode dizer da outra parte da constituição económica, a saber, a que se consubstancia nos direitos fundamentais atinentes à economia, designadamente, os direitos e liberdades económicas fundamentais (liberdade de iniciativa, liberdade de profissão, direito de propriedade), os direitos, liberdades e garantias dos trabalhadores e os direitos económicos, sociais e culturais. Pelo contrário: aqui o saldo das revisões constitucionais traduz-se em geral numa densificação acrescida e numa aumento de garantias, bastando referir, entre outros aspectos, os seguintes:

- a autonomização da própria categoria de "direitos, liberdades e garantias dos trabalhadores" na primeira revisão constitucional, a par com os direitos, liberdades e garantias de natureza pessoal e os de natureza política;
- a transferência da liberdade de iniciativa económica do parte II da CRP para a Parte I, relativa aos direitos fundamentais;

- a conversão de vários preceitos iniciais, que não passavam de garantias institucionais ou de incumbências do Estado, em verdadeiros direitos económicos, sociais e culturais;
- a introdução dos direitos dos consumidores (1.ª revisão).

Também não é verdade que as sucessivas revisões se tenham sempre traduzido em aligeiramento da densidade normativa da constituição económica. Basta recordar o aditamento dos preceitos relativos ao domínio público (art. 94.º) e às orientações da política industrial e comercial (arts. 99.º e 100.º), para além do referido preceito sobre os direitos dos consumidores.

Finalmente, não corresponde à realidade a impressão de que a constituição económica foi totalmente descarnada, ao ponto de já não conter nenhumas imposições de legislação ou de política económica. Longe disso. O art. 81.º da CRP continua a incluir um elenco de «incumbências prioritárias do Estado», certamente muito remodeladas mercê de várias exclusões, aditamentos e reformulações, mas onde continuam a figurar imposições tão marcantes num sentido de transformação económica como a «eliminação dos latifúndios» e o «planeamento democrático do desenvolvimento económico».

2. AS PRINCIPAIS MUDANÇAS

Não havia propriamente originalidade na existência de um extenso capítulo económico na Constituição. Desde a Constituição de Weimar (1919) que muitas constituições, independentemente da sua orientação política, tinham capítulos constitucionais mais ou menos extensos. Entre nós a própria Constituição de 1933 continha uma constituição económica assaz característica no seu intervencionismo estadual na disciplina da económica privada.

Superado o paradigma liberal oitocentista, em que o papel do Estado se limitava a garantir as bases jurídica da economia capitalista, sendo-lhe vedada qualquer intervenção, de acordo com o princípio de uma estrita separação entre o Estado e a economia, a economia veio a tornar-se uma questão política, uma questão de Estado e uma questão constitucional. Por isso, as constituições vão incluir um conjunto maior ou menos de normas e de princípios constitucionais destinadas a caracterizar a organização económica, determinar as principais regras do seu funcionamento, delimitar a esfera de acção dos diferentes sujeitos económicos, prescrever os grandes objectivos da política económica, enfim, constituir as bases fundamentais da ordem jurídico-político da economia.

O que havia de novo na constituição económica da CRP eram essencialmente duas coisas: (i) a grande extensão e a elevada densidade normativa e programática da disciplina constitucional; (ii) a orientação marcadamente socialista e colectivista do modelo económico inserido na Constituição, se bem que garantindo paralelamente a propriedade e a iniciativa privada. De facto, por um lado, na CRP de 1976, a constituição económica apresenta-se como um dos grandes capítulos constitucionais, no mesmo pé que as divisões dedicadas aos direitos fundamentais e à organização política, e com uma muito maior extensão e articulação interna do que em outras constituições, ocupando-se sistematicamente de todas as áreas económico-constitucionalmente relevantes. Por outro lado, nenhuma outra constituição ocidental era perpassada pelo "pathos" revolucionário que a constituição económica da CRP exibia de forma exuberante.

Ora, se no que respeita ao primeiro aspecto não houve, como já se referiu, grande aligeiramento da densidade normativa da constituição económica, antes pelo contrário, já no que respeita ao conteúdo, muita coisa mudou, e de forma muito profunda.

Um rastreio das principais modificações da CRP nesta área revela facilmente a extensão e profundidade da mudança do paradigma constitucional.

a) Linguagem

A primeira grande mudança foi a "descarga" da linguagem ideologicamente muito sobrecarregada da versão de 1976. Eram numerosas as menções aos "meios de produção" e a "relações de produção", ainda que essas noções não fossem na altura exclusivas do léxico marxista; o mesmo ocorria com as referências ao socialismo, relações de produção socialistas, apropriação colectiva, classes desfavorecidas, etc. Nesse aspecto a CRP evocava em alguma medida algumas constituições do Leste europeu, designadamente da República Democrática Alemã e da Jugoslávia.

Neste ponto, a depuração da Constituição foi efectuada logo na primeira revisão constitucional, em 1982, que eliminou quase inteiramente essas referências. As revisões posteriores não somente continuaram a obra de "saneamento verbal" como procederam a uma certa modernização conceptual, com a introdução de noções até aí desconhecidas no texto constitucional, como, por exemplo, «desenvolvimento sustentável», «coesão económica e social», «actividades de interesse económico geral», «competitividade», «modernização», «inovação», etc.

b) O abandono do objectivo socialista

Como se viu, outro traço essencial da constituição económica de 1976 era um explícito objectivo de transformação da economia num sentido socialista, concebido como apropriação colectiva dos meios de produção, pelo menos dos principais, e planificação pública da gestão económica. A Constituição falava mesmo num "período de transição para o socialismo", durante o qual continuariam a coexistir três sectores da propriedade dos meios de produção, o que implicitamente deixaria de ser assim após consumada essa transição e alcançado o socialismo. A essa luz se devia ler a directiva constitucional de tornar dominante o sector público «socializado», através do predomínio da «propriedade social».

Também este ponto caiu logo em 1982, sendo essa uma mudança de enorme significado. A constituição económica deixou de definir um sistema económico transitório com destino a ser transformado noutro. Pelo contrário, passou a haver uma ordem constitucional estabilizada assente num «economia mista» e na coexistência de três sectores de meios de produção. Efectuou-se também uma flexibilização do sistema económico misto, pela diminuição do peso do sector público e aumento do papel do sector privado, ampliando assim a margem de variação política no que respeita à configuração do sistema económico. De fora ficaram tanto um sistema predominantemente socialista, com menosprezo do sector privado, como um sistema inteiramente liberal-capitalista, com aniquilação do sector público.

c) A relativização do sector público e a promoção da iniciativa privada e do sector privado

A versão originária da CRP atribuía uma grande importância ao sector público, à apropriação colectiva dos meios de produção e às empresas públicas. A apropriação colectiva deveria abarcar os "principais meios de produção". A garantia do sector público incluía uma proibição expressa da reprivatização das empresas nacionalizadas em 1975. A lei deveria definir os sectores básicos vedados à iniciativa privada, o que se traduzia numa clara imposição constitucional de legislação. A "propriedade social" deveria tornar-se dominante. Concomitantemente, a nacionalização de grandes capitalistas e de meios de produção abandonados podia não dar lugar a qualquer indemnização.

Tudo isso foi sendo afastado nas revisões de 1982, 1989, 1997. A primeira atenuou o peso da apropriação colectiva e autonomizou a garantia da iniciativa económica privada.

A segunda revisão revogou a irreversibilidade das nacionalizações e abriu o caminho às privatizações – porventura a mais importante mudança constitucional singular da constituição económica desde sempre –, ao passo que o anterior princípio da apropriação colectiva *dos principais* meios de produção foi substituído pelo da apropriação colectiva *de* meios de produção (art. 80.º/c). O primitivo princípio do desenvolvimento da *propriedade social* como princípio geral de desenvolvimento da constituição económica foi eliminado. Foi igualmente desconstitucionalizado o conceito de *reforma agrária*, carregado de significado histórico e ideológico, mantendo-se todavia o princípio da eliminação do latifúndios (arts. 81.º/*h* e 94.º).

A terceira revisão tornou numa faculdade a existência de sectores básicos vedados à iniciativa privada, proporcionando a revogação da chamada *lei de delimitação dos sectores*, que desde 1976 definia os sectores vedados, lista que já tinha vindo a ser revista desde 1983, restando cada vez um menor número deles.

Paralelamente, eliminaram-se ou atenuaram-se as soluções adversas à iniciativa e ao capital privado, como a que autorizava a não indemnização aos grandes capitalistas cujos bens fossem nacionalizados; ou a que previa a intervenção do Estado na gestão de empresas privadas; ou aquela que apontava como objectivo do imposto sobre o rendimento pessoal a limitação dos rendimentos a um máximo nacional. A liberdade de iniciativa passou a fazer parte dos princípios fundamentais do art. 80.º. A iniciativa económica pública passou a estar subordinada a um princípio de "interesse colectivo", não sendo portanto inteiramente livre, por menos constrangente que seja aquele princípio.

d) A decadência do plano e o triunfo da economia de mercado

Congruentemente com as opções fundamentais referidas, a constituição económica de 1976 conferia um importante lugar ao planeamento na coordenação da economia. Previa-se a existência de planos de curto, médio e longo prazo. Instituía-se um Conselho Nacional do Plano. O plano seria vinculativo para o sector público, o que, dada a extensão deste nessa altura, tornava aquele um instrumento decisivo na orientação da economia em geral.

Também neste aspecto as revisões constitucionais de 1982, 89 e 97, sobretudo a segunda, procederam a uma inversão de sinal. Por um lado, o papel e o regime constitucional do planeamento foram drasticamente reduzidos. Os planos perderam força jurídica. Desapareceram os planos de médio e de longo prazo. O Conselho Nacional do Plano deu lugar ao Conselho Económico e Social. O plano anual, único que subsistiu, não é mais do que o plano de actividades do Estado, como suporte das opções orçamentais, à imagem de qualquer outra pessoa colectiva pública.

Em contrapartida, não cessou de crescer o papel dos mercados e da concorrência. Implicitamente, o próprio sector público empresarial passou a reger-se essencialmente pelas regras do mercado, salvo as empresas de serviço público.

e) Da utópica economia socialista à "economia social de mercado"

Como se viu, a constituição económica de 1976 apontava para a construção de uma economia socialista, baseada na apropriação pública dos meios de produção, na prevalência do sector público e nos protagonismos do plano como instrumento de coordenação económica. Após várias revisões constitucionais, sobretudo as de 1989 e de 1997, o modelo constitucional passou a ser um modelo de economia mista, baseado em três sectores, entre os quais o sector público, mas com inequívoca prevalência da liberdade de iniciativa (pública, privada e "social"), do mercado e da concorrência.

Se quiséssemos dar um nome a esse modelo, então provavelmente a melhor caracterização seria a de *"economia social de mercado"*, noção esta nascida na Alemanha para caracterizar o chamado "capitalismo renano", ou seja, uma economia de mercado com uma vertente pública (sector público) e social ("terceiro sector") e caracterizada também pelos mecanismos de protecção social típicos de "Estado social" (direitos dos trabalhadores, direitos sociais, salvaguarda dos serviços públicos essenciais). De resto, essa mesma designação consta do projecto de tratado constitucional da UE, pretendendo explicitamente assinalar o casamento entre economia de mercado e modelo social europeu.

3. Os factores da metamorfose da constituição económica

Importa compreender esta profunda e rápida transmutação da constituição económica da CRP, que não tem paralelo na nossa história constitucional.

a) Uma constituição económica sem sustentação política

O principal factor de queda da ordem económica constitucional de 1976 foi a sua falta de sustentação política, que já era evidente à data da aprovação da Constituição. Em certo sentido, a constituição económica já nasceu sem substrato social e político. Elaborada ainda em 1975, antes do "termidor" revolucionário de Novembro desse ano, a constituição económica era, ainda por cima, o capítulo constitucional mais ideologicamente comprometido, não tendo depois sido adaptado às novas circunstâncias decorrentes do termo do período revolucionário. Quando a constituição económica falava em avanço para uma economia socialista, na realidade político-constitucional existente à data da aprovação final da Constituição o tempo já era de revisão e de recuo em relação às transformações de 1975.

Já não estava em causa qualquer veleidade de executar e dar corpo às normas impositivas ou programáticas da constituição económica. O que estava já em causa era a própria sustentabilidade das chamadas "conquistas da revolução" que a Constituição visava defender – entre elas se contando as nacionalizações e a reforma agrária – mas que já encontravam uma crescente oposição à sua manutenção. Em certa medida, o voluntarismo da constituição económica de 1976 era já um certa "fuga para a frente", dado que ao socialismo constitucional correspondia um contexto que não deixava espaço para o mesmo.

b) Uma constituição económica em contraciclo

Acresce que a constituição económica de 1976 ia também ao arrepio das tendências dominantes no plano europeu e internacional. Ressalvado o posterior movimento de nacionalizações em França, poucos anos depois, a verdade é que em meados dos anos 70 já tinham perdido fulgor as ideias de nacionalização, de planeamento da economia e de intervenção directa do Estado na actividade económica, que tinham marcado as economias europeias após a II guerra mundial. Ao invés, o que estava para eclodir era o movimento "neoliberal", tendente ao regresso a uma economia de mercado baseada na iniciativa privada e na concorrência e na não ingerência do Estado como agente económico, devendo ele ser reduzido a um papel de garante da concorrência e da regulação das "falhas do mercado". Mais mercado, menos Estado; privatizações e não nacionalizações; concorrência e não planeamento económico – tais eram as novas consignas.

Em certo sentido, portanto, a constituição económica de 1976 veio já *fora do tempo*, como produto serôdio de um paradigma em vias de superação, e ainda por cima em contracorrente em relação à própria evolução política em curso ao tempo do encerramento da transição democrática em Portugal.

c) A perspectiva da adesão à Comunidade Económica Europeia

O fim do regime autoritário e a transição democrática em Portugal não poderiam deixar de suscitar a vontade política de integração na Comunidade

Económica Europeia, que nessa altura já levava quase duas décadas de existência bem sucedida, como espaço de democracia liberal, de garantia dos direitos humanos e de desenvolvimento económico em termos de economia de mercado.

Mesmo se o Tratado de Roma não põe em causa o regime da propriedade, sendo compatível com a figura do Estado-empresário e com o sector público da economia, era evidente que o princípio dominante era o da liberdade económica e da economia de mercado, com o qual os países candidatos à adesão tinham de se conformar. Não poderia por isso constituir uma surpresa que a perspectiva de adesão à então CEE tivesse sido um poderosa alavanca no sentido da mudança da constituição económica da CRP em tudo o que pudesse conflituar com os referidos princípios.

d) O papel da jurisprudência constitucional

À margem da revisão constitucional, e muitas vezes antecipando-a, a jurisprudência constitucional veio a ter um papel não despiciendo na mudança da constituição económica, levando ao extremo as possibilidades de flexibilização da constituição económica da CRP, mesmo quando isso ia ao arrepio da sua lógica sistémica.

Entre as decisões onde se revela esse protagonismo revisionista da jurisprudência constitucional podem citar-se, por exemplo, as decisões que admitiram uma quase total liberdade do legislador na selecção dos sectores básicos vedados à iniciativa privada; a que admitiu a criação de empresas privadas no âmbito de um sector que tinha sido integralmente nacionalizado, concluindo que isso não violava a irreversibilidade das nacionalizações, por esta dizer respeito a empresas individualmente consideradas e não a sectores económicos globalmente considerados; a que decidiu que a privatização de 49% do capital de empresas nacionalizadas não violava o mesmo princípio da irreversibilidade das nacionalizações, visto que a maioria do capital ainda permitia manter a empresa dentro do sector público.

4. CONSTITUIÇÃO ECONÓMICA E ORDEM ECONÓMICA COMUNITÁRIA

Com a adesão de Portugal à Comunidade Económica Europeia (concretizada em 1 de Janeiro de 1986), a ordem jurídica nacional da economia passou a incorporar não apenas os princípios dos tratados fundadores das comunidades – nomeadamente o Tratado de Roma de 1957 –, mas também o *direito derivado*, constante dos regulamentos comunitários (cfr. art. 8.º-3 da Constituição, aditado na 1.ª revisão constitucional justamente para permitir a adesão à CEE). Os direitos e liberdades económicas comunitárias, em especial, foram recebidas na ordem jurídico-económica portuguesa também por efeito da cláusula de recepção do art. 16.º da CRP. Uma parte crescente da regulação jurídica da economia passou a ter origem comunitária, à medida que se foram intensificando as políticas económicas comuns.

A questão da possibilidade de conflitos entre a constituição económica nacional e a ordem comunitária, que se suscitou no início, perdeu relevância, sobretudo depois da segunda revisão constitucional. Em todo o caso, dado que o princípio da primazia da Constituição na ordem jurídica interna tornaria impossível a aplicação de normas comunitárias com ela incompatíveis, daí decorre que a vigência destas na ordem interna não pode ocorrer sem prévia revisão constitucional. Por isso, duas revisões constitucionais foram explicitamente motivadas pela necessidade de adaptar a Constituição à ordem comunitária, para efeitos de ratificação de tratados comunitários. Tal foi o caso da revisão de 1992 e da revisão de 2004. Esta última veio resolver a tradicional questão do conflito entre o princípio da primazia do direito comunitário sobre os direitos nacionais dos Estados-membros e o princípio da constitucionalidade na ordem interna dos mesmos Estados-membros.

Sendo, em princípio, alheia à ordem jurídica da propriedade e à dimensão do sector público da economia, que são do foro da constituição económica de cada Estado-membro, a ordem comunitária é todavia estrita quanto à proibição de situações privilegiadas das empresas públicas que atentem contra a concorrência, bem como de prerrogativas dos agentes económicos nacionais no confronto com os dos demais países comunitários. Neste aspecto, ficam comprimidas, em relação aos países da Comunidade, algumas *faculdades* constitucionais de limitação ou restrição dos direitos económicos de estrangeiros, como sucede com o exercício de profissões e os investimentos estrangeiros (cfr. arts. 15.º-2 e 87.º).

Com a criação da moeda única europeia, prevista no Tratado de Maastricht de 1992 e implementada a partir do início de 1999, os Estados-membros da União perdem autonomia quanto a capítulos inteiros das tradicionais políticas económicas. nomeadamente a política monetária e cambial, que passaram para o Banco Central Europeu.

Desse modo, a constituição económica dos Estados-membros da União é cada vez mais convergente com as dos demais. A criação do mercado interno impulsionou decisivamente essa tendência, levando à liberalização e abertura ao mercado de actividades que em muitos países eram exclusivo estatal, a título de serviços públicos (telecomunicações e serviços postais, electricidade e gás natural, transportes aéreo e ferroviários, transportes urbanos, água e resíduos, etc.).

A constituição económica da CRP está cada vez mais esvaziada de autonomia perante a *constituição económica europeia*. Por isso, a generalidade dos seus preceitos têm de ser hoje articulados com as regras económicas comunitárias, em termos de "interpretação conforme", quer em termos de cedência perante a ordem comunitária em caso de conflito normativo. À medida que se vai densificando a constituição económica europeia estreita-se concomitantemente o espaço de autonomia e de especificidade das constituições económicas nacionais.

5. CONSTITUIÇÃO ECONÓMICA E "REVISIONISMO" DOUTRINAL

Se as sucessivas revisões constitucionais eliminaram a garantia das nacionalizações do período revolucionário, afastaram a obrigatoriedade de sectores básicos vedados à iniciativa privada, fizeram valer o princípio da economia de mercado e da concorrência, consolidaram a prevalência do sector privado, nem por isso aboliram da Constituição o princípio da economia mista, a garantia do sector público, a iniciativa económica pública, a possibilidade de nacionalizações, a ideia de planeamento público da economia, etc.

Trinta anos decorridos, a constituição económica da CRP é hoje muito diferente da que era originariamente. Mas isso não quer dizer nem que tudo tenha mudado nem que agora a Constituição deixou de ter qualquer papel conformador da organização económica. A verdade é que continua a existir uma extensa constituição económica, constituída por normas e princípios cuja natureza e alcance jurídico-constitucional não difere do de outras partes da Constituição.

A constituição económica também não se tornou num abcesso exótico no contexto da ordem constitucional. De facto, não é um compartimento discrepante em relação às outras normas e princípios constitucionais. É, antes, um elemento integrado no sistema constitucional global.

A constituição económica está desde logo ligada às opções políticas fundamentais da Constituição, contidas em sede de «Princípios fundamentais», designadamente o princípio da «democracia económica, social e cultural» (arts. 2.º) e a tarefa fundamental do Estado de «promover a efectivação dos direitos económicos sociais e culturais e ambientais, mediante a transformação e modernização das estruturas económicas e sociais» (art. 9.º). O art. 81.º não passa, em grande parte de um extenso elenco de concretizações do princípio constitucional da democracia económica e social, em geral (art. 2.º, in fine) e da referida alínea do art. 9 da CRP.

Coerentemente, os princípios essenciais da constituição económica estão incluídos no núcleo fundamental da Constituição, que é garantido contra a revisão constitucional. Assim, segundo o art. 288.º, as leis de revisão constitucional terão de respeitar, entre outros, «a coexistência do sector público, do sector privado e do sector cooperativo e social de propriedade dos meios de produção» (al. *f*) e «a existência de planos económicos no âmbito de uma economia mista» (al. *g*).

Não têm portanto fundamento convincente as ideias que procuram levar as mudanças da constituição económica para além do que elas implicam, de modo a restringir os poderes do Estado na área económica, desvalorizar o lugar do sector público e absolutizar o sector privado. São três as vias principais para alcançar esse desiderato, a saber, a ideia de que a iniciativa pública não goza do mesmo grau de liberdade de acção e de organização do sector privado; segundo, a ideia da subsidiariedade da acção pública; terceiro, a ideia de que o sector público é contraditório com principio do mercado, sendo necessário sacrificar aquele para garantir o segundo. Nenhum destes argumentos merece levar a melhor.

a) Assimetria entre iniciativa pública e iniciativa privada

Não se vêem os fundamentos para uma divergência "natural" de tratamento entre a iniciativa pública e a iniciativa privada, para além das regras gerais da acção pública (princípio da legalidade, prossecução do interesse público, etc.). Não existe nenhuma norma ou princípio constitucional que estabeleça limitações adicionais. Pelo contrário, a al. c) do art. 80 da CRP garante em geral a «liberdade de iniciativa e de organização empresarial no âmbito de uma economia mista», sem estabelecer nenhuma distinção entre os três sectores constitucionalmente garantidos.

Por isso, ao contrário do que sustenta alguma doutrina, não se vê nenhum razão para defender que o Estado não pode criar empresas públicas ou mantê-las apenas com fins lucrativos, e não com qualquer objectivo próprio da actividade empresarial, incluindo a realização de receitas, se tal for exigido pelo "interesse colectivo", e não somente nos sectores básicos da economia.

Também não se mostram convincentes os argumentos para defender uma determinada forma de organização das empresas do sector público. A liberdade de organização acima referida, bem como a referência constitucional à competência parlamentar para definir os estatutos das «empresas públicas» mostram que a Constituição deixa ao legislador uma grande liberdade de conformação nessas matéria.

b) *O princípio da subsidiariedade*

Não existe na CRP, nem de longe nem de perto, nenhum preceito semelhante ao da Constituição de 1933 que estabelecia que o Estado só poderia participar na actividade económica em caso de falha da economia privada.

O princípio da subsidiariedade, enquanto princípio regulador das relações entre as atribuições do Estado e o espaço de acção dos agentes privados, não tem nenhuma base na contribuição económica vigente. Dizer que a iniciativa pública e a propriedade pública estão sob condição do "interesse colectivo" não significa que uma e outra só sejamm lícitas em caso de falha da iniciativa e da propriedade privada. Não existe nenhum teste obrigatório de subsidiariedade. A iniciativa pública e a iniciativa privada podem coexistir e competir nos mesmos. Se a iniciativa pública não pode ser um obstáculo à iniciativa privada, a inversa também é verdadeira. Uma não preclude a outra.

b) *Economia de mercado e sector público*

A ordem económica da Constituição é hoje indubitavelmente determinada pelo princípio da economia de mercado, assente na livre iniciativa e na concorrência, desde logo por imposição da constituição económica da UE. Daí pretendem alguns autores retirar argumentos contra o sector público empresarial, com base numa alegada incompatibilidade de princípio entre uma e outro.

Trata-se, porém, de um argumento improcedente. Não existe incompatibilidade, nem de princípio nem prática, entre economia de mercado e sector público, desde que as empresas públicas estejas sujeitos às regras da concorrência, como aliás impõe o direito comunitário, com a ressalva das empresas que prestem «serviços de interesse económico geral», em que pode haver derrogações das regras da concorrência.

6. Conclusão

Se existe um domínio constitucional em que tenham sido profundas as alterações da versão primitiva da Constituição, esse é o da ordem económica, em que aquela é irreconhecível em muitos aspectos. Da primitiva intenção socialista nada resta. Dos objectivos colectivistas e planificatórios iniciais passou-se para uma ordem económica baseada no sector privado e no mercado, ainda que no contexto de uma "economia mista" (art. 80.º/c), que garante um lugar ao sector público e ao sector "social", bem como à regulação e ao planeamento públicos. Da utopia da «socialização» dos meios de produção resta como vestígio a imposição constitucional da «participação efectiva» dos trabalhadores na gestão das empresas do sector público (art. 89.º), imposição aliás privada de implementação legislativa, numa evidente inconstitucionalidade por omissão.

Ao abandonar o objectivo da transformação socialista e ao eliminar as garantias das nacionalizações e da reforma agrária, entre outras mudanças, a constituição mudou o sinal da "constituição económica" originariamente estabelecida. É certo que a Constituição não passou por isso a consagrar uma economia capitalista exclusivamente baseada na empresa privada e no mercado. O principal resultado das revisões constitucionais foi a desregulação constitucional da ordem económica, eliminando o finalismo económico, emagrecendo a dimensão prospectiva da constituição económica e deixando crescente margem de liberdade de conformação política e legislativa aos governos, de acordo com as suas orientações próprias. Todavia, é indiscutível que se deu uma deslocação do centro de gravidade da constituição económica, decididamente a favor da empresa privada e do mercado. A integração na Comunidade Económica Europeia só consolidou e reforçou essa metamorfose constitucional, limitando simultaneamente a margem de definição nacional. A Constituição deixou de impor um peso determinante do sector público; mas não proíbe que tal venha a suceder, se a maioria política governante o decidir. Deixou de haver obrigação de nacionalizar, mas não deixou de existir uma habilitação constitucional para nacionalizar. Se a existência do sector público é uma *garantia institucional*, não podendo ser posta em causa, já a dimensão do sector público é uma questão política e não uma questão constitucional

Não se pretende contestar que o paradigma dominante nos tempos que correm proscreve a intervenção económica do Estado, preferindo valorizar o seu papel regulador *(Estado regulador)*. Mas uma coisa são as tendências dominantes na esfera política e outra coisa é a análise da constituição económica. A questão é que a constituição económica hoje permite sem dúvida a desintervenção económica do Estado e a sua tendencial redução a um papel essencialmente regulador, no contexto de uma "economia de mercado regulada". O que não pode, porém, concluir-se é que tal modelo é o modelo constitucional, como se fosse constitucionalmente imperativo.

Não é assim, todavia. O saldo fundamental da metamorfose constitucional da constituição económica não foi o de substituir um modelo único por outro modelo único, mas sim o de abrir um amplo espaço à liberdade de conformação às maiorias políticas de cada tempo e os paradigmas ideológicos dominantes. E não deixa de ser assaz surpreendente que os sectores doutrinários que outrora denunciaram, aliás com razão, a unidimensionalidade da constituição económica originária, sejam o hoje defensores de um novo dogmatismo constitucional em matéria económica, reduzindo a margem de liberdade de conformação política legislativa.

No entanto, há mais na constituição económica do que o revisionismo doutrinário pretende. E é sempre aconselhável separar a esfera da ordem constitucional da esfera das opções político-doutrinárias. Ora a principal lição da mutação constitucional do capítulo económico da CRP foi justamente a sua desideologização e a sua liberalização e não a substituição de uma opção ideológica por outra. Não pretenda a doutrina repor, com sinal contrário, aquilo que o legislador constituinte quis afastar.

LEGITIMIDADE REVOLUCIONÁRIA E LEGITIMIDADE CONSTITUINTE

António Marques Júnior[*]

Em primeiro lugar gostaria de agradecer o convite que me foi feito para participar nesta sessão comemorativa dos 30 anos da nossa Constituição, pedindo a maior benevolência para a minha intervenção, por todas as razões e, principalmente, por estar no meio de tão ilustres e reconhecidos especialistas – aqueles que são muito justamente considerados os pais da nossa Constituição.

É pois um atrevimento estar aqui e maior atrevimento seria pensar que pudesse dizer algo importante.

Abordarei o tema, aliás, impreciso da legitimidade revolucionária e legitimidade constituinte, que é mais do domínio da filosofia do que do direito, não através dos conceitos normalizados e conceptuais que alguns contestam, mas dando a visão de quem esteve do lado daqueles "revolucionários" que tudo fizeram para que houvesse eleições para a Assembleia Constituinte, embora muitos considerem que os militares estavam do "outro" lado. Os militares de Abril sempre desejaram que houvesse um único lado. O lado dos que ansiavam pela democracia e pela liberdade, e por isso tudo fizeram para que houvesse Constituição. Falarei das estórias da Revolução e dos seus protagonistas, na concretização desse "sonho inicial belo e limpo" que era a liberdade. No fundo, como a legitimidade revolucionária criou condições para a afirmação da legitimidade constituinte.

Gostaria de, desde já, esclarecer que falarei em nome pessoal e aquilo que eu disser não pode ser interpretado nem como sendo a voz de todos os militares do MFA nem a voz dos militares que não são nem foram do MFA ou das Forças Armadas. É que há uma significativa diferença entre MFA e FA. Nem uns, nem outros, são entidades homogéneas ou tiveram comportamentos homogéneos.

Salvaguardada esta posição darei a minha opinião, que é a de um militar que viveu, por dentro, muitas das situações e que é, distinta, em alguns aspectos, daqueles que consolidaram ao longo dos anos uma ideia sobre o comportamento dos militares falando em nome deles, interpretando o seu pensa-

---

[*] Deputado à Assembleia da República.

mento e os seus ideais, ou generalizando opiniões deste ou daquele, desde que isso fosse conveniente à sua ideia pré-concebida (contra os militares), muitas vezes não lhes perdoando, até por razões opostas, o acto revolucionário que derrubou uma ditadura de quase 50 anos.

Recordo que logo a seguir ao 25 de Abril muitos militares se fizeram ouvir, nalguns casos de forma exagerada, vozes que depois do 25 de Novembro se foram tornando cada vez menos audíveis, e foram substituídas pela opinião sobre o que pensam ou o que deviam pensar os militares. Da própria história factual do nosso passado recente, incluindo aquela que teve uma participação determinante ou exclusiva dos militares, o que tem ficado é mais a interpretação do que pensavam os militares do que o seu próprio pensamento. Isto não encerra nenhuma crítica, antes sublinha o facto dos militares, a grande maioria, se ter remetido, desde a primeira hora, à difícil tarefa de garantir as condições mínimas para que a Revolução, apesar dos sobressaltos, garantisse o essencial das promessas feitas ao povo português em 25 de Abril de 1974. É que a grande maioria dos militares regressou de facto, e de imediato, aos quartéis!

E se é um facto que a análise e interpretação histórica ficará para os historiadores, a verdade é que, provavelmente, nunca se saberá o que pensava a grande maioria dos militares comprometidos com o 25 de Abril, nem daqueles que não se comprometeram ou até dos que se opuseram. Assim como nunca se saberá o que pensava a grande maioria sobre os vários acontecimentos que iam lançando Portugal na guerra civil, ou qual a sua responsabilidade e qual a responsabilidade das forças políticas – de todas as forças políticas – que os procuravam instrumentalizar.

E, no entanto, seria importante encontrar respostas para algumas questões que têm a ver, mais directamente, com as comemorações dos 30 anos da Constituição, como sejam:

Quem pretendeu, e porque razões, instrumentalizar e institucionalizar o MFA? Os partidos políticos para salvaguardarem, no contexto político que se vivia a seguir ao 11 de Março, condições politicas mínimas ao exercício das suas funções ou, pelo contrário, os militares como manifestação de poder? E com que objectivos concretos?

E nesse tempo político, qual a importância das Plataformas de Acordo Constitucional entre o MFA e os partidos políticos, o chamado Pacto MFA – Partidos, na realização das eleições para a Assembleia Constituinte na data prometida no Programa do MFA?

É possível ignorar, a 30 anos de distância, os acontecimentos de 11 de Março de 1975 e a sua importância na dinâmica política e social que se lhe seguiu? É possível ignorar, da mesma forma, os acontecimentos de 25 de

Novembro e, igualmente, a dinâmica política e social que estes desencadearam, agora de sinal contrário?

Num caso e noutro podemos dizer que as forças democráticas, militares e civis, conseguiram, não sem grande esforço, evitar uma provável guerra civil.

Estes foram períodos muito difíceis e que puseram à prova, de forma muito evidente, a verdadeira têmpera dos democratas. A uns e a outros, incluindo naturalmente os constituintes, mas não só, são devidos os maiores elogios.

Não é a altura nem o momento para falar do que aconteceu a seguir aos acontecimentos do 11 de Março, assim como não é altura para dissecar os acontecimentos no que se refere ao 25 de Novembro, mas é importante reter alguns factos para se compreender melhor quais foram as razões de tais acontecimentos, nomeadamente, a existência das Plataformas de Acordo Constitucional entre o MFA e os Partidos Políticos, pela importância que tiveram no texto constitucional.

A 1.ª Plataforma foi assinada em 13 de Abril de 1975 pelo Presidente da República, em nome do Conselho da Revolução, e por representantes dos seguintes partidos: Partido Socialista, Partido Popular Democrático, Partido Comunista Português, Partido do Centro Democrático e Social, Movimento Democrático Português – Comissão Democrática Eleitoral e Frente Socialista Popular. A Aliança Operária Camponesa aderiria mais tarde.

Refere o preâmbulo da Plataforma que "o movimento revolucionário iniciado pelas forças armadas em 25 de Abril de 1974 adquiriu uma dinâmica cada vez mais acentuada" e que "os graves acontecimentos contra-revolucionários de 11 de Março impuseram e tornaram inadiável a institucionalização do Movimento das Forças Armadas". É dito ainda que a Lei Constitucional n.º 5/75, que criou o Conselho da Revolução "de forma alguma visa substituir ou marginalizar os partidos políticos autenticamente democráticos e empenhados sinceramente no cumprimento do Programa do MFA". No Acordo é igualmente referido que o seu objectivo é "estabelecer uma plataforma política comum que possibilite a continuação da revolução política, económica e social iniciada em 25 de Abril de 1974, dentro do pluralismo político e da via socializante que permita levar a cabo, em liberdade ...um projecto comum de reconstrução nacional".

A duração deste Acordo seria fixada na Constituição e sendo entre 3 a 5 anos e terminando com a revisão constitucional.

É reafirmado pelo Conselho da Revolução "a sua determinação em fazer cumprir o que se encontra estabelecido quanto à realização de eleições verdadeiramente livres e responsáveis para a formação da Assembleia Constituinte".

São estes, pois, os pressupostos e os objectivos do Acordo entre o MFA e os Partidos Políticos.

Quem não viveu os acontecimentos que "justificaram" este Acordo pode questionar-se, sob o ponto de vista formal, sobre a sua necessidade e, por maioria de razão, sobre o seu conteúdo.

Limitar-me-ei a sublinhar alguns aspectos:

Vivíamos um período pós – revolução e pré-eleitoral.

Assistíamos a várias manifestações identificadas na sociedade em geral como de direita anti-democrática e contra revolucionária.

Tinha havido a chamada manifestação da maioria silenciosa a 28 de Setembro.

Falava-se frequentemente em golpes de direita e de guerra civil, eventualmente, para justificar a mobilização permanente de grupos sociais na defesa da Revolução.

Tinha havido tentativas políticas frustradas de alterar aspectos essenciais do Programa do MFA, como seja, substituir as eleições para a constituinte por eleições presidenciais.

Tinha havido a renúncia do General Spínola ao cargo de Presidente da República com um discurso em que quase apelava à insurreição e viviam-se momentos muito difíceis relacionados com o processo de descolonização.

Havia uma grande e acentuada destabilização social em que praticamente as forças de segurança não actuavam, ficando, quase em exclusivo, a ordem e a segurança entregue às Forças Armadas sem grande preparação para essa missão.

Muitas pessoas começavam a assustar-se e a preocupar-se com o seu futuro individual e colectivo.

É neste quadro que se dá o 11 de Março classificado por todas as forças politicas como uma tentativa de pôr termo à Revolução, pelo menos nos termos como ela se vinha desenrolando, considerando os acontecimentos como de contra-revolucionários.

A derrota dos mentores do 11 de Março introduziu uma dinâmica política e social que fragilizou os próprios partidos políticos e criou condições para afirmação de um extremismo de esquerda que foi difícil de controlar.

É neste contexto que se cria o Conselho da Revolução, centralizando nele a condução da Revolução.

É muito importante considerar, neste contexto, a sua própria composição porque ela vem determinar, em muitos aspectos, o futuro político de curto e médio prazo.

A sua composição retrata um pouco o ambiente político que se vivia, mas, desde logo, com a predominância de oficiais moderados mas inquestionavelmente ligados à direcção do MFA e, por isso, também especialmente legitimados.

Na sua composição tiveram influência determinante a Comissão Coordenadora do MFA que liderou o processo e a quem a Assembleia do MFA, reunida de emergência, outorgou esses poderes.

A evolução política posterior conduziu a várias alterações na sua composição, permanecendo sempre uma parte do núcleo inicial a quem todos reconheciam legitimidade e que veio a ser determinante na formação do chamado "grupo dos 9".

Este grupo tinha maior identificação com os militares desconhecidos do grande público que tinham participado no 25 de Abril, e que, como eu referi inicialmente, tinham regressado aos quartéis no cumprimento da sua missão e também como garante do espírito do 25 de Abril. Estes militares vieram a ser determinantes no desenvolvimento do processo, inclusive, no resultado dos acontecimentos do 25 de Novembro de 1975.

Estávamos na véspera das eleições para a Constituinte, a situação politica e social era muito volátil, o Conselho da Revolução era o único órgão, legitimado revolucionariamente, que era aceite como representante dos ideais de Abril e em quem a generalidade dos portugueses confiava.

Perante esta situação os partidos políticos encontravam-se fragilizados e necessitavam também de se institucionalizar e de serem considerados parceiros essenciais no processo de democratização.

É neste quadro que é assinado um Acordo com o MFA, representado pelo Conselho da Revolução. Os partidos políticos assinaram a contragosto? Admito e compreendo que sim. E os militares? É que, independentemente do que todos gostariam que tivesse acontecido, a verdade é que as circunstâncias eram as que eram e não outras e (quase) todos compreenderam isso quando assinaram o Pacto. As eleições eram o grande objectivo e o grande compromisso político!

A pergunta que se deve colocar é o que teria acontecido se não tivesse havido acordo? É impossível saber a resposta. Conhecemos o resultado com os pressupostos conhecidos, mas continuaremos a ignorar o que teria acontecido se não tivesse havido acordo.

Mas é interessante integrar, neste contexto, as declarações dos principais dirigentes partidários que justificaram a importância do Acordo.

É que também eles, nós, não podíamos determinar o evoluir da Revolução. O Conselho da Revolução esteve sempre entre dois fogos e de um e outro lado havia militares e civis e...armas!.

Muitos vêem, hoje, na institucionalização do Conselho de Revolução o desejo do MFA se manter no poder. Teria sido possível, dadas as circunstâncias politicas resultantes do 11 de Março, uma qualquer outra solução atendendo à falta de um interlocutor responsável por parte dos militares com legitimidade revolucionária?

Tão importante como a sua existência foi, como já referi, a sua composição, que apesar de heterogénea, garantia um diálogo responsável com os partidos políticos ao mesmo tempo que retirava argumentos aos militares mais (extremistas). A sua composição foi variando, é certo, mas sempre garantindo condições que permitiram uma adequação à realidade político-militar indispensável ao sucesso da Liberdade e da Democracia como se veio a verificar em 25 de Novembro de 1975.

A composição ideal, consoante as várias perspectivas, poderia impedir um "equilíbrio" que veio a ser absolutamente essencial e comprometer dessa forma a sua missão.

É neste contexto que deve ser analisada a participação do MFA nos dois Pactos com os partidos políticos.

Para os estudiosos, seria importante responder à questão que atrás formulei. O que teria acontecido, se, depois do 11 de Março, não fosse assinado a 1.ª Plataforma Constitucional? Interessará, hoje, não tanto saber o que devia, na altura, ter sido feito pelos partidos políticos e pelos militares do Conselho da Revolução, mas antes o que podia ter sido feito.

O importante é saber que condições politicas objectivas havia, a seguir ao 11 de Março, para garantir o sucesso eleitoral que, recordo, teve na sua parte organizativa, uma importante participação de militares. Creio que podemos dizer que foram os militares os principais obreiros na organização de todo o processo eleitoral. Não será por acaso!

Todos nós ouvimos, hoje, dizer que os partidos políticos assinaram com os militares a Plataforma de Acordo Constitucional a "contragosto" mas apesar disso, creio bem, que conscientes da sua necessidade, e compreende-se bem porquê. Mas, em contraponto, não será justo colocar o "gosto" dos militares pela sua assinatura.

Penso ser muito injusta esta opinião, relativamente aos militares, incluindo os do Conselho da Revolução, pelo menos para uma parte importante dos seus membros, que, faziam no seu interior a síntese possível, tal como no interior dos próprios partidos políticos e destes com os "seus" militares. O essencial era garantir condições para as primeiras eleições livres. E isso nós (todos) conseguimos!

Impressiona-me de qualquer modo que, hoje, os partidos políticos se assumam como mais democratas do que eram os militares de Abril e procurem dessa forma justificar os seus comportamentos do passado ignorando a realidade que então se vivia.

Perdoem-me, mas os militares tinham e têm um grande sentido de responsabilidade e queriam o êxito da Revolução, não queriam a guerra civil. Os militares conheciam bem a guerra e foi também para lhe por termo que fizeram o 25 de Abril. Ninguém nos perdoaria que não fizéssemos tudo para impedir a guerra. E ela esteve tão próxima! É neste quadro, e só neste quadro, que os militares se disponibilizaram para continuar um período de transição para garantir os objectivos essenciais do 25 de Abril e evitar uma guerra entre os portugueses.

Dir-se-à que há militares e militares, e é verdade, mas também há partidos e partidos e, dentro destes, políticos e políticos, mas não é justo e não é verdade que os militares, no auge da Revolução, aliás como se viu, pudessem ser "controlados" e, falar a uma só voz como, ingenuamente, muitos admitem. Claro que, na defesa dos seus próprios interesses! Mas quem fala assim são aqueles que não viveram essas situações e que hoje falam e escrevem como se a Revolução, e a sua evolução, pudesse ser delineada a régua e esquadro.

As eleições para a Assembleia Constituinte, embora com o objectivo específico da elaboração da Constituição, legitimaram não só os partidos políticos como demonstraram a adesão dos portugueses aos vários projectos de sociedade. Podem-se fazer muitas leituras do resultado eleitoral mas é inequívoca a adesão à Democracia e à Liberdade e aos valores da tolerância e do pluralismo, numa palavra, aos princípios enformadores dos ideais de Abril.

A leitura do resultado eleitoral teve, no entanto, expressões diferentes no campo da luta política e no quotidiano dos portugueses, com os partidos da esquerda mais radical a procurarem assumir posições de poder ao nível do aparelho do estado, e em todos os sectores de actividade, completamente desproporcionados ao seu peso eleitoral.

Esta situação foi-se agravando, com a instrumentalização de parte dos militares e com a sua inevitável cisão, também ao nível do Conselho da Revolução, com o chamado "grupo dos 9" a contestarem a influência exagerada da esquerda radical na vida pública e política portuguesa.

Como resultado desta situação dão-se os acontecimentos do 25 de Novembro, em que os militares moderados do Conselho da Revolução têm um papel decisivo na condução política de todo o processo e, como resultado da sua vitória e das forças políticas maioritárias, uma maior estabilização da vida politica e uma maior normalidade dos trabalhos constituintes. Estavam agora criadas condições políticas para a revisão da 1.ª Plataforma Constitucional, colocando--a mais em sintonia com o pensamento maioritário do povo português.

Mas se parece possível conceber, do ponto de vista pragmático, a existência da 1.ª Plataforma Constitucional, como compreender a existência de uma 2.ª Plataforma quando, depois do 25 de Novembro, os "revolucionários" tinham sido derrotados e os partidos políticos se tinham legitimado democraticamente e havia, portanto, condições politicas para que a organização do poder politico prescindisse do período de transição? Mas haveria condições para a eliminação do período de transição? Mais uma vez, não deve estar em causa, à luz dos princípios teóricos e utópicos, o que devia ser feito mas o que poderia ser feito para garantir o sucesso da Constituição. Não estava em causa a supremacia da legitimidade constituinte sobre a legitimidade revolucionária. Procurava-se que as duas legitimidades se complementassem no cumprimento da sua missão.

Do ponto de vista daquilo que foram os compromissos assumidos quer pelo Conselho de Revolução, quer pelos partidos políticos, qualquer solução que não fosse a reconsideração do texto da 1.ª Plataforma de Acordo à luz das novas condições politicas e que não tivesse como subscritores os mesmos partidos, poderia criar uma nova situação, também de contornos imprevisíveis, considerando todos os factores em presença, quer os resultantes das "várias forças vencedoras", quer considerando as "várias forças vencidas". Estamos mais uma vez a falar de militares e civis. Além de que se estava em plena elaboração constitucional e havia que garantir as melhores condições de estabilidade que passavam também por manter os compromissos políticos que envolviam o Conselho da Revolução e os partidos políticos, com sensibilidades diferentes, mas todos imprescindíveis para a formação da vontade constitucional.

Aliás, a questão da revisão do Acordo Constitucional não era questionada por nenhum dos subscritores, assim como também ninguém punha em causa a importância da continuidade do chamado período de transição. Fosse por razões políticas, fosse por causa dos compromissos assumidos, fosse por receio das consequências, todos assumiram esse facto como consta, em tons diferentes, da declaração de insuspeitos políticos que o nosso sistema político e constitucional tem consagrado. É que, então como hoje, a política não se esgotava nos partidos nem nos militares. Era mais do que isso. Era muito mais!

E a este propósito gostaria de recordar o que foi dito por alguns políticos que, não pondo em causa a necessidade do período de transição, preconizavam a revisão do 1.º Pacto, recorrendo-me dos trabalhos do Prof. Jorge Miranda.

Freitas do Amaral (em Agosto de 1975) dizia que devia haver conversações entre MFA e partidos com o objectivo de revisão do Pacto por acordo entre todos.

Sotto Mayor Cardia reconhecia, na Assembleia Constituinte, que agora (Novembro de 75) a situação era diferente daquela em que se procedeu à assinatura do 1.º Pacto porque as "forças políticas civis não dispunham de suficiente audiência, organização e representatividade para actuar como factores bastantes de democratização da sociedade portuguesa. Em contrapartida o MFA exercia o poder militar, beneficiava do prestígio e autoridade incomparáveis, realizava uma síntese democrática unitária suprapartidária".

Agora, depois do 25 de Novembro, refere que a "autoridade do MFA sofreu uma quebra dramática". "À síntese democrática suprapartidária sucedeu, no meio militar, um confronto público entre correntes de opinião semelhantes à que partidariamente dividem a sociedade civil?"

Refere ainda que "ao MFA a grande tarefa será reconstruir as condições materiais de exercício da autoridade do Estado".

Questionava-se também se "poderá a restauração da instituição militar ser compreendida por um MFA exposto ao desgaste da politica corrente e corroído pelas divisões inerentes à acção política?" Quanto à institucionalização do MFA reivindica para o PS o facto de ter sido o primeiro partido político a propô-lo no seu Congresso de Dezembro de 1974.

A 3 de Dezembro de 1975 Marcelo Rebelo de Sousa em nome do PSD, justificou, em proposta apresentada na Assembleia Constituinte, que fosse repensada a organização do poder politico na sequência da "vitória dos sectores democráticos sobre o último golpe contra revolucionário considerando que tinha havido "uma profunda alteração de circunstâncias relativamente ao contexto de celebração de Acordo Constitucional entre MFA e partidos".

É pois "admitida" a possibilidade e não a "certeza" da necessidade de revisão do Pacto MFA-Partidos.

O PS reconhecia pela voz de Luis Nunes que se devia rever o problema de modo a que o Pacto pudesse ser renegociado, recordando que o Pacto era com os Partidos e não com a Assembleia.

O próprio PCP, por intermédio de Vital Moreira disse que não se furtava ao reexame do assunto se for solicitado pelo MFA.

Jorge Miranda reconheceu igualmente que havia uma "desadaptação" da Plataforma assinada em Abril em circunstâncias que são totalmente diversas das circunstâncias actuais sublinhando que os "representantes eleitos do povo português querem que o MFA continue a desempenhar um papel na vida política do país".

Por proposta do PS foi deliberado que fosse suspenso o debate, na Assembleia Constituinte, sobre a organização do poder político e se encetassem diligências junto do Conselho da Revolução para tomar conhecimento da sua posição oficial sobre a eventual revisão da Plataforma do Acordo Constitucional. Reconheceu e justificou a proposta no facto de já ter havido declarações de Conselheiros da Revolução sobre a conveniência de rever a referida Plataforma de Acordo Constitucional.

As vozes que mais contestaram, à posteriori, esta solução não são tanto aqueles constituintes que a assumiram, mas são aqueles que não conseguiram entender todos os circunstancialismos que rodearam aqueles anos difíceis.

A 2.ª Plataforma de Acordo Constitucional veio a ser assinada em 26 de Fevereiro de 1976 pelo Presidente da República, em nome do Conselho da Revolução, e pelos representantes dos mesmos partidos que subscreveram a 1.ª Plataforma de Acordo Constitucional.

Deste Acordo veio a resultar, com pequenas alterações, a organização do poder político que tinha o Conselho da Revolução como órgão de soberania com poderes significativos.

Com a entrada em vigor da Constituição, que agora se comemora, creio poder afirmar-se que o CR cumpriu a sua missão. Mas convém recordar que, apesar do ordenamento constitucional enquadrador dos caminhos e dos objectivos na construção do nosso futuro colectivo, o ambiente político continuava muito crispado e não foi fácil nem governar, nem desempenhar as funções que ao CR estavam constitucionalmente consagradas.

E apesar deste ambiente, foi possível ao CR, quer através da sua capacidade legislativa, em matéria militar, (muito condicionado) quer na função de Tribunal Constitucional, quer como conselho do PR, deixar claro que a sua missão foi interpretada com escrupuloso respeito pelo texto constitucional. De facto não lhe podem ser assacadas atitudes políticas, que embora legítimas, no quadro constitucional, não estivessem em sintonia com o próprio espírito da 2.ª Plataforma de Acordo Constitucional. Mais com o espírito do que com a letra! Era a assumpção clara do período de transição e do que ele significava na evolução do pensamento do próprio constituinte.

Na verdade, o Conselho da Revolução tinha um conjunto diversificado de competências que no futuro viriam a ser desempenhadas ao nível do Tribunal Constitucional, da Assembleia da República, do Governo e do Conselho de Estado, mas aquela que talvez seja mais fácil de "contabilizar" para aferir a sua adequação ou não ao período de transição é a função do Tribunal Constitucional.

Há vários autores que têm feito o balanço da actividade da Comissão Constitucional e do Conselho da Revolução no período de transição. Eu vou socorrer-me do estudo do Prof. António Araújo "A Construção da Justiça Constitucional Portuguesa: o nascimento do Tribunal Constitucional" publicado na revista Análise Social, Quarta Série, volume XXX, 1995-5.ª pp 881-946.

Considerando que a CC era um órgão auxiliar do Conselho da Revolução, especificamente dirigido para o controlo da constitucionalidade, competindo-

-lhe emitir parecer no âmbito da fiscalização preventiva, da fiscalização abstracta e sucessiva e da fiscalização da inconstitucionalidade por omissão.

Considerando que a Comissão Constitucional era constituído por um membro do Conselho da Revolução que presidia com direito a voto de qualidade e 8 vogais, sendo 4 juízes de direito e 4 cidadãos de reconhecido mérito...e que sempre foram designados juristas.

Verificou-se, segundo António Araújo, "entre os tribunais e a CC uma "articulação relativamente satisfatória" e entre a CC e o CR existiu, salvo raras excepções, uma "articulação satisfatória" de tal modo que dos 213 processos emitidos pela CC o CR só em 13 casos (6,1% do total) se afastou da sua orientação. E mesmo nalguns desses casos, existem razões especiais para tal afastamento: tratava-se de problemas de ordem militar ou de assuntos politicamente sensíveis ou ainda de questões juridicamente controversas (tendo a CC decidido por maioria tangencial)"

E continuando a citar o referido estudo "assistiu-se a um uso bastante moderado e prudente da fiscalização preventiva no período 1976-1982, sendo raríssimos os casos em que o CR se pronunciou pela inconstitucionalidade dos decretos da AR".

"A este propósito, deve sublinhar-se a parcimónia com que o Presidente e o CR utilizaram a iniciativa da fiscalização preventiva dos diplomas do Governo ou do Parlamento (os diplomas sujeitos a fiscalização preventiva corresponderam a 1,5% dos 4 600 diplomas enviados para assinatura ou promulgação do Presidente entre 1976-1982). E no plano da fiscalização da inconstitucionalidade por omissão, só foram emitidas duas recomendações pelo CR".

Refere ainda nesse estudo António Araújo, que "quanto à maioria das votações a CC revelou uma elevadíssima coesão interna (cerca de 90% dos seus pereceres foram aprovados por unanimidade ou por uma maioria não inferior a 2/3)" e considera numa apreciação global que se assistiu, sem sombra de dúvida, a uma "preponderância técnica – jurídica" da Comissão sobre o Conselho sem que este procurasse responder com a afirmação da sua indiscutível "preponderância politica".

Não restam, pois, quaisquer dúvidas do comportamento do CR que, recordo mais uma vez, serviu para "amortecer" tensões e desse modo evitar consequências imprevisíveis".

É neste quadro que chegamos ao fim do período de transição e fico espantado com o que se disse, na altura e ainda hoje, sobre o fim do Conselho da Revolução no fim do período de transição com a revisão constitucional.

Nunca entendi qual era a dúvida!

O Compromisso da 2.ª Plataforma de Acordo Constitucional não foi cumprido? Não estava previsto o fim do CR com a revisão constitucional? Não foram, inclusive, emitidos vários sinais pelo CR sobre a demora nos trabalhos da revisão constitucional?

Para citar o mesmo autor que venho citando sobre a CC e o CR é referido que "a legitimidade democrática dos partidos venceu em toda a linha a legitimidade revolucionária dos militares". Mas eu nunca me considerei vencido! Eu,... nós, sempre desejámos a legitimidade democrática dos partidos. Então não foi para isso que fizemos o 25 de Abril?

Como está completamente comprovado, os militares do CR colaboraram sempre e comportaram-se sempre considerando o fim do CR e não compreendem como podia ser de outra maneira. Refere ainda António Araújo que "os militares, de resto, não reagiram negativamente ao desaparecimento do CR e, remetendo-se a um prudente silêncio, alhearam-se quase completamente do processo de revisão constitucional". Mas então o que é que esperavam? Havia alguma dúvida?

Mas se não havia nenhuma dúvida passou a haver, na verdade, uma grande mágoa pela forma como alguns grupos parlamentares se comportaram, do ponto de vista político.

De forma envergonhada, acintosa, provocatória sem uma palavra de reconhecimento e, de tal modo que, fomos apresentados como uma espécie de bodes expiratórios pelo insucesso da governação. Parecia que se tinham livrado, finalmente do grande perigo para a Democracia. Este facto não se baseia nos dados, como tivemos oportunidade de ver, mas tem uma leitura política.

Ela representava uma espécie de "vingança" da direita contra a Revolução à qual se juntou, de forma envergonhada, o Partido Socialista, como atestam as dezenas de declarações de voto dos deputados socialistas, pois nós simbolizávamos o 25 de Abril e isso significava que tinha havido uma Revolução em Portugal.

O Pacto inter-partidário entre a AD e o PS para a revisão constitucional, que terminou com o período de transição, e que tem sido feito para todas as revisões constitucionais, apareceu como a grande vitória da direita em que o grande objectivo era o fim do Conselho da Revolução. Mas porquê? Alguma vez isso esteve em causa?

Não. Mas o acinte foi mais longe.

De facto esta atitude "revanchista" da direita, no que foi acompanhada pelo PS, foi ao ponto de se recusarem a estar presentes quando, no Palácio de Belém, o representante do CR que por acaso era eu próprio, entreguei ao Presidente da República (General Ramalho Eanes) e ao Presidente da Assembleia da República (Dr. Oliveira Dias) duas bandeiras nacionais que simbolizavam os poderes de soberania que o CR detinha e que passavam para esses órgãos.

O governo não esteve representado para receber a sua "bandeira" e o TC ainda não estava constituído. Para "terminar" com a legitimidade revolucionária ficava bem aos novos constituintes terem demonstrado compreender o sentido da História.

É por isso que ainda hoje muitos militares sentem que há hipocrisia quando nalguns casos se "louvam" os militares de Abril.

Uns e outros, (militares e civis), honrámos os compromissos assumidos e com isso criámos as condições para viver, hoje em Democracia e Liberdade e isto não tem preço. Hoje, a legitimidade democrática é, obviamente, o paradigma da nossa democracia e a legitimidade revolucionária é um elemento histórico que ajuda a compreender o nosso passado recente e dá sentido ao sentido da História.

Quando comemoramos os 30 anos da nossa Constituição e recordamos as circunstâncias que rodearam a sua elaboração o que devemos, com sentido de responsabilidade, é prestar homenagem a todos aqueles, homens e mulheres, que deram corpo a um texto, que tendo inevitavelmente as marcas de uma época concilia aquilo que foram os objectivos do 25 de Abril com a riqueza da nossa Revolução e permite, depois das várias revisões, e no quadro da globalização, as condições do desenvolvimento e de progresso para o nosso país, ao contrário do que alguns afirmam. *Aqueles mesmos que nunca se comprometendo em fazer estão sempre prontos para criticar os que fazem.*

A Identidade da Constituição de 1976 e as suas diversas revisões

Rui Chancerelle de Machete[*]

1. Antes de mais, quero agradecer o honroso convite da Faculdade de Direito da Universidade Nova de Lisboa para participar neste Colóquio comemorativo dos trinta anos da vigência da Constituição da República Portuguesa de 1976.

O tema que me foi atribuído é, sem dúvida, de grande interesse do ponto de vista da dogmática jurídico-constitucional, dadas as suas conexões com o poder constituinte, conceito limite entre o jurídico e o político. Por isso a matéria reveste-se também de grande interesse político e histórico. A Constituição de 1976, geneticamente, constitui a resposta, ao nível da ordenação jurídica, à situação existencial nova, criada pelo golpe de Estado, rapidamente transformado em revolução, do 25 de Abril de 1974.

A riqueza e complexidade do momento pré-constituinte que se viveu entre 1974 e 1976, a abertura à modernidade e ao futuro, a esperança que animava a maioria de que podia tomar o futuro nas mãos e de que tudo ou quase tudo era possível, marcaram muito o normativo constitucional. Mas, enquanto a maior parte, embora com matizes diversas, abraçava um projecto de democracia pluralista, similar à que caracterizava os Estados da Europa Ocidental, em particular dos que integravam o então Mercado Comum, uma vanguarda revolucionária, corporizada numa minoria activista do MFA, aliada ao Partido Comunista, tentava impor uma via de sentido único a desembocar numa sociedade sem classes de cunho marxista. A Assembleia Constituinte foi traduzindo nas suas votações, as vitórias e as derrotas das duas correntes conflituantes e a Constituição resultante espelhou o compromisso a que se chegou na fase do processo em curso em que teve lugar o final da sua elaboração. Essa transição entre o princípio democrático pluralista e o princípio socialista de raiz marxista-leninista excedeu largamente o compromisso habitual em que se consubstanciam, sobretudo nos aspectos económico, social e de organização, a maior parte das actuais constituições[1]. Daí que vontade de perpetuar, em

---

[*] Professor convidado da Universidade Católica Portuguesa, Presidente do Conselho Executivo da Fundação Luso-Americana para o Desenvolvimento.

[1] Veja-se o que escrevemos no artigo "Os Princípios Estruturais da Constituição de 1976 E A Próxima Revisão Constitucional", republicado em "Estudos de Direito Público E De Ciência Política", Lisboa, 1991, pág. 443 e segs.

normas impeditivas da alteração do núcleo duro, os preceitos que consignam esse compromisso, fosse particularmente ambiciosa, exagerando nas restrições à autonomia e liberdade de decisão das gerações vindouras. Daí, também, a importância política dessas normas de garantia dos limites materiais da revisão e a justificação para o grande interesse em saber se as revisões entretanto operadas permitem ainda afirmar que a Constituição de 1976 se mantém idêntica desde o momento inicial da sua vigência até ao presente.

2. À primeira vista, a questão da identidade da nossa Constituição parece facilitada pelas circunstâncias de nos encontrarmos perante uma constituição rígida e, ainda por cima, com uma cláusula de garantia de perenidade ("Ewigkeitsgarantie") similar à constante do artigo 79, III da Lei Fundamental de Bona. A preocupação de estabilizar o normativo constitucional, por um lado, e de sublinhar a importância da lei fundamental, que deve destacar-se das outras leis e não se encontra sujeita a um processo de revogação e de substituição comum a todas as restantes, por outro, conduziu à instituição de procedimentos legislativos de revisão diferentes e mais exigentes. O artigo V da Constituição Federal dos Estados Unidos de 1787, ainda hoje vigente, e o Título VII da Constituição revolucionária francesa de 1791, são os exemplos históricos mais conhecidos.

Nota Carl Schmitt, que o conteúdo das normas constitucionais não se torna mais importante porque o seu processo de modificação se torna diferente do modo de substituição das normas ordinárias. Ao contrário, é porque as prescrições normativas são importantes é que se torna mais exigente o seu modo de alteração[2]. O mesmo Autor é um dos primeiros que na juspublicística continental europeia distingue claramente entre um núcleo essencial de preceitos que integram a Constituição, ou que resultam da constituição como decisão política fundamental e as leis constitucionais de relevância política menor[3]. A distinção abre caminho para a separação entre normas revisíveis e normas que o não são. Nos Estados Unidos, desde cedo se põe o problema dos "unconstitutional ammendments" apesar da inexistência de preceito que limite materialmente os poderes de revisão[4].

---

[2] "Verfassungslehre", 4.ª ed., 1928, reimp., Berlim, 1965, pág. 18.

[3] Ibidem, pág. 11 e segs. e pág. 20 e segs.

[4] Veja-se, contudo, a parte final do artigo V da Constituição americana, impondo restrições ao poder de revisão até 1808 e concedendo aos Estados Federados o direito de impedir que fiquem privados do direito de voto no Senado. Cf. sobre a matéria, o capítulo inicial da 3.ª ed., vol. I, do tratado de Lawrence Tribe, "American Constitutional Law", New York, 2000, espec. pág. 110 e segs.

As análises de Schmitt, a teoria da integração de Smend, e a perspectiva abrangente de Hermann Heller contribuíram fortemente, na época de Weimar, para a quebra do predomínio metodológico positivista que lia a constituição como um código. Apesar disso, os juristas alemães, traumatizados pela experiência do totalitarismo nacional-socialista, tendem a ver nos elementos declarativos do artigo 79, III da "Grundgesetz", o "núcleo duro" identificador da sua Constituição[5]. Para esse facto contribui, igualmente, a forma moderada como esse conjunto de preceitos irremovíveis foi escolhido, com ausência completa de normas exclusivamente programáticas.

No seu modo sintético e elegante, Konrad Hesse explica que o artigo 79, III da "Grundgesetz" pretende apenas assegurar a continuidade na evolução histórica, mas não vincular as novas gerações a legitimidades que já não perfilham. Nenhuma constituição pode através da protecção de certas alterações constitucionais manter-se viva quando já perdeu a sua força normativa[6]. Paul Kirchof, que concede ampla atenção à envolvente histórica em que se desenvolve o exercício do poder constituinte originário e que atribui o relevo devido aos pressupostos do Estado, povo, território e língua – não explicitados ou objecto de meras referências na Constituição –, aceita igualmente a correspondência entre o núcleo duro da "Grundgesetz", traduzida no seu artigo 79, III e a estrutura e identidade desta[7].

Se seguirmos a orientação da doutrina germânica actual, profundamente influenciada pela sua história recente e pela II Guerra Mundial que levou à hiperbolização do valor da vigência da Constituição, em particular da pretensão de continuidade em relação aos fundamentos da Democracia dos direitos fundamentais e do Estado de direito, teremos de concluir que a nossa Constituição, ao alterar o artigo 290.º na Revisão Constitucional de 1989[8], passou a ser uma Constituição diferente. Mas, este resultado não tem em linha de conta, nem a especificidade da situação alemã, nem a excessiva ambição de fazer parar a História que ditou a formulação originária dos limites materiais da nossa Constituição.

---

[5] Veja-se, por todos, o comentário ao artigo 79, em especial ao parágrafo III, de Horst Dreier in "Grundgesetz-Kommentar" dirigido pelo mesmo Dreier, II ed., vol. II, Tubinga, 2006, pág. 1759 e segs.

[6] "Grundzuege des Verfassungsrechts der Bundesrepublik Deutschland", 20.ª ed., Heidelberga, 1999, pág. 292-295.

[7] "Die Identitaet der Verfassung", in Isensee/Kirchhof, "Handbuch des Staatsrechts", 3.ª ed., vol. II, Heidelberg, 2004, pág. 305.

[8] Veja-se Jorge Miranda, "Manual de Direito Constitucional", I, 6.ª ed., Coimbra, 1997, pág. 402 e segs. e Tomo II, 4.ª ed., Coimbra, 2000, pág. 150 e segs.

3. O ponto de partida e o caminho a percorrer tem de ser outro se reconhecermos a dimensão política do poder político originário, nota essencial e individualizadora do grupo político que se estrutura e se organiza num ordenamento próprio, no momento maquiavélico de que nos fala Pocock[9].

A inspiração para o desenvolvimento do conceito de estrutura da Constituição, a qual assegura a sua identidade, deve de preferência ser procurada na experiência constitucional norteamericana e na reflexão que deu lugar ao longo dos anos. Não é, de resto, por acaso que muitos constitucionalistas europeus, sem abandonarem as exigências de rigor da construção dogmática particularmente representadas no direito germânico e italiano, têm vindo progressivamente a entender não poder prescindir da grande contribuição do pensamento constitucional anglo-saxónico, em particular americano[10].

4. A descoberta da parte fixa da Constituição, dos princípios e normas que revelam a sua estrutura, o que o seu texto mostra mas nem sempre directamente diz, para usarmos a célebre distinção de Wittgenstein, não pode ser feita exclusivamente através dos limites formalmente apostos à sua reversibilidade. Estes, particularmente pelo facto de serem normas constitucionais de grau superior, devem, porém, ser tidos em particular atenção. A compreensão do que a Constituição significa tem de partir do seu texto, mas ao contrário do que pretendem os originalistas puros e duros da escola americana do mesmo nome, tem de ser iluminada pela história, em particular pelo período em que se exerceu o poder constituinte originário, e pelos valores que o animaram[11]. Não pode tão pouco deixar de ter em atenção o devir posterior ao momento da sua instituição, os novos factos que devem ser subsumidos nas normas constitucionais ou em que os princípios constitucionais passam também a refractar-se e ainda as inferências ou interpelações que o novo contexto sugere. Para dar um exemplo relativo a uma matéria particularmente delicada: a credibilidade da construção do socialismo e da sociedade sem classes, através da colectivização dos principais meios de produção, encontra-se hoje fortemente enfraquecida, mesmo entre os seus anteriores adeptos, sobretudo

---

[9] "The Machiavellian Moment", Princeton, 1975, págs. VII e VIII. Utilizo a expressão no segundo sentido que Pocock lhe atribui, de confronto entre a situação de estabilidade presente e os factores de disrupção que obrigam à mudança.

[10] O "Direito Constitucional e Teoria da Constituição" do Prof. Gomes Canotilho é representativo, em larga medida, dessa reorientação, sobretudo no que à teoria da constituição respeita.

[11] Essa é a posição defendida por importante sector da doutrina americana, a qual reconhece também apesar da ausência de uma cláusula de perenidade, a existência de limites materiais das revisões implícitas.

após a implosão do Império Soviético. Há, assim, que fazer um esforço de apuramento dos princípios fundamentais que animam a nossa Constituição e liberarmo-nos da ganga contingente. Essa preocupação da determinação de princípios e valores fundamentais em que assenta a Constituição e são defendidos por ela, porém, deve também ser procurada socorrendo-nos da interpretação dos preceitos relativos aos limites materiais da revisão. Essa tarefa, no caso português, está hoje facilitada por o artigo 288.º do texto constitucional ser muito mais exacto e menos doutrinário do que o artigo 295.º anterior à Revisão de 1989. Essa mesma alteração dos limites naturais confirma que, no que concerne ao poder constituinte derivado – que é já um poder constituído –, a boa doutrina é a de entender que a matéria que deve ser considerada como irreversível são os princípios fundamentais e não as normas, menos ainda os preceitos relativos à irreversibilidade[12]. A identidade da Constituição e, em consequência, a imodificabilidade dos princípios e normas que a caracterizam, sob pena de ser outra a Lei Fundamental, há assim de ser encontrada segundo um critério que decorre do momento histórico em que se exerceu o poder constituinte originário e da resposta que lhe é dada em termos de estruturação do ordenamento jurídico. A nota distintiva da Constituição, definitória da sua identidade resulta assim, parcialmente de elementos exteriores ao texto constitucional de natureza histórico-política, e não de uma hermenêutica constitucional, obedecendo aos cânones de interpretação civilista[13].

É certo que com a posição aqui esboçada se perde em certeza e segurança. Será mais fácil tomar as normas sobre limites materiais, submetê-las a uma interpretação como se preceitos de um código se tratassem e, esquecendo o paradoxo da auto-referência para que Alf Ross chamou a atenção – que as normas de revisão se posicionam formalmente acima das outras normas constitucionais[14] –, considerar resolvido o problema da identidade da Constituição

---

[12] Partindo de premissas diferentes mas chegando a resultados muito próximos, veja-se Vital Moreira, "Revisão e Revisões: A Constituição ainda é a mesma?" in "20 Anos Da Constituição de 1976", Coimbra, 2000, pág. 197 e segs.

[13] Veja-se para uma boa ilustração desta atitude, o artigo de George P. Fletcher, "Constitutionalism, Identity, Difference and Legitimacy", ed. por M.Rosenfeld, Durban e Londres, 1994, pág. 223 e segs. e as críticas de R. Teitel, "Reactionary Constitutional Identity" e de R. West, "Toward a First Amendment Jurisprudence of Respect:" no mesmo volume, respectivamente a pág. 233 e segs. e pág. 245 e segs.

[14] "On Self-Reference and a "puzzle" in Constitutional Law", Mind, 1, 1969. Sobre o problema mais vasto de temporalidade jurídica e a Constituição, veja-se o importante trabalho com o mesmo título de Miguel Galvão Teles, in "20 Anos da Constituição de 1976" cit., pág. 25 e segs. Merece também atenta leitura o trabalho sobre o poder constituinte de Miguel Nogueira de Brito, "A Constituição Constituinte", Coimbra, 2000.

e, por consequência, dos limites da sua variação sem que se possa considerar existir uma descaracterização revolucionária. Laurence Tribe, que não é propriamente um relativista, ao propor sete modelos para a Constituição Americana, exemplifica como é possível entender de muitas maneiras, as variações sofridas ao longo do tempo por aquela Lei Fundamental[15]. Bastaria, para tanto, transformar os modelos interpretativos que propõe em modos de definir a estrutura constitucional.

A Constituição e a interpretação do seu significado cultural não é, porém, uma entidade e uma mera operação lógica. É uma realidade cultural que deve ser compreendida segundo o modo adequado à sua natureza.

Afigura-se, assim, mais correcto, do ponto de vista de uma dogmática constitucional adequada a uma Constituição aberta, dominada por um conjunto de princípios fundamentais do que procurar garantir a permanência[16], seguir o caminho que traçámos, e entender que a Constituição de 1976, apesar de algumas modificações importantes, permanece fiel à resposta que deu ao estabilizar e estruturar num novo ordenamento jurídico os valores fundamentais de Abril de 1974.

---

[15] "American Constitutional Law", 3.ª ed., vol. I, cit., pág. 4 e segs. Veja-se, também, Murphy, Fleming e Barber, "American Constitutional Interpretation", 2.ª ed., Nova Iorque, 1995, pág. 379 e segs.

[16] Cf. Gomes Canotilho, "Direito Constitucional", 7.ª ed., cit., pág. 1157 e segs.

Segunda Sessão

*Constituição de 1976:
Influências nos Sistemas
Constitucionais
de Língua Portuguesa*

Influência da Reconstitucionalização de Portugal sobre a Experiência Constitucional Brasileira

Luís Roberto Barroso*

> SUMÁRIO: I. Introdução. II. Repercussão da Revolução Portuguesa sobre o processo político brasileiro. III. Processo constituinte português e brasileiro: algumas comparações. IV. Influência da Constituição Portuguesa na estrutura e na filosofia da Constituição brasileira. V. Influência da Constituição Portuguesa sobre o conteúdo da Constituição brasileira. VI. Influência de autores portugueses na teoria constitucional brasileira. VII. Conclusão

I. Introdução

Em junho de 1975, o compositor Chico Buarque de Holanda e a cantora Maria Bethânia faziam uma temporada no Canecão, uma tradicional casa de espetáculos no Rio. O *show* veio a se converter em disco. Nele se pode ouvir a versão instrumental de uma música chamada *Tanto mar*. Não era possível cantá-la, porque a letra havia sido censurada. Estávamos no segundo ano do Governo Geisel e a noite da ditadura ainda era escura. Antes do fim do ano, o jornalista Vladimir Herzog e o operário Manoel Fiel Filho viriam a morrer em dependências do II Exército, em São Paulo.

Em 1978, o Brasil já mudara e muito. A censura já não vetava músicas. Chico Buarque gravou um novo disco. Nele estavam as proibidíssimas *Apesar de você*, *Cálice* e, já agora com letra e tudo, *Tanto mar*. A primeira estrofe da música dizia o seguinte:

> "Foi bonita a festa, pá
> Fiquei contente
> E inda guardo renitente
> Um velho cravo para mim".

Desfazia-se o mistério. A música censurada era uma homenagem à Revolução dos Cravos, fantasma que assombrou os militares brasileiros em meados

---

* Professor da Faculdade de Direito da Universidade do Estado do Rio de Janeiro.

da década de 70. Velho militante de esquerda, Chico havia mudado uma estrofe da música, quando de sua tardia divulgação em 1978. Nela se veiculava a queixa contra os rumos da revolução portuguesa:

> "Já murcharam tua festa, pá
> Mas certamente
> Esqueceram uma semente
> Nalgum canto de jardim".

A música é linda, mas o julgamento foi injusto. A festa democrática portuguesa já dura trinta anos. E mesmo que nem tudo tenham sido flores, há muito que celebrar.

Eu tenho muito prazer e muita honra de estar aqui e de participar desse evento no qual se debate o trigésimo aniversário da Constituição Portuguesa de 1976. Para um brasileiro convicto e militante como eu, estar em Portugal é sempre uma volta às origens, um reencontro com a própria identidade.

II. Repercussão da revolução portuguesa sobre o processo político brasileiro

Portugal e Brasil têm estado próximos nas venturas e desventuras institucionais. De início, o destino comum resultava da unidade política. Depois, mesmo separados, tivemos de conviver, aquém e além mar, com a instabilidade constante e com a maldição do autoritarismo. Não há critério seguro para medir quanto atraso e quantas perdas nos vieram da crença equivocada – assim dos oportunistas, como dos patriotas desastrados – de que é possível saltar etapas históricas sob a condução do racionalismo (e do personalismo) presunçoso das ditaduras e dos ditadores.

Nos dias tristes do início da década de 70, cumpríamos, lá e cá, ritualisticamente, a sina perversa: intolerância com os adversários, censura política e, suprema afronta à civilização, a tortura física e psicológica. Subitamente, naquele 24 de abril, as notícias começaram a cruzar o Atlântico, causando perplexidade em alguns círculos e euforia em outros. Eram dias de sentimentos maniqueístas, e as fotografias de oficiais e soldados confraternizando com populares nas ruas de Lisboa tiveram o impacto de uma revelação: é possível o exército não estar contra o povo. Na América Latina da década de 70, isto era um paradoxo. O fim da ditadura em Portugal (e a morte de Franco, na Espanha, logo à frente) foi uma drástica perda de referência para os ditadores do novo continente. Restava, ainda, é certo, a pontiaguda doutrina de segurança nacional, vinda do Norte. Mas não tinha o mesmo sotaque nem a mesma empatia das ditaduras ibéricas.

Foi neste mesmo ano de 1974 que o General Ernesto Geisel, empossado na Presidência da República semanas antes do 24 de abril, deu início ao processo de abertura "lenta, gradual e segura" que nos conduziria, tardiamente, a um Estado de direito democrático, somente institucionalizado onze anos depois, com a Constituição de 1988. A despeito da longa sobrevida do regime militar, o fato é que sua retirada começou, muito nitidamente, após as transformações ocorridas em Portugal. Não se correu o risco, aqui, de que o desgaste do mando ditatorial pudesse gerar a confraternização dos soldados com o povo. Foram recolhidos a tempo. O fato é que, antes mesmo da promulgação da Constituição Portuguesa de 1976, os eventos de abril de 1974 já haviam contribuído para mudar a história recente do Brasil.

III. PROCESSO CONSTITUINTE PORTUGUÊS E BRASILEIRO: ALGUMAS COMPARAÇÕES

1. A deflagração do processo constituinte

A teoria constitucional identifica quatro grandes cenários nos quais mais comumente se dá a deflagração do processo constituinte, com a elaboração de novas constituições. São eles: a) uma revolução; b) a criação de um novo Estado (normalmente pela emancipação de uma colônia ou pela libertação de algum tipo de dominação); c) a derrota na guerra; e d) uma transição política pacífica. Pois bem: o antecedente imediato da convocação da assembléia constituinte portuguesa foi a Revolução de 25 de abril de 1974. Assim, a descontinuidade formal e material em relação à ordem jurídica anterior foi inequívoca.

No caso do Brasil, o momento constituinte culminou um longo e lento processo de transição política iniciado e conduzido pelo próprio regime militar, que só não teve o domínio dos últimos atos do processo eleitoral que restabeleceu o poder civil. Mesmo assim, o presidente eleito em 1985 foi Tancredo Neves, líder da oposição moderada. A fatalidade impediu sua posse, tendo assumido a Presidência da República o Vice-Presidente José Sarney, que tinha sido uma importante liderança política do período militar. A Assembléia Constituinte no Brasil foi convocada por via de emenda constitucional – a Emenda Constitucional n.º 26, de 27 de novembro de 1985. Interessantemente, embora tenha havido clara descontinuidade material – pela mudança do fundamento de legitimidade do poder constituinte, que se transferiu do poder militar para a soberania popular – não houve, a rigor, descontinuidade formal.

2. O procedimento constituinte

Em Portugal, elegeu-se uma assembléia constituinte cuja única competência era a de elaborar a nova Constituição. Não desempenhou ela competências ordinárias nem durante a feitura da Lei Maior nem após a sua promulgação. No Brasil passou-se de maneira diversa. Quando da deliberação da Emenda Constitucional n.º 26/85, foi rejeitada a tese da constituinte exclusiva. Dessa maneira, previu-se que os membros da Câmara dos Deputados e do Senado Federal se reuniriam em Assembléia Constituinte, livre e soberana, no dia 1.º de fevereiro de 1987. Embora já houvesse antecedentes nessa linha na experiência constitucional brasileira, reincidiu-se na solução inconveniente de se atribuir ao órgão que expressava o poder constituinte originário o desempenho, também, do poder constituído.

Note-se que no caso brasileiro, a exemplo de Portugal, não se previu que o documento elaborado fosse levado à ratificação por via de referendo popular. A Assembléia Constituinte, portanto, foi *soberana*, na linha do modelo teórico concebido por Sieyès, diverso do modelo norte-americano em que a constituição é obra de uma convenção que tem competência para escrevê-la, mas não para dar a palavra final. A deliberação definitiva dá-se pela consulta popular.

3. A apresentação de anteprojetos de Constituição

Em Portugal, cada um dos seis Partidos Políticos com assento na Assembléia Constituinte apresentou seu próprio projeto de Constituição. Mesmo que isso não eliminasse dificuldades procedimentais e materiais do processo constituinte, dava-lhe, no entanto, maior sistematicidade e objetividade. No Brasil, a ausência de um anteprojeto base sobre o qual deveria trabalhar a Assembléia Constituinte representou imenso embaraço ao processo, que se prolongou por cerca de vinte meses. Antes mesmo da posse, Tancredo Neves havia constituído uma 'comissão de notáveis", sob a presidência do Professor Afonso Arinos de Mello Franco, para elaborar um anteprojeto de Constituição, a ser encaminhado aos constituintes, quando viessem a ser eleitos. O bom texto produzido pela "Comissão Arinos" não foi, todavia, encampado pelo Presidente Sarney, dentre outras razões pela proposta parlamentarista nele contida.

IV. Influência da Constituição portuguesa na estrutura e na filosofia da Constituição brasileira

1. **Constituição analítica**

A Constituição Portuguesa inaugurou uma tradição, que viria a ser mantida pela Constituição Espanhola de 1978 e pela Constituição Brasileira de 1988, de cartas constitucionais analíticas. Isso significa não só um maior detalhamento nas matérias tratadas, como também a inclusão na Constituição de um elenco de temas que a prática convencional não considerava materialmente constitucionais. A Constituição Brasileira potencializou esta característica, constitucionalizando temas menores, assim como matérias que deveriam ter sido relegadas à política ordinária e ao processo político majoritário. Exemplo caricato desse fenômeno é a previsão, no art. 242, § 2.º das Disposições Constitucionais Gerais, de regra com a seguinte dicção: "O Colégio Pedro II, localizado na cidade do Rio de Janeiro, será mantido na órbita federal"!

2. **Constituição dirigente**

Na linha da Constituição Portuguesa, na sua versão original, a Carta Brasileira de 1988 também é uma Constituição dirigente. O termo identifica uma opção pela inclusão no texto constitucional de grandes linhas programáticas, que procuram sinalizar caminhos a serem percorridos pelo legislador e pela Administração Pública. Estabelecem-se fins, tarefas e objetivos para o Estado e para a sociedade. Este tipo de constitucionalismo diminui, de certa forma, a densidade jurídica do texto, embora represente um esforço para condicionar a atuação dos Poderes e impulsioná-los na direção eleita pelo constituinte, notadamente em domínios como os da educação, cultura, saúde e realização de valores como a justiça social e os direitos a ela inerentes. O constitucionalismo dirigente é extremamente dependente da atuação do Congresso Nacional na edição das leis ordinárias necessárias ao desenvolvimento dos programas meramente alinhavados na Constituição.

V. Influência da Constituição portuguesa sobre o conteúdo da Constituição brasileira

1. Abertura do texto constitucional com princípios fundamentais

A Constituição Portuguesa se inicia com um conjunto de princípios fundamentais, contendo as decisões políticas estruturantes do Estado, valores a serem preservados, tarefas a serem realizadas e linhas norteadoras das relações internacionais. Também a Constituição Brasileira dedica o seu Título I aos princípios fundamentais, contendo as principais decisões políticas feitas pelo constituinte, identificando os fundamentos e os objetivos da República e os princípios aplicáveis às relações internacionais. Merecem destaque, como traços comuns das duas Cartas, a inclusão nos dispositivos iniciais da auto-identificação como Estado democrático de direito (ou de direito democrático, no texto português) e do princípio da dignidade da pessoa humana.

Uma das marcas do direito constitucional, nas últimas décadas, foi o reconhecimento da distinção qualitativa entre regras e princípios e a atribuição de normatividade a esses últimos. O pós-positivismo ou principialismo identifica a posição filosófica de reaproximação do Direito à Ética, com a entronização dos valores no mundo jurídico, inclusive e notadamente pela via dos princípios constitucionais.

2. A parte dedicada aos direitos fundamentais antecede à da organização do poder político

A Constituição Portuguesa contempla os direitos e deveres fundamentais em sua Parte I, apresentando-os de maneira detalhada em títulos dedicados aos direitos, liberdades e garantias, assim como aos direitos e deveres econômicos, sociais e culturais. Também a Constituição Brasileira antepõe o Título dedicado aos direitos e garantias fundamentais (Título II) ao reservado à organização do Estado (Título III). Em enunciação analítica, por vezes redundante, expõe os direitos individuais e coletivos, os direitos sociais e os direitos políticos. Esta alteração na topografia tradicional dos textos constitucionais, superadora do modelo no qual a limitação do poder político vinha em momento posterior à sua organização, tem a significação especial de uma mudança filosófica. É que no constitucionalismo democrático subseqüente ao segundo pós-guerra, os direitos fundamentais passaram a uma posição central no sistema, figurando como uma ordem objetiva de valores.

O destaque dado à dignidade da pessoa humana, a primazia dos direitos fundamentais e o reconhecimento de sua dimensão objetiva tiveram como inspiração a Lei Fundamental de Bonn, de 1949, assim como a teoria constitucional e a jurisprudência que se produziram na Alemanha nas últimas décadas do século XX.

3. Aplicabilidade imediata dos direitos individuais

A Constituição Portuguesa previu, no art. 18, 1 que "os preceitos constitucionais respeitantes aos direitos, liberdades e garantias são diretamente aplicáveis e vinculam as entidades públicas e privadas". Na mesma linha dispôs a Carta Brasileira, em cujo art. 5.º, § 1.º se lê: "As normas definidoras dos direitos e garantias fundamentais têm aplicação imediata". Esta determinação, inspirada pelo art. 1.º, 3 da Lei Fundamental de Bonn, decorre da conquista de força normativa pelas constituições contemporâneas. Na tradição européia, a Constituição era freqüentemente percebida como um documento político, uma convocação à atuação do legislador e dos poderes públicos. A partir da reconstitucionalização superveniente à 2.ª Guerra Mundial, prevaleceu a idéia de que a Constituição é uma norma jurídica apta a incidir direta e imediatamente sobre as situações concretas às quais se dirige, notadamente em hipóteses envolvendo direitos fundamentais.

4. Reprodução de alguns direitos fundamentais em espécie

Inúmeros direitos fundamentais constam simultaneamente das Constituições portuguesa e brasileira. Muitos desses direitos já integravam o elenco tradicional de direitos individuais do catálogo liberal. Alguns outros, no entanto, foram incorporados mais recentemente e é possível identificar uma influência da enunciação feita pela Carta de 1976. Dentre eles, o direito à integridade pessoal, o direito de imagem, direito à segurança social, à saúde, assim como mandamentos de proteção à família, à infância, à juventude, aos idosos, ao meio ambiente, ao consumidor. Também se inspirou no art. 16, 1 da Constituição Portuguesa a cláusula do art. 5.º, § 2.º da Constituição Brasileira: "Os direitos e garantias expressos nesta Constituição não excluem outros decorrentes do regime e dos princípios por ela adotados, ou dos tratados internacionais em que a República Federativa do Brasil seja parte".

5. A fiscalização da inconstitucionalidade por omissão

A Constituição Brasileira inspirou-se na Carta Portuguesa ao procurar disciplinar a figura da inconstitucionalidade por omissão. Previu, assim, dois instrumentos: a ação direta de inconstitucionalidade por omissão e o mandado de injunção. A jurisprudência do Supremo Tribunal Federal veio a praticamente equiparar os dois institutos. Na dicção do art. 103, § 2.º, no caso de o Tribunal constatar a ocorrência de omissão legislativa, "será dada ciência ao Poder competente para a adoção das providências necessárias". Na prática, a solução padece das mesmas limitações que haviam sido dadas pelo art. 283 da Constituição Portuguesa: normalmente a omissão não se deve à inciência, mas a uma atitude política de não prover acerca da matéria.

6. Cláusulas pétreas, reforma e revisão da Constituição

Uma característica da Constituição Portuguesa foi a previsão de um longo elenco de limites materiais à reforma da Constituição (art. 288). Embora com uma quantidade menos detalhada de restrições, a Constituição Brasileira seguiu a mesma fórmula, prevendo no art. 60, § 4.º, a não admissão de emendas constitucionais tendentes a abolir: a forma federativa do Estado; o voto direto, secreto, universal e periódico; a separação de Poderes; e os direitos e garantias individuais. A adequada interpretação do sentido e alcance dessas denominadas *cláusulas pétreas* ocupa um espaço importante no debate doutrinário e na produção jurisprudencial brasileira.

No tocante ao procedimento de "revisão constitucional", previu o texto português um mecanismo duplo: uma revisão qüinqüenal ordinária, em que as alterações devem ser aprovadas por *quorum* de dois terços dos Deputados; e uma revisão de natureza extraordinária, que pode ser deflagrada a qualquer tempo, com exigência de *quorum* de quatro quintos dos Deputados em efetividade de funções. No Brasil, previu-se no corpo do texto constitucional uma única hipótese de reforma da Constituição: por via de emenda constitucional, que pode ser objeto de deliberação em qualquer época – salvo as limitações circunstanciais, como, *e.g.*, a vigência do estado de sítio – mediante votação em dois turnos em cada casa legislativa (Câmara dos Deputados e Senado Federal), exigido *quorum* de três quintos dos parlamentares integrantes de cada uma delas.

Sob influência do texto português, o constituinte originário no Brasil previu, no art. 3.º do Ato das Disposições Constitucionais Transitórias, a realização de uma revisão constitucional após cinco anos de vigência do texto constitucional. Estabeleceu-se que a votação, nesse caso, seria por maioria absoluta dos membros do Congresso Nacional, em sessão unicameral. Uma forte reação política à revisão, além de dúvidas doutrinárias sobre a prevalência ou não das cláusulas pétreas nesta situação, levaram à frustração do processo, que terminou com a aprovação de algumas poucas modificações em temas secundários.

VI. Influência de autores portugueses na teoria constitucional brasileira

No início e em meados da década de 80, na América Latina, ainda sob o signo do autoritarismo militar e do anticomunismo truculento, o direito constitucional vagava errante entre dois extremos, ambos destituídos de normatividade. De um lado, a teoria crítica denunciava o Direito como legitimador do *status quo*, instrumento puramente formal de dominação, incapaz de contribuir para o avanço do processo social e para a superação das estruturas de opressão e desigualdade. De outro lado, o pensamento constitucional convencional, mimetizado pela ditadura, acomodava-se a uma perspectiva historicista e puramente descritiva das instituições vigentes. Indiferente à ausência de uma verdadeira ordem jurídica e ao silêncio forçado das ruas, resignava-se a uma curricular desimportância. Cada uma dessas duas vertentes – a crítica e a convencional – por motivos opostos, desprezava as potencialidades da Constituição como fonte de um verdadeiro Direito.

Nesse ambiente escasso em teoria constitucional democrática, a doutrina portuguesa desempenhou papel de grande visibilidade e importância no Brasil. No início da década de 80, a tese de doutoramento do Professor J.J. Gomes Canotilho intitulada *A Constituição dirigente e a vinculação do legislador* teve grande influência, embora em um círculo acadêmico limitado. Seu livro *Direito constitucional*, assim como a obra escrita em parceria com o Professor Vital Moreira, *Fundamentos da Constituição*, passaram a fazer parte da biblioteca básica de todos os estudiosos do direito constitucional. Igual prestígio desfrutava e continua a desfrutar no Brasil o Professor Jorge Miranda, com seu trabalho de grande fôlego e muitos volumes *Manual de direito constitucional*. Já há inúmeros nomes de novas gerações que se tornaram igualmente conhecidos no Brasil, como Paulo Otero, Jorge Reis Novais, Jorge Bacelar Gouveia e Rui Medeiros. E pessoas como o Professor Antônio Avelãs Nunes construíram uma ponte de afeto entre o Brasil e Portugal.

VII. Conclusão

As Constituições de Portugal e do Brasil têm em comum o feito de haverem promovido, com sucesso, a transição de Estados autoritários para Estados constitucionais democráticos. Mais que isso, ambos os países podem celebrar uma longa estabilidade institucional, revertendo a tradição de experiências constitucionais acidentadas, com quebras da legalidade e recorrências ditatoriais. Compartilhando patrimônio cultural, sentimentos e destinos comuns, Brasil e Portugal chegam ao terceiro milênio atrasados e com pressa, mas havendo já superado alguns dos estigmas políticos que retardaram o processo histórico e impediram o avanço social.

Do regime de partido único à democracia em Cabo Verde: as *sombras* e a *presença* da Constituição Portuguesa de 1976

Jorge Carlos Fonseca*

1. O tema que nos foi proposto «Do regime de partido único à democracia pluralista em Cabo Verde: a influência da Constituição da República Portuguesa (CRP) de 1976» parece sugerir ou, até, implicar uma qualquer influência da CRP na evolução constitucional em Cabo Verde, do regime de partido único ao de democracia. Não estaria, seguramente, no pensamento dos organizadores que a Lei Fundamental portuguesa que se seguiu à Revolução de Abril pudesse, de alguma forma, ter uma qualquer correspondência ou influência na «ideia de direito» vertida nos textos que concretizaram a história constitucional de Cabo Verde nos quinze anos de regime de partido único ou, como era classificado pelos teóricos e doutrinários locais ao tempo, e definido constitucionalmente, de «democracia nacional revolucionária»[1]. De facto, se pode corresponder à verdade histórica que, na Constituição de 1976 se poderá ter revelado uma qualquer «contradição entre Constituição e Revolução», ou, ao menos, que ela consubstanciou, no seu normativo e seus princípios, algum compromisso entre uma concepção constitucional *democrática* e uma outra mais marcadamente *revolucionária*, ela acaba por ser a Constituição de um estado de direito e de democracia, baseado na soberania popular e no respeito e na garantia dos direitos e liberdades fundamentais e fundado na dignidade da pessoa humana (arts. 2.º e 1.º)[2]. De uma outra perspectiva, dir-se-ia que ela

---

* Jurisconsulto cabo-verdiano. Professor Convidado de Teoria Geral do Estado e Direito Constitucional na Universidade Piaget de Cabo Verde.

[1] Art. 3.º da Constituição de 1980 («A República de Cabo Verde é um Estado de democracia nacional revolucionária fundado na unidade nacional e na efectiva participação popular no desempenho, controle e direcção das actividades públicas, e orientado para a construção de uma sociedade liberta da exploração do homem pelo homem».

[2] Veja-se, a título meramente indicativo, o que, a respeito, nos diz e regista Jorge Miranda, *A Constituição de 1976 – Formação, Estrutura, Princípios Fundamentais*, Livraria Petrony, Lisboa, 1978, particularmente 32 ss. e 538 ss.; Idem, «O preâmbulo da Constituição», in *Estudos sobre a Constituição*, 1.º Volume, Livraria Petrony, Lisboa, 1977, 20 («... A constituição surge por virtude da Revolução... Mas não é o autor da Revolução que a decreta, que a outorga. É o povo...»). Cfr., igualmente, Francisco Lucas Pires, Teoria da Constituição de 1976 – A transição dualista, Coimbra, 1988, particularmente 136 ss., autor que refere que, «... na nossa Cons-

«reconduz a sua justificação à soberania popular, não a qualquer justificação revolucionária», bem que «... não renegasse as origens revolucionárias», no dizer significativo de Miguel Galvão Teles[3].

Nem mesmo no que respeita à constituição económica se vislumbra uma qualquer similitude, mesmo de uma mera perspectiva da fraseologia revolucionária, entre os textos constitucionais português e cabo-verdiano (referimo-nos concretamente à Constituição de 1980), ainda que na CRP o essencial ou o mais claramente tributário do ideário revolucionário traduzido nos normativos e institutos da «transição para o socialismo» residisse precisamente na constituição económica (organização económico-social assente no «desenvolvimento das relações de produção socialistas», «apropriação colectiva dos principais meios de produção» e «exercício do poder democrático das classes trabalhadoras»; nacionalizações e socialização dos meios de produção; organização económica e social do país orientada e disciplinada por um plano dirigido à «construção de uma economia socialista», reforma agrária e eliminação dos latifúndios).

---

tituição actual... não só não haveria qualquer contradição entre Constituição e Revolução, como bem alega Jorge Miranda, como, de acordo com Miguel Galvão Telles, não haveria sequer solução de continuidade ou autonomia de decisões fundamentais entre a Constituição e a Revolução» – 137. Verificação, porém, que não exclui que o autor acabe por concluir que a Constituição é «um sistema de antinomias, isto é, um anti-sistema», e que o compromisso esconde uma contradição. Assim, ela só poderia ser pensada como «Constituição *de* e *em* transição (388--389). Veja-se, sobre a «transição dualista», de Lucas Pires, o texto de J.J. Gomes Canotilho, «Teoria da Constituição de 1976: Desenvolvimento ou Revisionismo constitucional», in *"Brancosos" e interconstitucionalidade – Itinerários dos discursos sobre a historicidade constitucional*, Almedina, Coimbra, 2006, 39 *ss.*. Cfr., ainda, Rui Chancerelle de Machete, «Constituição de 1976 e a próxima revisão constitucional», in AA.VV., *Portugal – O Sistema Político e Constitucional, 1974/87*, coordenador: Mário Baptista Coelho, Instituto de Ciências Sociais, Universidade de Lisboa, 1989, 995 *ss.*. O autor arranca da verificação de uma *estrutura bipolar* da CRP, até à revisão de 1982, corporizada em dos princípios fundamentais, o democrático e o socialista de raiz marxista. Apesar de os afloramentos do princípio socialista serem menores na redacção de 1982, o carácter compromissório da Lei Fundamental mantém-se. No entanto, acaba por concluir que «...o princípio socialista deixou-se permear pelo princípio democrático... o princípio democrático desfaz o compromisso, actualizando a sua superioridade afirmada desde o primeiro momento» – 1017.

[3] «A revolução portuguesa e a teoria das fontes de direito», in AA.VV., *Portugal – O Sistema Político e Constitucional, 1974/87*, coordenador: Mário Baptista Coelho, Instituto de Ciências Sociais, Universidade de Lisboa, 1989, particularmente 605-606 («... a relação entre Revolução e Constituição não se mostra diferente daquela que observámos nos casos de *devolução... as normas revolucionárias remeteram para uma justificação pura*, que para o futuro *consome* a justificação revolucionária. A Constituição é pois *fonte originária* e a ela e só a ela se reconduz a produção jurídica subsequente. Mas *não houve ruptura da legalidade*».

Na verdade, já a dimensão do articulado cabo-verdiano referente à organização económica, limitado a dois, três artigos, de proclamação de princípios gerais [(como os que consideram objectivo «... liquidação da exploração do homem pelo homem e eliminação de todas as formas de sujeição da pessoa humana a interesses degradantes» ou consideram que cabe ao Estado promover «a edificação de uma economia nacional independente», a «eliminação das sequelas da dominação e exploração coloniais...» ou ainda «a defesa e consolidação da independência e da unidade nacional» (art. 14.º)] ou de definição das formas admissíveis de propriedade (estabelecendo-se que «a propriedade do Estado, património comum de todo o povo, é sector dominante da economia ou que a economia nacional se rege «... pelo princípio da direcção e planificação estatais» e que «o Estado controla o comércio externo e detém o monopólio das operações sobre o ouro e as divisas» (art. 15.º)], já o teor dos seus dispositivos, se mostram distantes do texto português de 1976. Mesmo um domínio como o da «Reforma Agrária», central no discurso e na acção do regime de então, resume-se, no texto constitucional de 1980, a um número de um artigo (o 18.º), que se limita a estatuir que o Estado promoverá a Reforma Agrária como «condição indispensável para a construção da sociedade sem exploração e o desenvolvimento racional da produção agrícola» (n.º 3 do art. 18.º)[4].

2. Distância – face ao tratamento normativo-constitucional português – que se compreende, se nos ativermos à circunstância de a lei constitucional cabo-verdiana (e mesmo em qualquer dos seus anteprojectos conhecidos ou, antes, na LOPE) nunca falar de «socialismo» ou «transição para o socialismo» ou «sociedade socialista», em conformidade, aliás, com as opções ideológicas e com o discurso oficial do «movimento de libertação», quer na fase de luta pela independência, quer já depois do acesso à independência (o chamado

---

[4] É interessante e curioso verificar que, junto de sectores críticos do regime, nomeadamente dos que se reivindicavam, de alguma forma, do socialismo (radical na suas formulações fundamentais – política económica, relações externas, entre outros aspectos – mas reclamando a instauração de um regime que consagrasse as liberdades fundamentais), se apontava exactamente a pecha das formulações normativas vagas do texto constitucional que veio a ser aprovado. Cfr., por exemplo, um texto intitulado «O Projecto económico da Constituição do PAIGC», integrado numa colectânea de textos (policopiada), editada pelos Círculos de Estudos para a Democracia, sob o título geral *Cabo Verde 80 – Que Constituição?* Nele se dizia, por exemplo, que «... num país de predominância camponesa onde a reforma agrária é uma exigência vivamente sentida pelos pequenos camponeses e assalariados agrícolas, limita-se a Constituição a "prometer" sem estabelecer prazos, ritmos e natureza, no art. 18.º, n.º 3 que "... o Estado promoverá a reforma agrária...» (11).

«movimento de libertação no poder», terminologia usada tanto em Cabo Verde como na Guiné-Bissau, enquanto caracterização do partido, a meio caminho, como dizíamos num pequeno estudo universitário de aluno, datado de 1982, entre « uma visão *classista* do poder centrado no partido – assumida pela doutrina reclamando-se do marxismo-leninismo – e uma concepção *horizontalista* da estrutura social, defendida e teorizada por alguns líderes africanos»)[5].

3. A opção constitucional foi, na Constituição de 1980, pela «democracia nacional revolucionária», formulação que tem o sustento doutrinário mais imediato em AMÍLCAR CABRAL e cuja elaboração teórica foi sucessivamente feita a partir da noção de «democracia nacional», utilizada sobremaneira pela doutrina político-jurídica soviética para caracterizar a fase transitória que se segue, nos países sub-desenvolvidos, ao triunfo de uma «revolução nacional», em que é formada uma aliança entre várias classes, unidas num grande objectivo «anticapitalista», sob a direcção de um partido único[6]. Enfim, mesmo no que se refere a estas matérias, que, na CRP de 1976, foram objecto de uma regulação que, sem dúvidas, sofreu influências de algumas constituições do antigo bloco socialista, não se pode considerar uma relevante afinidade ou influência recebida da Constituição portuguesa[7]. A verdade é que o «socia-

---

[5] JORGE CARLOS FONSECA, *O Sistema de governo na Constituição cabo-verdiana*, AAFDL, Lisboa, 1990, 70 e nota 15, com algumas outras referências bibliográficas e documentais.

[6] Cfr., incluindo as referências bibliográficas e documentais atinentes à questão, o nosso *O Sistema de governo...*, particularmente 63 *ss.* e notas 1 a 18; sobre a «democracia nacional revolucionária», veja-se, ainda, em registos diferentes, LUÍS MENDONÇA, «O regime político de Cabo Verde», in *Revista de Direito* Público, n.º 3, 1998, 7 *ss.*, ARISTIDES LIMA, A problemática da reforma política em Cabo Verde – Do paternalismo à modernização do Estado, ed. de autor, Praia, 1992, 28 *ss.*. Sobre a ideologia do PAIGC, no quadro mais geral da dos movimentos independentistas das ex-colónias portuguesas de África, cfr. HUMBERTO CARDOSO, *O partido único em Cabo Verde – Um assalto à* esperança, Praia, 1993, particularmente 10 *ss.*, onde, nomeadamente, analisa a teorização feita por Amílcar Cabral sobre o movimento de libertação nacional; cfr., ainda, PATRICK CHABAL, «Revolutionary democracy in Africa: the case of Guinea-Bissau», in *Political domination in Africa – Reflexions on the limits of power*, Cambridge University Press, 1986, *passim*

[7] J.J. GOMES CANOTILHO/VITAL MOREIRA entendem que foram especialmente as constituições da República Democrática Alemã e da Jugoslávia que tiveram influência na modelação do texto constitucional português, no que se refere a alguns aspectos dos direitos económicos e sociais e da constituição económica – Cfr. *Constituição da República Portuguesa Anotada*, 3.ª edição, Coimbra Editora, 1993, 17 (Introdução). JORGE MIRANDA, analisando a organização da economia no quadro constitucional, considera que não é possível assimilar o socialismo àquele que aparece nas Constituições e na prática dos países de Leste, com excepção, diz o autor, em alguns aspectos fundamentais, da Jugoslávia (*A Constituição de 1976...*, 512). O que explica

lismo» constitucional português, apesar da multiplicidade de concepções subjacentes aos diferentes projectos de texto constitucional que foram apresentados para discussão aos constituintes[8], teria, de alguma forma, que se compatibilizar com normas próprias de uma democracia pluralista e no quadro de um Estado de direito democrático. O que não era, naturalmente, o caso da Constituição cabo-verdiana de 1980, que, como vimos, consagrava um estado de «democracia nacional revolucionária», num modelo em que o partido único (PAIGC)[9] era caracterizado como «força política dirigente da sociedade e do Estado», cabendo-lhe, designadamente, no desempenho de «sua

---

(ou se compreende) que também entenda que «a democracia política... precede o socialismo...» (517) ou, ainda, que o «socialismo» constitucional só se realize «...com observância e no quadro institucional da democracia» ou que, por exemplo, no domínio da revisibilidade constitucional, «... porque o socialismo só entra na Constituição através da vontade popular expressa democraticamente em eleições, ele não pode manter-se nela desde que a mesma vontade popular... não mais o queira (541).

[8] Significativamente (também de forma polémica) JORGE MIRANDA entende que a Constituição não estava fechada a uma diversidade de modelos, «muito embora nos seus parâmetros não caibam – sob pena de a frustrarem – nem o capitalismo ou o socialismo de Estado...» (*A Constituição de 1976...*, 517)

[9] O texto originário refere-se ao PAIGC, partido único que dirigia os Estados de Cabo Verde e da Guiné-Bissau, após a proclamação unilateral da independência da Guiné-Bissau em 1973 e a declaração da independência de Cabo Verde, nos termos acordados com as autoridades portuguesas, após um período de negociações. Porém, a 12 de Fevereiro de 1981 é feita uma primeira revisão da Constituição, na I Sessão Legislativa da II Legislatura (Lei n.º 2/81, de 14 de Fevereiro), após a realização de eleições para a ANP, em 7 de Dezembro de 1980, mediante listas únicas de candidatos apresentados pelo PAIGC, como exigia a Lei n.º 2/80, de 9 de Setembro, nos seus arts. 34.º, 44.º e 46.º. A revisão, tal como expressamente referia o preâmbulo da respectiva lei (2/81, de 12 de Fevereiro), foi imposta pelos acontecimentos que se deram após o golpe de Estado de 14 de Novembro de 1980, na Guiné-Bissau. Acontecimentos que levaram à criação, em Cabo Verde, por decisão da «Conferência Nacional dos militantes do PAIGC, erigida em Congresso» e realizada de 16 a 20 de Janeiro de 1981, do PAICV e ao «... termo da existência do Partido Africano da Independência da Guiné e Cabo Verde como organização política binacional e supranacional...» (Preâmbulo).
As alterações centraram-se, pois, na substituição das referências feitas na Constituição ao PAIGC por outras respeitantes ao PAICV e na revogação de todas as normas que consubstanciavam o princípio constitucional da «unidade Guiné-Cabo Verde».
Em rigor, pois, a Constituição de 1980, na sua versão originária, nunca chegou a entrar em vigor, já que o início de vigência estava previsto para o início da sessão legislativa que se seguisse às eleições de 7 de Dezembro de 1980 (II Legislatura).
Cfr., sobre estes acontecimentos e o processo de revisão de 1981, JORGE CARLOS FONSECA, *O Sistema de governo...*, 45-49; HUMBERTO CARDOSO, ob. cit., 101 ss, JOSÉ VICENTE LOPES, *Cabo Verde – Os bastidores da Independência*, Spleen Edições, Praia, 2002, 633 ss.; WLADIMIR BRITO, «O processo constitucional cabo-verdiano», in *Cultura*, Número especial, Set. de 2001, Praia, 52-53.

missão histórica», «estabelecer as bases gerais do programa político, económico, social, cultural, de defesa e segurança a realizar pelo Estado» (art. 4.º). Enfim, tratava-se de uma Constituição cuja chave compreensiva se encontrava na consagração do princípio da direcção e controlo do Estado pelo partido único institucionalizado[10]; uma Constituição, pois, que não poderia funcionar nem como fundamento nem como limite do poder político e do seu exercício, ainda que, formalmente, se dissesse que o PAICV exerce o seu papel dirigente «na base da... Constituição»[11].

Tanto assim era que, significativa e curiosamente, a Constituição estabelecia que, no acto de posse, o PR jurava fidelidade total «... aos objectivos do PAICV, à Constituição e às leis da República (art. 67.º), e, nas disposições finais e transitórias (art. 93.º), que se mantinha transitoriamente a vigência da legislação anterior à independência em tudo «... o que não for contrário à presente Constituição... e aos princípios e objectivos do PAICV».

Se acrescentamos o facto de aquela Constituição não prever quaisquer mecanismos de fiscalização do poder político e de remeter para a lei ordinária quase toda a regulação da matéria referente aos direitos, liberdades e garantias individuais, vistos, pois, numa ideia de «funcionalização dos direitos», se não como «direitos reflexos» do Estado e de sua soberania, veríamos confirmada a ideia de que a Constituição de 1980, não corporizando aquela dimensão de garantia típica do liberalismo, não realizava nem traduzia a ideia de Estado de

---

[10] No nosso *O sistema de governo*..., considerávamos o princípio da hegemonia do partido único sobre o Estado como «... o princípio nuclear da ordem constitucional, da concepção e da organização do poder político, o mais fundamental dos "princípios político-constitucionais"...»(87).

[11] Cfr. JORGE CARLOS FONSECA, *o sistema de governo*..., em particular, 71 ss., onde se procura fundamentar a ideia de que, ao fim e ao cabo, o partido único não estava limitado, nem subordinado à Constituição: «... a afirmação de que ele exerce "o seu papel dirigente na base da presente Constituição" deve ser entendida no sentido e com os limites atrás referidos: com ela pretendeu-se abarcar numa *legitimidade constitucional* o que já se continha num seu *prius lógico e axiológico:* a *legitimidade histórico-revolucionária* de movimento nacional de libertação...». De outro modo, «... a legitimidade (constitucional) dos órgãos do poder do Estado" é... uma *legitimidade* derivada, por relação à *legitimidade originária* do partido. É este que *justifica* a Constituição e toda a produção normativa e institucional que dela emana...» (77-78). Aliás, a própria concepção de soberania – que, no nosso pequeno estudo de 1982, caracterizámos como sendo de *soberania fracturada* ou *escalonada* – mostrava a supremacia do partido sobre a Constituição. Como se exprimia singela e significativamente um deputado argelino «... le fait d'avoir reconnu la primauté d'un parti unique implique le transfert de l'exercice de la souveraineté du peuple au parti...» – cfr. FRANÇOIS BORELLA, «La Constitution algerienne – Un regime constitutionnel de gouvernement par le parti», in *Revue algérienne dês sciences juridiques, politiques et economiques*, Faculte de Droit et Sciences Economiques d'Alger, Janvier, 1964, n.º 1, 68; JORGE CARLOS FONSECA, *O sistema de governo*..., 102-103..

Direito. Sendo ela um instrumento e, não, um fundamento, critério ou limite do poder político, não seria, certamente a Constituição de um Estado que, para citar CASTANHEIRA NEVES, «...através e para além dos princípios da separação dos poderes e da vinculação à lei (ao Direito), se propõe e tem mesmo por fundamento uma intenção axiológico-jurídica material a que o poder se há-de submeter e em que este há-de reconhecer o seu último critério...».

4. Esta verificação de que a Constituição cabo-verdiana, no essencial, não sofreu qualquer influência da CRP de 1976 é, de alguma forma, feita também por estudiosos portugueses que se dedicaram à análise do constitucionalismo dos países africanos de língua oficial portuguesa. Fizeram-no, por exemplo, JORGE MIRANDA e JORGE BACELAR GOUVEIA, numa caracterização que abrangia os cinco países. O primeiro apontava para a circunstância de os textos constitucionais em causa consagrarem regimes autoritários ou totalitários (nuns casos) a partir de modelos que se afastavam dos «ocidentais»[12], o segundo, indo mais longe, considerava que os sistemas e as experiências constitucionais eram «marxistas-leninistas» ou tinham como «única fonte de inspiração, tanto político-ideológica como jurídico-constitucional» os «ideais comunistas», «o diapasão do socialismo científico marxista»[13]. Muito recentemente num estudo publicado em Cabo Verde sobre a evolução do sistema de garantia da Constituição em Cabo Verde, NUNO PIÇARRA deixa igualmente sublinhada a ideia de que a Constituição de 80 «... se deixou influenciar pelas constituições de matriz soviética», o que seria visível não apenas relativamente a alguns traços fundamentais da organização do poder político e judiciário, mas sobremaneira no que toca ao catálogo dos direitos, liberdades e garantias[14].

Não sendo aqui o local próprio para uma tal discussão, mister se mostra, no entanto, dizer que será excessiva a afirmação de que, no caso cabo-ver-

---

[12] «Os sistemas constitucionais do Brasil e dos Países Africanos de Língua Portuguesa», in *Revista Luso-Africana*, Volume I, Lex, 1997, 164-165.

[13] JORGE BACELAR GOUVEIA, «A influência da Constituição Portuguesa de 1976 nos sistemas constitucionais de Língua Portuguesa» e «Os sistemas político-constitucionais dos Estados Africanos de Língua Portuguesa», in *Estudos de Direito Público de Língua Portuguesa*, Almedina, Coimbra, 2004, 10 e 292-293, respectivamente. CARLOS BLANCO DE MORAIS, num estudo intitulado «Tópicos sobre a formação de uma comunidade constitucional lusófona», numa asserção generalizante, refere que as Constituições vigentes nos países africanos de língua oficial portuguesa, antes das transições políticas dos anos noventa, eram expressão de «autocracias marxistas» – in *AB UNO AD OMNES – 75 Anos da Coimbra Editora, 1920-1995*(organização de Antunes Varela, Diogo Freitas do Amaral, Jorge Miranda e J.J. Gomes Canotilho), Coimbra Editora, 1998, 65.

[14] NUNO PIÇARRA, «A evolução do sistema de garantia da Constituição em Cabo Verde», in *Revista Direito e Cidadania (DeC)*, n.º 22, 2005, Praia, 216.

diano, o sistema constitucional ou a experiência constitucional era, sem mais, «marxista-leninista»[15]. De alguma forma tentámos demonstrar, a propósito da caracterização do Estado feita pela Constituição de 1980 e pela construção ideológica que lhe está subjacente, que, se é verdade que o modelo constitucional em causa tem alguma (e clara) influência do modelo soviético e de outros Estados do Leste Europeu – como nós mesmo chegámos já a admitir[16] – ou até que o modelo de organização do partido único era de raiz leninista[17],

---

[15] O angolano RAÚL C. ARAÚJO também considera, numa visão geral, que as Leis Fundamentais dos *Cinco* eram de «inspiração socialista, apresentando os elementos estruturantes das constituições dos estados socialistas» (52); mais longe vai, ao dizer que «as formas de governo dos Cinco podiam ser enquadrados na tipologia de governo leninista… ou das democracias populares» (54) – *Os sistemas de governo de transição democrática nos P.A..L.O.P.*, Coimbra Editora, 2000. BACELAR GOUVEIA afirma que a Constituição de 1980 é adoptada «… num contexto de inspiração no modelo soviético» – «Os sistemas…», loc. cit., 299.

[16] JORGE CARLOS FONSECA, numa intervenção feita no Fifth Lisbon Meeting, 1991 (organizado pela Academia Internacional Liberdade e Desenvolvimento, em Sintra), onde considerou que o modelo global (político-constitucional) era «fortemente influenciado – sobretudo no que respeita à organização do poder político e às relações entre o Estado e a sociedade civil – pelo que vigorava na maioria dos países do Leste Europeu». Cfr. Uma versão em inglês, incluída em ACADEMIA INTERNACIONAL LIBERDADE E DESENVOLVIMENTO, *After the fall of Socialism – The rise of Freedom*, Lisboa, 199, 83. No entanto, ao analisar por exemplo o sistema de governo, no nosso *O sistema de governo…*, mostrávamos as diferenças entre o consagrado na Constituição de 80 e a soviética da época outras por ela influenciadas (91 *ss.*). Também NUNO PIÇARRA considera, e bem, que o PAICV era «um partido inspirado num modelo organizacional de tipo comunista, mas não exactamente um partido marxista-leninista» – loc. cit., 214. Significativo a este respeito é um excerto de uma declaração de um alto responsável do PAIGC, Olívio Pires. Para ele, das Recomendações do Congresso do PAIGC, em Bissau (19977) a Constituição cabo-verdiana reteve a noção de que seria «híbrida, semipresidencialista, apesar do Presidente ser eleito pela ANP. Ao contrário das constituições socialistas, no nosso caso, o presidente tinha múltiplas funções» – in JOSÉ VICENTE LOPES, ob. cit., 620.

[17] ONÉSIMO SILVEIRA, «Cabo Verde: do Partido-Estado ao partido do Estado», in *DeC – 3(1998)*, 151 *ss.*, onde o autor diz que a estrutura organizativa e institucional do partido único «… é de cepa leninista, sua seiva filosófica de inspiração marxiana» (151); referindo-se concretamente ao caso cabo-verdiano, acentua que «… embora o PAICV nunca o tenha admitido publicamente, é o modelo Leninista que lhe fornece a base racional para operar como Partido-Estado, com direitos constitucionais consagrados e como "Luz e Guia" do povo cabo-verdiano» (154). Mas tem o cuidado de ressalvar que «… esse modelo serviu exclusivamente a estrutura organizativa do partido, como meio apropriado para controlar e consolidar o poder indivisível…», acabando por falar num «Leninismo mitigado posto em prática pelo PAICV… só inteligível no âmbito dos compromissos anti-imperialistas assumidos durante a luta de libertação…»(155); a mesma ideia central caracterizadora do partido único surge noutros escritos do autor, onde claramente distingue a natureza dos regimes do modelo estrutural dos diferentes partidos únicos em África, sem esquecer a indicação de diferenças entre o caso de Cabo Verde e os de outros de países do Continente africano – cfr., nomeadamente, *África ao Sul do Sahara – Sistemas de partidos e Ideologias de Socialismo,* África Debate, Lisboa, 2004, passim, em par-

em Cabo Verde a denominada «democracia nacional revolucionária» não poderia ser, pura e simplesmente, ser considerada expressão de um qualquer socialismo «real», ao jeito das democracias populares do Leste Europeu ou da antiga URSS, mas, sim, do que temos chamado «nacionalismo revolucionário»[18]. Conclusão que, de alguma forma, poderia ser aplicada à Guiné-Bissau, nomeadamente quando tivermos em mente as Constituições de 1973, de 1980 e de 1984[19].

5. Estaremos de acordo com BLANCO DE MORAIS[20], quando diz que eventuais afinidades textuais ou influência pontuais da CRP sobre a Constituição cabo-verdiana de 1980 (o autor refere-se sempre de uma forma generalizada a todas as Leis Fundamentais da África «lusófona») terão pouca relevância,

---

ticular 61 ss., 98-99 e 127-129; *A democracia em Cabo Verde*, Edições Colibri, Lisboa, 2005, 11, onde o autor já nos diz que «... é só ao nível das suas "derrapagens" e "malformações" que o "Partido Único" cabo-verdiano apresenta afinidades com as organizações homólogas da África Sub-sahariana...», ficando a ideia de «... de um quociente valorativo ao "Partido Único" de tipo cabo-verdiano, a partir da verificação de um «hibridismo comportamental» que resultaria, não das vontade dos detentores do poder, mas, sim, «... de uma rejeição de valores estranhos ao sistema imunitário do corpo cabo-verdiano, social e culturalmente estruturado e estratificado...» (12).

[18] Cfr. FAFALI KOUDAWO, *Cabo Verde – Guiné-Bissau, da Democracia Revolucionária à Democracia Libera*, Instituto Nacional de Estudos e Pesquisas, Bissau, 2001, particularmente 91 ss.; o nosso *Prefácio* a esta obra em especial 38. Para HUMBERTO CARDOSO, o regime do PAIGC (depois, PAICV) em Cabo Verde tinha aspectos diferentes do modelo dos partidos únicos na Guiné-Bissau, em Angola ou em Moçambique, estes, sim, que, segundo o autor, «... emprestaram muito dos regimes soviético e de regimes militares». Entretanto, e de uma forma genérica, entende que os regimes de partido único em África «revelam-se como híbridos dos regimes totalitários que se instalaram na Europa nas décadas de 20 e 30, nomeadamente na Itália de Mussolini, na Rússia de Estaline e na Alemanha de Hitler – ob. cit., 115.

[19] Cfr. LUÍS BARBOSA RODRIGUES, *A transição constitucional guineense*, AAFDL, Lisboa, 1995, 39 e 168; JORGE REIS NOVAIS, *Tópicos de Ciência Política e Direito Constitucional Guineense*, AAFDL, Lisboa, 1996, 89 ss, referindo-se à clara influência e inspiração soviéticas na Constituição de 1973, as quais se reflectiam nomeadamente «... na proclamação do PAIGC como força que dirige a sociedade e decide da orientação política do Estado; ... numa concepção própria dos direitos fundamentais... numa organização do poder político em termos de concentração do poder» (92). JORGE MIRANDA (*Teoria do Estado e da Constituição*, Coimbra Editora, 2002, 200-204) considera os «regimes« de Cabo Verde e da Guiné-Bissau – durante o período de partido único – como de tipo «compósito, conjugando elementos desse tipo [soviético ou vizinho] com elementos locais ou com intenções de originalidade»,mas também se refere a regimes *de nacionalismo revolucionário*, dando o exemplo da Argélia (203).

[20] Loc. cit., 65. Irrelevância que, no caso da abordagem do autor – procura de elementos que pudessem vislumbrar e caracterizar a existência de uma «comunidade constitucional lusófona» – mais razão tem de se afirmar.

numa abordagem que se pretende seja de alcançar significativas e essenciais aproximações entre textos constitucionais. Daí que não valha a pena tentar recortar todos os eventuais e isolados casos de afinidade, mesmo na formulação, de normativos, que certamente não deixarão de existir[21].

6. Situando-nos ainda no âmbito do constitucionalismo, *rectius*, da história constitucional cabo-verdiana anterior ao advento da democracia, cabe referir que igualmente outras influências que não a constitucional portuguesa (a CRP de 1976 ainda não estava aprovada; a Constituinte portuguesa iniciava os trabalhos a 2 de Junho de 1975) ou outra de tipo ocidental se revelam na chamada L.O.P.E., texto que precedeu o da Constituição Política de 1980. Falamos da «Lei sobre a Organização Política do Estado», aprovada no dia da Proclamação da Independência (5 de Julho de 1975), sendo, aliás, os «termos da Proclamação do Estado Soberano de Cabo Verde» a assumida referência política justificadora do texto daquela que foi uma verdadeira pré-Constituição (lei para-constitucional, chama-lhe WLADIMIR BRITO)[22] de Cabo Verde.

---

[21] A título meramente ilustrativo, poder-se-ia apontar o caso do dispositivo inserto no art. 11.º da Constituição cabo-verdiana de 1980. Nele se estatui que a propriedade privada «incide sobre bens distintos dos do Estado», depois de se ter recortado nas alíneas antecedentes o que se contém na propriedade do Estado e na propriedade cooperativa. Esta formulação é muito próxima da do art. 89.º da CRP de 1976 (sectores de propriedade dos meios de produção); aqui também se diz que o sector privado é constituído pelos bens e unidades de produção não compreendidos nos números anteriores (respeitantes ao sector público e cooperativo). Não será muito ousado concluir que este dispositivo influenciou a formulação do preceito constitucional das ilhas. A CRP era bem conhecida dos círculos jurídicos e dos críticos do regime. Aliás, é significativo que o dispositivo correspondente de um primeiro Anteprojecto da Constituição (art. 11.º) – a que mais à frente nos referiremos como tendo sido influenciado em certa medida pela CRP – tivesse igualmente formulação afim à do texto português.

NUNO PIÇARRA também aponta o que, à partida, surgia como originalidade da Constituição cabo-verdiana de 1980: a previsão de um dispositivo que dizia que «nos feitos submetidos a julgamento não podem os tribunais aplicar normas que infrinjam o disposto na Constituição ou os princípios nela consignados» (n.º 1 do art. 89.º). Originalidade que, na sua formulação, reproduzia *ipsis* verbis o artigo 204.º da Constituição portuguesa de 1976. No entanto, o autor acaba por concluir – acertadamente – que «... afinal, o sistema de garantia de constitucionalidade acolhido... se afastava radicalmente do modelo norte-americano da *judicial review*...», já que, nomeadamente, uma outra disposição (o n.º 3 do citado art. 89.) determinava que "admitida [pelo juiz] a questão da inconstitucionalidade, o incidente sobe em separado à Assembleia Nacional Popular que decidirá». E remata dizendo que, «... tendo em conta que a Constituição de 1980 não se inspirava, no essencial, no modelo de Estado de Direito democrático-pluralista de matriz ocidental... não constitui surpresa o facto de o sistema de garantia de constitucionalidade por ela consagrado se ter caracterizado pela inefectividade prática» (loc. cit., 220).

[22] «O processo..., 51. O autor diz que o PAIGC, em vez de elaborar e aprovar uma Constituição, como se previa no Acordo firmado com o Governo Português, optou «... por inau-

Na verdade, é aquele conjunto de 23 artigos, visto e assumido como instrumento provisório de regulação da organização do poder político em Cabo Verde, fortemente influenciado, no modelo de organização dos «poderes do Estado» que institui, pela Constituição da Guiné-Bissau de 1973, mas sem praticamente qualquer referência a direitos fundamentais (apenas se diz, num artigo – o 21.º – , e numa formulação pouco ortodoxa, aliás, que «o direito de defesa é garantido ao arguido e ao acusado»), que acaba por vigorar durante cinco anos e meio, apesar de ter sido aprovado para vigorar apenas durante noventa dias, momento em que deveria ser aprovada uma (verdadeira) Constituição Política, de acordo com os termos da própria L.O.P.E. (art. 2.º), mas igualmente com o estabelecido no Estatuto Orgânico do Estado de Cabo Verde (art. 31.º) e com o acordo de Dezembro de 1974 entre o PAIGC e o Governo português da época[23]. Também aqui, e talvez de forma mais clara e expressiva do que na Constituição de 1980, é visível que a opção foi, para nos expressarmos como NUNO PIÇARRA, «pelo não acolhimento dos traços caracterizadores do constitucionalismo de matriz ocidental, a saber, o pluralismo político-partidário, a separação de poderes e a independência dos tribunais»[24].

7. Para uma explicação histórica e política do sucedido – que foi classificado pelos poucos autores que até agora sobre ele se debruçaram, como

---

gurar a nossa história constitucional com uma miniaturizada "lei para-constitucional" e, com ela, com um constitucionalismo minimalista assente nos princípios do Partido consagrado no programa do PAIGC, que na prática, passou a ser a fonte de integração de lacunas...». Aplicar-se-ia aqui a noção de «pequena constituição» (*piccole costituzione*) a que alude GOMES CANOTILHO (*Direito Constitucional e Teoria da Constituição*, 3.ª edição, Almedina, Coimbra, 1994, 213.

[23] Sobre a L.O.P.E., sua natureza jurídica e as vicissitudes de sua vigência, cfr. JORGE CARLOS FONSECA, *O sistema de governo...*, particularmente 35-41; IDEM, *Tópicos desenvolvidos sobre Teoria Geral do Estado e Direito Constitucional*, ed. policopiada para uso dos alunos do Curso de Gestão Financeira da Universidade Jean Piaget de Cabo Verde, Praia, 2004; WLADIMIR BRITO, «O processo...», loc. cit., 50-52; JOSÉ VICENTE LOPES, ob. cit., 619 *ss.*, numa perspectiva mais jornalística. Alguns elementos podem ainda ser encontrados em HUMBERTO CARDOSO, ob. cit., 93 *ss.*.

[24] Loc. cit., 213. A LOPE não caracterizava explicitamente o Estado como «democracia nacional revolucionária», como veio a fazer a Constituição de 1980. No entanto, abria o seu quadro normativo com a caracterização da soberania em termos mais próximos dos de constituições de democracias populares: «A soberania do Povo de Cabo Verde é exercida no interesse das massas populares, as quais estão estritamente ligadas ao ... PAIGC, que é a força política dirigente na nossa Sociedade» (art. 1.º). WLADIMIR BRITO, numa pequena nota do estudo que vimos citando dá-nos conta de que MÁRIO ANDRADE falava de democracia nacional revolucionária para classificar a «democracia» regulada na LOPE. – «O processo...», nota 4, 56.

«suspensão autoritária do processo constituinte»[25], «golpe de poder»[26] ou «ruptura parcial ou não-revolucionária da lei constitucional»[27] –, e porque pretendemos aqui analisar eventuais influências do constitucionalismo português na evolução do regime de partido único até à democracia pluralista, é interessante e significativo o teor de uma entrevista dada por PEDRO PIRES (Primeiro Ministro e Secretário-Geral Adjunto do partido único na altura, inegavelmente a figura política mais proeminente no sistema de poderes vigente), já em 1990, a propósito do incumprimento dos prazos de vigência da LOPE e de elaboração de uma Constituição[28]: «... <u>Podia parecer lógico que a Constituição fosse aprovada logo em 1975... Se tivéssemos começado com a Constituição, era muito possível que os portugueses nos obrigassem a aprovar uma Constituição elaborada por eles ou com eles. Eu penso que um elemento importante teria sido evitar que a Constituição fosse elaborada pelos portugueses ou negociada em Washington...</u>»[29].

8. Se é seguro não ter havido até ao advento da democracia qualquer relevante influência da CRP sobre os textos constitucionais que vigoraram em Cabo Verde, já não o será se pensarmos no que, afinal, parece ser o objecto de acção desta nossa reflexão: o percurso evolutivo do monopartidarismo à democracia pluralista em Cabo Verde. Referimo-nos a concreta, visível e relevante influência no processo constitucional cabo-verdiano que arranca da independência, passa pela adopção da LOPE e chega à Constituição de 1980, incluindo as revisões de que esta foi objecto. Porque afora isso – a que nos referiremos logo de seguida – sempre poderíamos alvitrar o impacto, em jeito de contra-referência ou contraponto valorativos, do ideário democrático, do pluralismo político e do núcleo essencial do estado de direito, presentes, apesar de tudo, apesar do ambiente complexo de contradições, conflitos, de

---

[25] WLADIMIR BRITO, «O processo...», loc. cit., 51-52.
[26] FELISBERTO VIEIRA LOPES, *A saída da crise do poder não é pelo «Anteprojecto de Constituição»*, Praia, 1980, 2 e 3.
[27] JORGE CARLOS FONSECA, *O sistema de governo...*, 39.
[28] Deve ser dito que foi a própria Assembleia Nacional Popular, numa sua sessão em Fevereiro de 1977, em Mindelo, a aprovar uma alteração ao n.º 1 do art. 2.º da L.O.P.E., retirando a referência ao prazo de noventa dias (escoados, entretanto), mas, curiosamente, sem a imposição de qualquer outro prazo para a feitura e aprovação da Constituição. Segundo fonte da época, a solução significaria «... o reconhecimento da inconveniência da elaboração imediata de uma Constituição, quando o país goza de pouca experiência política como Estado independente...» – *Voz di Povo,*, Praia, 26.03.77, cit. em JOSÉ VICENTE LOPES, ob. cit., 619.
[29] Entrevista ao *Voz di Povo*, Praia, 14.07.90, sob a epígrafe «Pedro Pires: Eu faria o mesmo percurso que fiz desde 1961...», citada em JOSÉ VICENTE LOPES, ob. cit., 620.

avanços e recuos verificados no Portugal pós-Revolução de Abril[30], em segmentos importantes do poder político e governamental em Portugal. Impacto junto dos decisores políticos e legislativo (incluindo o constitucional) cabo-verdiano, como se pode entrever do episódio atrás mencionado através de excerto de entrevista do então PM de Cabo Verde, ao enunciar com clareza as razões políticas que levaram à não adopção de uma Constituição em 1975, como estava previsto que fosse, e se optasse pela edição de um mero e provisório instrumento de mitigada regulação da organização do poder político, a já referida L.O.P.E[31].

Na verdade, convém recortar que, pelo Acordo entre o PAIGC e o Governo Provisório Português, assinado em Lisboa em Dezembro de 1974, deveria ser eleita uma Assembleia representativa do povo de Cabo Verde, dotada de poderes soberanos e constituintes, que teria por função declarar a independência de Cabo Verde e elaborar a futura Constituição do país, no prazo de noventa dias a contar do acesso do país à independência. Um Governo de Transição então instituído, e presidido por um Alto Comissário, nomeado pelo PR de Portugal, e integrando cinco ministros, dos quais três indicados pelo PAIGC, tinha exactamente por função preparar aquelas eleições. Uma lei eleitoral (Decreto-Lei n.º 203-A/75) foi aprovada; previa a eleição de deputados à Assembleia Nacional de Cabo Verde no dia 30 de Junho, por meio de sufrágio directo e universal, sendo as candidaturas apresentadas por grupos de trezentos cidadãos eleitores, através de lista plurinominais apresentadas por cada colégio eleitoral. O preâmbulo do diploma dizia, significativamente, que «as soluções encontradas asseguram o livre jogo democrático das possíveis correntes de opinião existentes na comunidade cabo-verdiana, numa base de absoluta igualdade de oportunidades e de tratamento. Simples emanação, afinal, da ideia matriz do nosso processo de descolonização, ou seja a do respeito pela vontade da maioria das populações interessadas...».

O esclarecimento do então PM de Cabo Verde sobre a circunstância de não ter sido aprovada a Constituição como se previa no Acordo, no Estatuto Orgânico do Estado de Cabo Verde e na própria L.O.P.E.(«Se tivéssemos começado com a Constituição, era muito possível que os portugueses nos obrigassem a aprovar uma Constituição elaborada por eles ou com eles. Eu penso que

---

[30] Cfr. JORGE MIRANDA, *A Constituição de 1976...*, particularmente 13 a 40; GIUSEPPE DE VERGOTTINI, *Le origine della seconda Repubblica portoghese*, Milão, 1977, *passim*. De tal sorte que, colocando-nos no plano estrito da Constituição, terá razão LUCAS PIRES ao considerar que, «... no quadro europeu do após-guerra, nenhuma Constituição escrita terá tido um processo tão longo, tão participado e dramático de auto-desenvolvimento» – ob. cit., 15

[31] Sobre esta concreta questão, cfr. JORGE CARLOS FONSECA, *O sistema de governo...*, 28 a 39.

um elemento importante teria sido evitar que a Constituição fosse elaborada pelos portugueses ou negociada em Washington...») é elucidativo do que poderia preocupar o poder do PAIGC relativamente ao que poderia ser uma Constituição... elaborada pelos ou com... os portugueses, na singela linguagem do dirigente político. Sobretudo se tivermos em conta as indefinições, do ponto de vista da evolução da Revolução e da democracia portuguesas, incluindo o processo de descolonização.

Não nos surge como excessiva especulação sugerir que, naquele procedimento político, que envolveu, nomeadamente, a realização de eleições com uma única lista de candidatos patrocinada pelo PAIGC, a auto-proclamação da Constituinte como Assembleia Nacional Popular, a aprovação de uma Lei sobre a Organização Política do Estado, a manutenção dos constituintes em funções – não constituintes – até finais de 1990, esteve de alguma forma presente, enquanto *contra-referência valorativa e de ideário*, como dissemos, um eventual influxo (negativo, no pensamento dos dirigentes nacionalistas revolucionários de Cabo Verde) de um acervo de valores, princípios e regras que viriam ter acolhimento na CRP, a ser a sua dominante *ideia de Direito*.

9. Voltemos a nossa atenção, feito este parêntesis, ao que dissemos constituir inquestionável influência da CRP no percurso do constitucionalismo cabo-verdiano até 1980.

9.1. Falamos da existência – ainda pouco conhecida mesmo em Cabo Verde – de um Anteprojecto de Constituição, acabado de elaborar em Abril de 1979, por um grupo técnico designado por uma Comissão, eleita pela ANP, nos termos da L.O.P.E, e à qual era confiada a tarefa de elaborar a Constituição no mencionado prazo de noventa dias, para além de integrar, com uma comissão congénere da Guiné-Bissau, o «Conselho da Unidade da Guiné-Bissau e Cabo Verde», o qual elaboraria um projecto de Constituição da Associação dos dois Estados, a ser submetido às respectivas Assembleias.

O Anteprojecto foi abandonado, já que surge findo num período de muita conturbação política em Cabo Verde, marcado por demissões no partido único, no Governo e na administração pública, e que culminou no que, na época, se chamou de campanha de «purificação e rectificação ideológica» e de «vigilância e erradicação de actividades fraccionistas» ou, ainda, de combate ao *trotskismo*[32].

---

[32] Alguns dados e comentários sobre esta questão poderão ser encontrados em JORGE CARLOS FONSECA, *O sistema*..., 40-41 e nota 34; HUMBERTO CARDOSO, ob. cit., 77 *ss.*; FAFALI KOUDAWO, ob. cit., particularmente 119 *ss.*; JORGE CARLOS FONSECA, Prefácio a FAFALI KOUDAWO, ob. cit., 20

9.2. Dizíamos, no raso estudo de 1982 a que nos temos referido[33], que este texto teria seguido de perto as disposições da Constituição Portuguesa no que respeita ao catálogo e regime dos direitos fundamentais. Na verdade, ele previa o princípio da aplicabilidade directa das disposições relativas aos direitos, liberdades e garantias individuais e o da vinculação obrigatória para todas as entidades públicas e privadas; previa regra sobre limites a leis restritivas de direitos, liberdades e garantias; consagrava norma que obrigava a interpretar as disposições relativas àqueles direitos de harmonia com a DUDH; estabelecia um regime que integra nos direitos fundamentais e submete ao seu regime, não só os direitos, liberdades e garantias individuais, mas também os direitos sociais; continha cláusula geral de equiparação dos direitos fundamentais previstos na Constituição a outros previstos no direito internacional. Regras integradas numa constituição de direitos fundamentais relativamente extensa, onde, contrariamente ao texto a final aprovado, não se utilizava o expediente de remeter para a lei ordinária quase toda a regulamentação da matéria, ao jeito de uma «funcionalização dos direitos», senão mesmo de «direitos reflexos» do Estado e de sua soberania, nem existia cláusula idêntica à do art. 30.º da Constituição adoptada, que fazia condicionar o exercício dos direitos e liberdades pelo respeito a certos valores, princípios e instituições[34]. Uma constituição de direitos fundamentais em que vinham previstos direitos como o de resistência, de acesso à justiça, à indemnização pelos prejuízos sofridos em caso de injusta condenação judicial, comprovada em processo de revisão ou, ainda, a previsão de responsabilidade civil e solidária do Estado e demais entidades públicas com os seus órgãos, funcionários ou agentes pelas acções e omissões que sejam lesivas dos direitos dos cidadãos ou, ainda, a proibição de perseguição por manifestação de opinião.

9.3. Estas são soluções que visivelmente tiveram como referência imediata disposições da CRP de 1976, facto que se compreende em certa medida pelo conhecimento que dela tinham os autores materiais do Anteprojecto, por sinal, na sua maioria, personalidades mais ou menos ligadas a círculos de opo-

---

a 23 e notas 34 a 40, com indicações bibliográficas outras sobre a questão; José Vicente Lopes, ob. cit., 537 ss.; Cláudio Alves Furtado, *Génese e (re) produção da classe dirigente em Cabo Verde*, Praia, ICL, 1997, 147 ss..

33 Jorge Carlos Fonseca, *O sistema de governo...*, 39-45.

34 «Nenhum dos direitos e liberdades... pode ser exercido contra a independência da Nação, a integridade do território, a unidade nacional, as instituições da República e os princípios e objectivos consagrados na presente Constituição». Significativo é o facto de, num dos Anteprojectos que se seguiram ao que referimos como o primeiro, o correspondente artigo (35.º) estabelecer como limite ao exercício de quaisquer direitos «... os princípios do PAIGC».

sição (ou críticos do regime) – como, um pouco mais tarde se veio a revelar – e/ou que, anos depois (finais da década de noventa), foram protagonistas cimeiros da II República, a da institucionalização da democracia e do Estado de Direito. Além disso, todos os membros da comissão técnica que trabalhara naquele Anteprojecto tinham vindo de Faculdades de Direito portuguesas, mantendo laços com segmentos da comunidade jurídica lusa[35].

9.4. Diga-se, no entanto, que outras disposições contidas no primeiro Anteprojecto, fora do âmbito estrito da parte relativa aos direitos fundamentais, merecem ser assinaladas como elementos dissonantes relativamente ao que veio, a final, a ser aprovado como Constituição em 1980. A título meramente ilustrativo registe-se que[36]:

A nível dos princípios fundamentais, o PAIGC era considerado «força política dirigente principal da sociedade» (art. 3.º, n.º 2), tendo sido retirado na versão final aquela *nuance* («força principal»); era consagrado o «princípio da legalidade democrática», afastado na formulação definitiva; os candidatos a deputado eram apresentados pelo PAIGC ou por um mínimo de 300 cidadãos eleitores, como era previsto na lei eleitoral para as eleições para a Constituinte em 1975 (nos termos da Constituição de 80, a matéria não era directamente regulada, sendo-o apenas na lei eleitoral, que previa exclusividade do PAIGC na apresentação de candidaturas)[37]; a matéria relativa a direitos, liberdades e garantias era abrangida pela reserva de competência da Assembleia; o Presidente da República era eleito por sufrágio universal, directo e secreto, bem que a candidatura fosse apresentada pelo partido dominante, enquanto no texto final seria eleito pela ANP de entre os seus membros; havia um capítulo dedicado ao «poder local», com disposições muito próximas das da Constituição Portuguesa, nomeadamente as que se referem à definição de autarquia local

---

[35] Integravam a dita comissão Manuel Duarte, Mascarenhas Monteiro, Carlos Veiga, David Hopffer Almada, Renato Cardoso e Jorge Carlos Fonseca – cfr. José Vicente Lopes, ob. cit., 619 ss., páginas onde se pode tomar conhecimento de depoimentos de quase todos os membros da comissão, à excepção de Carlos Veiga e de Manuel Duarte, este entretanto falecido à época da edição da obra citada.

[36] Uma análise descritiva das diferenças entre o 1.º Anteprojecto e o chamado «3.º anteprojecto» pode ser encontrada num texto intitulado «Análise comparativa e descritiva de dois anteprojectos de Constituição para Cabo Verde», incluído em Círculos…,cit., 12-19; cfr., ainda, «Notas sobre a Constituição de Cabo Verde», in Círculos…, 20-37.

[37] Porém, no Anteprojecto que serviu de fonte imediata do texto final – anteprojecto já elaborado pelo aparelho partidário, na sequência da rejeição, pelas razões aduzidas neste trabalho –, havia um dispositivo que reservava ao PAIGC a tarefa de «seleccionar os candidatos aos órgãos do poder e os quadros para funções dirigentes no aparelho do Estado e na Economia» (art. 5.º, n.º 2, c)]

e à regra de que o poder local se rege pelos princípios da descentralização e da autonomia administrativa (arts. 103.º e 104.º do Anteprojecto); previa-se a existência de uma jurisdição constitucional autónoma, a autonomia do Ministério Público e o carácter electivo dos juízes.

9.5. Deve ser dito, no entanto, que a proposta daqueles elementos dissonantes, diríamos «anómalos», no âmbito de preparação de um projecto de texto constitucional a cargo, ao fim e ao cabo, de um poder autoritário, encabeçado por um partido único, muitos deles, como vimos, provenientes da incorporação de soluções próximas da CRP de 1976, representaram, por um lado, o que já em 1982 considerámos «... evidente falta de sintonia – numa perspectiva de ordem constitucional global, unitária e coerente – com o que estatuía em matéria de princípios político-constitucionai, *maxime* o da direcção e hegemonia do partido único sobre o Estado e a organização do poder do Estado» (bem que temperado com a ideia de que o partido seria a «força política dirigente principal)[38]; por outro lado, reflectia alguma dose de ingenuidade (ou optimismo político) do grupo de técnicos[39], traduzida, anos depois, neste pedaço de entrevista concedida por MASCARENHAS MONTEIRO (primeiro PR eleito democraticamente, em 1991): «...Já havia pontos sobre os quais não podia haver discussão. Era um regime de partido único e isso devia ser respeitado. Mesmo assim procurámos introduzir alguns elementos de abertura. O Renato Cardoso e o Carlos Veiga chegaram a defender o direito à greve; eu defendi que, para além do partido, grupos de cidadãos pudessem apresentar candidatos à ANP... Entre nós, chegámos à conclusão que não se podia ir mais longe, sob pena de nada passar. Tentámos na medida do possível, dentro do quadro geral do partido único, introduzir elementos que pudessem democratizar o regime. No final, entregámos o projecto a quem de direito e tudo isso caiu, mais tarde»[40]. Elucidativo!

---

[38] Refira-se que a ideia de «força dirigente principal», introduzida num dos dispositivos vinha, na altura, sustentada com precedentes de alguns países do Leste Europeu – cfr. depoimentos nesse sentido, in JOSÉ VICENTE LOPES, ob. cit., 624..

[39] Num tom mais crítico e contundente, próprio da natureza do texto em questão e da sua proveniência, dizia-se, a propósito das contradições ou faltas de harmonia de sentido entre disposições contidas na mesma arquitectura constitucional, que ela representava «... uma proposta... que, instituindo um quadro formalmente aberto e democrático para a sociedade cabo-verdiana, garantia também a chave constitucional (um verdadeiro alçapão jurídico-constitucional) para um projecto político à medida e à imagem do poder instalado desde 1975» – «Análise comparativa...», in CÍRCULOS..., cit., 12.

[40] In JOSÉ VICENTE LOPES, ob. cit., 624-625.

9.6. Seria um exercício inútil saber se um tal Anteprojecto teria viabilidade política, no quadro do regime de então, caso não tivessem ocorrido os acontecimentos políticos que atrás mencionámos sumariamente. Não se pode, de qualquer modo, deixar de dizer que, no caso cabo-verdiano as contradições que atravessavam algumas das soluções seriam de difícil resolução. Como compatibilizar a afirmação do «princípio da legalidade democrática» ou a participação, em termos de liberdade e de igualdade de condições, de grupos de cidadãos e do PAIGC em eleições legislativas com a consagração expressa de um Estado de «democracia nacional revolucionária»? Como garantir a autonomia do Ministério Público face aos «órgãos do poder do Estado», num quadro em que o PGR é eleito pela ANP, sob proposta do Governo, sendo estes órgãos dominados tendencialmente pelo partido único ou «principal»?!

9.7. Claramente o Anteprojecto de 1979 surge como fruto de algum voluntarismo político de certos actores críticos do regime, que acreditaram na possibilidade de, por aquela via, introduzir alguns elementos de abertura e de democratização do regime. E nesse voluntarismo o ideário democrático, como surgia, apesar de tudo, plasmado no núcleo essencial da CRP, não deixou de se manifestar como uma referência valorativa e elemento de uma cultura jurídica que, noutras condições politicas, poderia exprimir-se através da Lei Fundamental[41].

10. Foi o que aconteceu anos depois, através, naturalmente, de um processo social e político complexo, incluindo o processo constitucional. Um processo que, tendo passado por uma reforma constitucional em 1990[42], culmina

---

[41] Ao modo como, por exemplo, JEAN-LOUIS SEURIN entende as relações entre a cultura jurídica de uma sociedade e a Constituição – «Pour une Théorie Politique dês Constitutions», in *Le Constitutionalisme d' aujourd'hui*, Paris, 1984, 35.De uma forma singela, ARISTIDES LIMA fala da Constituição como «... o Fórum de revelação dos consensos fundamentais que unem os cabo-verdianos no país e na diáspora...» – «A Constituição e o bem comum», in *Constituição, Democracia e Direitos Humanos – Discursos de representação e outros Textos*, Alfa-Comunicações, Praia, 2004, 113.

[42] Através da Lei Constitucional n.º 1/III/88, de 17 de Dezembro, a ANP procedeu a uma segunda revisão do texto constitucional, que se limitou a alguns artigos da constituição económica (arts. 11.º, n.º 2, e 12.º, n.º 2) – o que veio permitir ou facilitar, posteriormente, a aprovação de um conjunto de diplomas legais relativos ao investimento estrangeiro (Lei n.º 49/III/89), ao desenvolvimento industrial (Lei n.º 50/III/89) e à delimitação dos sectores de propriedade e das actividades económicas (Lei n.º 51/III/89) – e ao acrescento de uma alínea ao elenco das matérias submetidas à reserva de lei [(art. 59.º, p)]. Tratou-se, ao fim e ao cabo, de dar sequência, no plano constitucional, às decisões do Partido único tomadas no Congresso de 1988, no quadro da chamada «reorientação do sistema económico», que exigiria a «extroversão da economia».

com a aprovação da Constituição de 1992, a materialização, em nosso entender, da transição democrática em Cabo Verde[43-44].

10.1. Na verdade, com a Lei Constitucional n.º 2/III/90, de 29 de Setembro, operou-se uma profunda revisão do texto constitucional. Realizada após a chamada «abertura política», de 19 de Fevereiro, a revisão de 1990 (em rigor, trata-se de uma transição constitucional) procedeu à alteração do art. 4.º, que consagrava o princípio do partido único, permitindo-se a livre constituição de partidos políticos; introduziu novo preceito (58.º-A) que alterou profundamente as competências da Assembleia Nacional Popular; passou a prever a eleição do PR por sufrágio livre, universal, igual, directo e secreto dos cidadãos eleitores recenseados no território nacional (art. 64.º) e que as candidaturas sejam apresentadas por um mínimo de 700 e um máximo de 1000 cidadãos eleitores (art. 64.º-A); conferiu ao PR competências novas, desde a nomeação do Primeiro Ministro (antes designado pela ANP) às de dissolução da Assembleia, de demissão do Governo até ao direito de veto político (art. 68.º-A). Uma profunda revisão do próprio sistema político, então ela própria não isenta de críticas de uma perspectiva da legalidade política da Assembleia que a ela procedeu[45].

---

[43] Cfr. nosso *Prefácio* a FAFALI KOUDAWO, ob. cit., 47, nota 1 («...também em Cabo Verde surge uma nova Constituição – a de1992 –, que institucionaliza um Estado de Direito Democrático no país e traduz, melhor, materializa... a transição democrática», sobre a transição democrática em Cabo Verde, em perspectivas diferenciadas, cfr. FAFALI KOUDAWO, ob. cit., *passim*, autor que considera que a transição democrática em Cabo Verde foi encerrada pela alternância ocorrida em 1991. «O resto, com os seus altos e baixos, convergências e rupturas, é do domínio da evolução normal de um regime pluralista em processo de maturação» (118, nota 49); HUMBERTO CARDOSO, ob. cit., 231 ss.; ANTÓNIO CORREIA E SILVA, *O processo caboverdiano de transição para a democracia* (diss. de mestrado, ISCTE, não publicada, Lisboa, 1997; ARISTIDES LIMA, *Reforma...*, particularmente 24 ss.; ROSELMA ÉVORA, *Cabo Verde – A abertura política e a transição para a democracia*. Spleen Edições, Praia, 2004.

[44] É curiosa a afirmação feita por WLADIMIR BRITO de que os textos, já aqui mencionados e integrados num documento crítico da Constituição de 1980 que circulou como divulgação e peça política de oposição (subscritos pelos CÍRCULOS DE ESTUDOS PARA A DEMOCRACIA) «... podem ser considerados as primícias de uma cultura constitucional que ajuda a explicar o debate público do anteprojecto zero de 92 e do projecto de revisão de 99».

[45] Assim, José Manuel Pinto Monteiro ("Em torno dos poderes presidenciais e do sistema de governo", in *Suplemento do Expresso das Ilhas*, de 18.12.2002, I) para quem "...uma assembleia em fim de mandato, sem qualquer legitimidade política, com uma composição que já não reflectia a sociedade, dirigida e orientada por um partido em perda de influência política, procedeu a uma profunda revisão da Constituição, com a qual pretendia-se amarrar a maioria e os titulares dos órgãos constitucionais a sair das eleições a soluções gravosas quanto ao sistema de governo e aos poderes presidenciais...".

10.2. É na base desta Constituição que se realizam as primeiras eleições pluralistas e democráticas no país a 13 de Janeiro de 1991, com a vitória do MpD e a formação de uma nova Assembleia Nacional que irá aprovar a Constituição de 1992, num processo marcado, nos primeiros anos, por alguma polémica, inclusivamente com a imputação de «deficit de legitimação processual e material...», traduzido, nomeadamente, no entendimento dos que a ele se referiam, numa «contradição fundamental do processo de aprovação...» ou, até, de «remoção constitucional»[46]. No fundo, em causa esteve o quadro em que deveria fazer-se a novação constitucional: no quadro da revisão constitucional ou de autónomo exercício do poder constituinte, já que, inegavelmente, se estava perante uma ruptura material da Constituição anterior, de um nova Constituição material[47]. Sempre se poderia dizer, como, aliás, se afirma o Preâmbulo da Lei Constitucional que aprovou o texto de 1992, que a profunda revisão da Constituição de 1980, operada em 1990, «... conduziu a que a democracia pluralista continuasse a conviver com regras e princípios típicos do regime anterior».

Hoje, mesmo o PAICV, que não tinha participado na discussão e aprovação da Constituição – o MPD tinha maioria qualificada suficiente para a aprovação – não coloca reservas de tal teor à Constituição vigente[48].

Enfim, cremos ter sido ainda uma *reforma constitucional*, na forma de transição constitucional, operada através das normas de revisão previstas na anterior Constituição[49].

---

[46] Assim, ARISTIDES LIMA, «A Constituição...», loc. cit., 114 *ss.*. O autor recorta a contradição deste modo.«Por um lado, o grupo constituinte começou por invocar as normas de revisão..., por outro, não teve em conta algumas normas de revisão. Finalmente, aprovou-se uma nova Constituição, mantendo-se o constrangimento do processo antigo de revisão, que exigia uma iniciativa subscrita por um terço de deputados...» (116). Do mesmo passo, refere-se o autor a declarações do Presidente da República da época, eleito no âmbito da Constituição de 80, revista em 1990, que poriam em dúvida, no entendimento de LIMA, a regularidade processual da aprovação da nova Lei Fundamental (116-117).

[47] WLADIMIR BRITO fala de *nova ruptura constitucional formal e material*, única forma, segundo o autor, de «reconhecer fundamento democrático à nova Constituição e nela consagrar, como legitimidade dominante, a democrática» – «O processo...», loc. cit., 55.

[48] ARISTIDES LIMA fala de «remoção constitucional com consentimento legitimador posterior» e diz que isso se deveu, em parte, ao que apelida de «... brandos costumes do país e a relativa moderação dos seus actores políticos...», que permitiram que a Constituição se afirmasse como Lei Fundamental geralmente respeitada, «... mas sobretudo que se autogarantisse, mesmo contra o legislador». Em defesa dessa posição, cita JORGE MIRANDA, numa entrevista a um periódico cabo-verdiano («... criou-se à volta dela um princípio de legitimidade...». Acaba por concluir LIMA que isso tudo não põe em causa «... o facto reconhecido por todos de que a Constituição de 1992 serviu bem ao país...» – *A Constituição de 1976 ...*, 118-119.

[49] Cfr. JORGE CARLOS FONSECA, *Tópicos*....; sobre a noção de transição constitucional, por

11. Por tudo quanto atrás dissemos relativamente às fontes ou a influências sobre o percurso constitucional até à institucionalização do pluralismo em Cabo Verde, devemos entender de forma relativa a curiosa afirmação de Onésimo Silveira, segundo a qual, «desde a sua fundação, em 1975, o Estado de Cabo Verde vem funcionando, sem sobressaltos e sem recurso a profundas reorganizações sociais, num quadro de matriz cultural e institucional marcadamente ocidental». Acrescenta o conhecido intelectual e cultor da ciência política que, «... três décadas de vida política autónoma, dos quais a primeira metade em regime de Partido Único e outra em regime de democracia pluralista, oferecem resultados que convergem para revelar o forte substrato ocidental da cultura política e institucional em Cabo Verde»[50].

Tudo o que até aqui recortámos em termos de instituições jurídicas fundamentais, traduzidas no que seria a *constituição material* cabo-verdiana vigente entre 1975 a 1992 (ou, pelo menos, até à transição constitucional verificada com a reforma de 1990) – normalmente espelho ou, ao menos, lugar de realização, em cada momento histórico, do que é comunitariamente dominante (e o *constitucional* terá, de alguma forma, como o refere Lucas Pires[51], o *todo* como seu principal sujeito) – parece mostrar que aquele substrato cultural nelas *revelado* não encaixa na matriz ocidental invocada por Silveira. Se, por matriz ocidental tivermos por referência a liberal, naturalmente.

É verdade que Silveira nos vem dizer que, se é verdade que, na vigência do partido único, se registaram «... um conjunto de situações de cariz totalitário, todas elas resultantes das prescrições doutrinárias dos "responsáveis políticos", os únicos detentores do poder do Estado», vistos numa perspectiva histórica, foram mais episódicos que propriamente rotineiros. Verificação que o leva a concluir que há um «hibridismo comportamental do "Partido Único" em Cabo Verde» – que o diferencia dos da África continental – que não é devido à vontade dos detentores do poder, mas, sim, «... de uma rejeição de valores estranhos ao sistema imunitário do corpo cabo-verdiano, social e culturalmente estruturado e estratificado, em que a resistência ao poder pelo medo, pela violência física e pela força pura é a arma que foi utilizada ao longo de séculos e constitui uma forma interiorizada de reconhecimento da lei como valor estrutural e normativo»[52].

De alguma forma, acabamos por aceitar estes pressupostos do autor, mas apenas no sentido exacto – já por nós sufragado em várias oportunidades – de

---

todos, Jorge Miranda, *Manual de Direito Constitucional*, Volume I, Tomo II, Coimbra Editora, 1981, 429 ss.; Reis Novais, *Tópicos...*, 134 ss..

[50] *A Democracia em Cabo Verde*, cit., 10.
[51] Ob. cit., 18.
[52] *A democracia em Cabo Verde...*, 12.

que o regime político cabo-verdiano de partido único, sendo inegavelmente menos opressivo e violento do que o vigente noutros espaços da antiga dominação portuguesa em África, traduziu o «autoritarismo possível»[53]. O que era, ainda que por algum tempo, *comunitariamente suportável*, em atenção a condicionalismos particulares de ordem social e cultural, ligados ao próprio processo de formação da realidade histórica cabo-verdiana. FAFALI KOUDAWO expressa bem este fenómeno social e histórico cabo-verdiano nesta sentença: «mesmo que o PAIGC tivesse querido estabelecer um regime totalitário em Cabo Verde, não teria os meios para isso face a uma população e uma sociedade civil refractárias»; ou, ainda, num excerto, certamente discutível[54] mas, de todo o modo, marcado por alguma verdade relativa, quando diz que: «… se a instalação da democracia nacional revolucionária traduziu-se na Guiné-Bissau por uma arregimentação, um abafamento da sociedade civil, um Estado policial e uma violência repressiva, multiplicando as execuções dos opositores, em Cabo Verde a arregimentação foi mais teórica que efectiva, largos segmentos da sociedade conservaram a sua autonomia, a repressão

---

[53] *Prefácio* a KOUDAWO, 16-17.

[54] HUMBERTO CARDOSO, por exemplo, considera que o regime do PAIGC/CV «… não deixou qualquer espaço ou uso para uma actuação autónoma da sociedade civil». Acrescenta que « a sua relação com a sociedade foi caracterizada… pela preocupação do controlo absoluto de toda a dinâmica social… por objectivos declarados de engenharia social, eufemisticamente chamados de "criação de um homem novo" e pela natureza demagógica reminescente do fascismo, da mobilização e direccionamento do esforço e energia social…» – ob. cit., 183.
No Prefácio a FAFALI KOUDAWO, nós já nos pronunciáramos a respeito desta concreta questão da sociedade civil cabo-verdiana durante o regime do partido único. Sem pôr em causa o facto de que o regime, pela sua natureza, não poderia potenciar a afirmação de instâncias de fiscalização dos poderes, fazíamos algumas considerações relativamente à tese de Cardoso. «…Não será, pois, inteiramente exacto afirmar-se, como já se fez ainda não há muito tempo, que a transição do regime de partido único para um regime democrático se traduziu, entre outras coisas, por um renascer de uma sociedade civil, seus organismos vivos e agentes que, na vigência do monopartidarismo, teriam sido silenciados e sufocados pelo apetite totalitário do regime. Em primeiro lugar, não poderia sequer corresponder à verdade a existência de uma sociedade civil forte, organizada ou pujante, com tudo o que uma tal implica, numa situação de dominação colonial, por mais *souple* que pudesse apresentar-se, particularmente nos últimos anos correspondentes à chamada primavera marcelista, e num período de reconhecido muito restrito desenvolvimento. A existência de uma reduzida elite cultural e literária, de algumas associações cívicas, desportivas e culturais e de uma ou outra iniciativa tolerada pelo poder não desmente o que aqui nos parece essencial. Em segundo lugar, se é verdade que, sobretudo nos primeiros anos de vigência do que se convencionou apelidar de II República, nestes tempos melhores condições foram criadas para um pulsar mais nítido e livre da sociedade, também não deixa de o ser que elas nem sempre têm sido efectivas e que os resultados parecem ser minguados, ou pelo menos, não correspondentes ao que se poderia esperar, se não nos ativermos ou satisfizermos com um exercício de comparação relativa com outras experiências (ob. cit., 18).

nunca atingiu o nível dos excessos de violência registados na Guiné-Bissau, e o monolitismo, ou melhor a vontade de monolitismo, viu-se constantemente confrontada com a afirmação de reivindicações e a expressão de tendências discordantes»[55].

Socorrendo-nos, então, da linguagem sugestiva de ONÉSIMO SILVEIRA, e colocando-nos já na perspectiva do constitucional, diríamos que foi aquele «sistema imunitário do corpo cabo-verdiano» a explicar que a medida e o grau da rejeição de uma constituição democrática e de um Estado de Direito fossem o que foram, nos textos da L.O.P.E e da Constituição de 1980, e não mais profundos e extensos (por exemplo, permitindo – o que não permitia – a pena de morte, a prisão perpétua ou os tratamentos cruéis e desumanos, a extradição ou expulsão de nacionais, ou, até, um sistema de governo traduzido num poder pessoal)[56]. «Sistema imunitário do corpo cabo-verdiano» que, de alguma forma, explicaria o «anómalo» projecto de 1979, uma certa *saudade do futuro* (tomando de empréstimo expressão usada, noutro contexto, por JORGE TOLENTINO)[57] por um ideário como o plasmado na CRP de 1976.

---

[55] Ob. cit., particularmente 156 *ss.*, autor que conclui ainda que foram as particularidades da formação social no arquipélago que «… também tiveram um papel importante na inédita e exemplar transição política realizada em 1991. Elas explicam tanto as diferenças substanciais em relação ao regime de partido único extremamente repressivo conhecido pela Guiné-Bissau, como as diferenças igualmente notáveis com a liberalização política na Guiné-Bissau» – 158. [é curioso registar alguma aproximação entre a ideia de ONÉSIMO SILVEIRA segundo a qual os «excessos» totalitários se deveram à «vontade dos detentores do poder do Estado» e a asserção de KOUDAWO de que, em Cabo Verde, houve mais «vontade de monolitismo» do que «monolitismo»]. Cfr., ainda, numa perspectiva afim da de ONÉSIMO SILVEIRA, ROSELMA ÉVORA, ob. cit., particularmente 69 *ss.*, onde discute a natureza do «regime monopartidário» de Cabo Verde e se pergunta se ele tinha características «totalitárias» ou «autoritárias», acabando por concluir no segundo sentido da alternativa, baseando-se, segundo a autora, «… nas tipologias usadas por Bobbio…» – 73; MICHEL CAHEN, «Arquipélagos da alternância – a vitória da oposição nas ilhas de Cabo Verde e de São Tomé e Príncipe», in *Revista Internacional de Estudos Africanos*, n.º 14--15, Lisboa, 1991, 114.

[56] Independentemente de, tanto no caso da LOPE quanto no da Constituição de 1980, incluindo as versões resultantes das revisões de 81, 88 e 90), ser a hegemonia do partido único sobre o Estado a marcar decisivamente a natureza do regime político e do próprio sistema de governo, é de se reter que em todos aqueles textos existiu sempre uma diarquia no executivo. A existência, na actual Constituição cabo-verdiana, de um sistema de governo que temos considerado como semipresidencialista fraco tem sido justificada, a par de vários factores e condicionalismos de cariz histórico e político geral, também por uma eventual influência das invocadas particularidades de ordem histórica e cultura do processo de formação da sociedade cabo-verdiana. Veja-se, sobre esta arrojada interpretação, RAÚL ARAÚJO, ob. cit., 75; JORGE CARLOS FONSECA, *Prefácio* a FAFALI KOUDAWO, 17; e 53-54, notas 28, 29 e 30; IDEM, «Processos democráticos em África», texto dactil., Praia, 2000.

[57] *Direitos Humanos ou uma certa saudade do futuro*, Spleen Edições, Praia, 1999.

12. Hoje não restam grandes dúvidas de que a Constituição de 1992 sofreu influência forte e directa do constitucionalismo português mais recente, concretamente da CRP de 1976, naturalmente na versão resultante das revisões ocorridas em 1982 e 1989. De uma forma ou outra, com mais ou menos ênfase, pondo mais ou menos forte tónica nas diferenças, é praticamente unânime junto dos estudiosos que, sobre a questão se têm debruçado ou sobre ela pronunciado, ou junto dos actores políticos e jurídicos cabo-verdianos, a aceitação de uma tal afinidade pela via do impacto tido pela CRP. ARISTIDES LIMA, por exemplo, diz que a CRCV «tem como sua fonte principal directa a Constituição portuguesa de 1976[58]; BACELAR GOUVEIA, numa formulação mais abrangente, considera que pode afirmar-se, sem qualquer rebuço, que «...os actuais textos constitucionais dos Estados Africanos de Língua Portuguesa espelham a influência da Constituição Portuguesa de1976, tanto no estilo... quanto na sua sistematização»[59], mas que também se estende a algumas das instituições jurídico-constitucionais. JORGE MIRANDA, depois de recortar fortes pontos de semelhança entre as Constituições dos PALOP da segunda era constitucional, salienta que «em muitas das fórmulas e das soluções divisam-se directas influências da Constituição portuguesa de 1976»[60]. BLANCO DE MORAIS chega a focalizar nove áreas fundamentais dos ordenamentos jurídico-constitucionais daqueles Estados africanos em que é indesmentível «a influência unidireccional e sincrónica do texto português de 1976 (regime político, sistema de governo; actos políticos e normativos; estrutura parlamentar e sistema eleitoral; independência do poder judicial, organização territorial, direitos fundamentais; revisão constitucional; fiscalização da constitucionalidade das normas)[61].

---

[58] Acrescenta que, na génese da Constituição, «houve um razoável caudal de discussão de ideias e de propostas ou projectos: desde as linhas gerais de orientação para a revisão constitucional, aprovadas pelo PAICV no seu Congresso de Julho de 1990, que viriam a servir de base ao articulado de uma proposta de constituição apresentada... em Maio de 1992, até ao Programa Político do Movimento para a Democracia de 1990, passando por propostas de grupos de cidadãos, alguns designados como "homens do Presidente", sem se esquecer o contributo da Igreja Católica cabo-verdiana, que designadamente defendia um preâmbulo com uma *invocatio dei*» – «A Constituição...», loc. cit., 116.

[59] «Os sistemas...», loc. cit., 295. Afirmação no mesmo sentido faz o autor em «A influência...», loc. cit., 10.

[60] «Os Sistemas...», loc. cit., 166.

[61] Loc. cit., 65-70. O autor nega, no entanto, que haja uma «família constitucional lusófona», por faltarem, no seu entendimento, os pressupostos essenciais, como a existência de uma matriz constitucional típica; efectivos e consolidados regimes democráticos; inexistência de dissemelhanças nos sistemas de governo; homologia no sistema de organização territorial; afinidades concretas no regime económico. Num sentido diferente, JORGE BACELAR GOUVEIA,

Se pensarmos em aspectos particulares da Constituição cabo-verdiana, também registamos referências várias a afinidades, mais ou menos estreitas entre as duas Leis Fundamentais. A título meramente ilustrativo: NUNO PIÇARRA analisa os dois sistemas de garantia da constituição, chegando à conclusão de que a CRCV introduziu um sistema misto, «inspirado na Constituição portuguesa de 1976, embora com duas importantes diferenças ... a ausência de um Tribunal Constitucional.... e a consagração do recurso de amparo...»[62]; no mesmo sentido fundamental opina VITALINO CANAS[63], que regista quatro grandes divergências, sendo que uma delas deixou de o ser, após a revisão constitucional de 1999 em Cabo Verde (a CRCV passou a admitir a fiscalização preventiva, para além dos casos de normas constantes de convenções internacionais, incluindo, pois, os de actos legislativos, uma alteração que não será de todo estranha a solução portuguesa); nesta mesma matéria, também referem as afinidades entre os dois sistemas os cabo-verdianos RAÚL VARELA[64], JOSÉ LOPES GRAÇA[65] e JORGE CARLOS FONSECA[66]; JORGE BACELAR GOUVEIA, ao abordar os regimes do estado de excepção nos textos constitucionais dos países africanos lusófonos, num curioso esquema de grau de proximidade com o regime em Portugual, considera o cabo-verdiano como de «proximidade máxima»[67]; VITALINO CANAS aponta algumas afinidades (também as diferenças) entre os sistemas de governo português e cabo-verdiano,

---

O estado de excepção no direito constitucional – Entre a eficiência e a normatividade das estruturas de defesa extraordinária da Constituição, Volume I, Livraria Almedina, Coimbra, 1998, 763--764; IDEM, «A primeira Constituição de Timor Leste», in *Estudos...*, cit., 319. Cfr., ainda, sobre esta questão, PAULO FERREIRA DA CUNHA, «Em demanda dos fundamentos de uma comunidade constitucional lusófona», in AAVV, *Perspectivas Constitucionais – Nos 20 Anos da Constituição Portuguesa de 1976*, II, Coimbra Editora, 1997, 11 ss.. MARIA LÚCIA AMARAL fala de um *jus commune* no domínio do direito constitucional, que implica não a vigência de um direito único ou comum mas, sim, o estabelecimento de uma *comum linguagem científica* – «Será necessária uma harmonização das Constituições para dar efectividade ao exercício dos direitos de participação política?», in AAVV, *Estatuto Jurídico da Lusofonia*, Coimbra Editora, 2002, 87.

[62] «A evolução...», loc. cit., 226-227.

[63] «A fiscalização da constitucionalidade em Portugal e em Cabo Verde, in *DeC* – Número Especial (1999), 119 ss.

[64] «A fiscalização da constitucionalidade em Cabo Verde», in *DeC* – Número Especial (1999), 135 ss.

[65] *Controlo da constitucionalidade das leis no espaço lusófono*, Praia, 2003, particularmente 59 ss.

[66] «Fiscalização da constitucionalidade – Algumas notas em jeito de tópicos desenvolvidos, com incidência particular sobre o direito cabo-verdiano», in *DeC* – Número Especial (1999), 45 ss..

[67] *O estado de excepção...*, 769.

designadamente tendo em conta a versão da CRP de 1976[68], GOMES CANOTILHO, de alguma forma, vai no mesmo sentido, ainda que fale em «medida variável» da influência do «regime misto parlamentar-presidencial»; no caso de Cabo Verde, assinala uma «inequívoca predominância da dimensão parlamentarista».[69].

13. Não pretendemos fazer aqui um exercício demonstrativo das múltiplas e diversas semelhanças entre a CRP de 1976 (no seu percurso até ao momento) e a actual CRCV. Tal exercício mostrar-se-ia desproporcionado relativamente à economia desta comunicação, fastidioso e desinteressante pela dimensão ilustrativa que necessariamente teria. Sobremaneira, não se revelaria ajustado à perspectiva para que fomos encaminhados pelo título sugestivo proposto. Aliás, pelo que até aqui foi exposto, ilustrado muitas vezes ou citado de estudos e referências de vários autores, nomeadamente daqueles que se ocuparam de concretas áreas de regulamentação constitucional nos dois países, recortado fica o espectro de aproximações entre as duas Leis Fundamentais. Elas vão dos princípios fundamentais (Estado[70] unitário, República organizada em Estado de Direito, autonomia do poder local, concepção de soberania popular, tarefas do Estado e regras sobre recepção do direito internacional) ao modo de organização dos direitos fundamentais e ao essencial de seu regime, incluindo a diferente força jurídica conferida às normas respeitantes, por um lado, aos direitos, liberdades e garantias individuais e, por outro, aos chamados direitos sociais, passando por um muito afim acervo de normas e princípios relativos à *constituição penal, processual* penal e *de execução das sanções criminais* e chegando à consideração dos direitos de participação política e dos direitos dos trabalhadores como direitos, liberdades e garantias; da organização do poder político, seus princípios fundamentais (separação e interdependência de poderes; existência de referendo, princípio de renovação dos mandatos dos órgãos; responsabilidade dos titulares de caros políticos; previsão de referendo), à consideração do poder local como parte da organização democrática do Estado e seu regime afim, chegando ao sistema de garantia e revisão da Constituição.

13.1. As semelhanças atingem até a dimensão do articulado, aproximando-se a CRCV, com os seus 293 artigos, da vastidão normativa da CRP

---

[68] VITALINO CANAS/JORGE CARLOS FONSECA, «Cabo Verde: um sistema semipresidencial de sucesso (síntese?)», Lisboa-Praia, 2005, ainda não publicado.
[69] *Direito Constitucional...*, 567.
[70] *Direito Constitucional...*, 567-568, referindo-se às constituições dos Países da CPLP..

(na versão de 1992, a CRCV tinha 322 artigos), estando inscrita entre as mais extensas do mundo[71]. Dimensão que, se não é explicada (em parte, cremos nós), como a portuguesa, pela circunstância de ser obra de compromisso entre diversas forças políticas – a CRCV de 1992, como vimos, foi aprovada por uma maioria qualificada de uma força política (o MPD) – tem seguramente a ver com o ambiente político em que ela é elaborada, marcado por uma ruptura de um regime autoritário, que naturalmente não é «amigo» da Constituição enquanto fundamento e limite do poder político e de seu exercício, por um regime de democracia inédito, até então, na história do país. Se, em Portugal, teria validade o argumento, invocado, face à CRP pelo deputado BARBOSA DE MELO, segundo o qual estávamos num «universo político de traumatizados pela repressão, pela injustiça e pela miséria»[72], entre nós poder-se-ia dizer que a preocupação dos constituintes em alargar o mais possível o território da constituição, *maxime* a dos direitos fundamentais, se justificava pelo traumatismo da ausência das liberdades[73].

13.2. A própria constituição económica da CRCV – mais enxuta, e, segura e compreensivelmente, mais «aberta» e adequada a uma «democracia económica» do que a da CRP (as circunstâncias políticas que rodearam a feitura da Constituição cabo-verdiana foram bem diferentes das que marcaram o texto de 1976 em Portugal) – desta se aproxima, a partir das alterações que, no texto português, foram introduzidas pelas revisões entretanto operadas desde 1982. Mas há diferenças importantes, justificadas por aquele condicionalismo (em Cabo Verde, uma maioria qualificada aprova a Constituição, sem a necessidade de colaboração ou compromisso com outras forças e projectos partidários, uma maioria que se caracteriza pelo facto de constituir um factor de «mudança» no sentido da democracia liberal, contraposta ao regime de partido único afastado com a transição política que se materializa na Lei Fundamental).

A consistência do Estado social delineado nas duas Constituições não as afasta muito, sendo, naturalmente, mais forte na CRP (p.e, a CRCV não estatui sobre a gratuidade progressiva no acesso a todos os graus de ensino ou sobre a gratuidade tendencial de acesso ao serviço nacional de saúde).

---

[71] PINTO FERREIRA,c*Manual de Direito Constitucional*, cit, por JOSÉ LOPES GRAÇA, «Balanço de cinco anos de vigência da Constituição», in *DeC* – Número Especial (1999), 38.

[72] Citado por JORGE MIRANDA, *A Constituição de 1976...*, 179, nota (35).

[73] De alguma forma se poderá também dizer, com GOMES CANOTILHO, que «... o carácter longo não é uma opção; é o resultado da compreensão da lei fundamental como lei material fundamental de um Estado supervisionador de uma sociedade pluralista e complexa...» – *Direito Constitucional...*, 213.

14. Compreende-se esta influência. A tradição jurídica cabo-verdiana é, por razões ligadas à história comum dos dois países, ligada ao direito português. Mesmo depois da independência, as referências doutrinárias e jurisprudenciais dominantes no país vinham de Portugal, país onde se formava a maioria dos juristas cabo-verdianos. As relações entre os dois países são, a todos os níveis, mais fáceis e próximas (económicas, comerciais, políticas, humanas). As elites cabo-verdianas – sem negarem a sua autonomia identitária – , na maioria dos seus segmentos, são tributárias, partilham ou, de alguma forma, se revêem também em muitos dos valores culturais, na língua e nas aquisições técnicas e científicas de proveniência portuguesa.

14.1. Vimos que, mesmo durante o regime autoritário de partido único, e no que respeita ao percurso do constitucionalismo, as referências críticas tinham a marca das experiências legislativa e institucional vividas em Portugal, já que a democracia mais próxima e mais «acessível» era a portuguesa. Para a instauração do pluralismo político e a formação da frente política que protagonizou a Mudança em 90-91 contribuiu, em boa medida, um grupo de activistas e de personalidades que frequentaram as universidades de Portugal (um seu núcleo importante constituiu-se, ainda na vigência do partido único, na Faculdade de Direito de Lisboa).

14.2. O anteprojecto de base que serviu aos trabalhos de preparação do texto levado ao Parlamento foi elaborado por jurista cabo-verdiano, que ensinava direito constitucional numa Escola de Direito em Portugal; nele trabalharam, depois, outros juristas vindos de faculdades portuguesas. Do Governo, que preparou e apresentou a proposta de lei constitucional à NA, em dezasseis membros, a metade era constituída por juristas formados na Faculdade de Direito de Lisboa.

14.3. A influência, diríamos, da cultura constitucional portuguesa em Cabo Verde (aliás, ela atravessa a cultura e a experiência jurídica e judiciária cabo-verdiana, no geral, facto que se compreende, se nos ativermos à circunstância de os sistemas jurídicos constituírem inegavelmente parte da tradição cultural de um povo) facilitada, como já vimos, por uma cada vez mais forte e permanente aproximação das duas comunidades jurídicas e pela criação de espaços e instrumentos de diálogo técnico e científico entre elas – afinal, tradução de um relacionamento global atravessado, é certo, por alguns equívocos ainda remanescentes do tempo colonial, com preconceitos cruzados, mas marcado por relações privilegiadas a diversos níveis – , vai mais longe.

14.4. Poderíamos referir-nos, por exemplo, ao apelo recorrente em Cabo Verde – feito por actores políticos, mas, igualmente, por membros da comunidade jurídica nacional, em momentos de polémicas de cariz político mas com refracção constitucional ou no tempo de revisão ordinária da Lei Fundamental – a soluções constantes da Constituição Portuguesa, vindas designadamente das mais recentes versões, em resultado das sucessivas revisões constitucionais levada a cabo em Portugal[74]. Bastaria, a título meramente exemplificativo, socorrer-nos dos mais recentes e conhecidos projectos de revisão constitucional apresentados pelas duas maiores forças políticas indígenas nos finais do ano transacto e que não tiveram sequência, em virtude, nomeadamente, do *timing* escolhido (vésperas de novo ciclo eleitoral no país).

14.5. Muitas das alterações propostas – numa ambiente do que, também entre nós, se chamou já de «hambre de constitucionalismo»[75] – são-no, invocando disposições constantes do texto português, nomeadamente as que teriam sido consagradas ou vêm sendo sugeridas em Portugal. Digamos, até, que para o bem e para o mal, já que, muitas vezes, a intenção de aproximação é feita a soluções de duvidosa bondade técnica ou política, objecto de sérias críticas em importantes segmentos doutrinários, tanto em Portugal, como entre nós.

O projecto de revisão apresentado pelo PAICV prevê a extensão da garantia dos direitos de audiência e de defesa em processo de contra-ordenação, numa formulação idêntica à que surge no texto português, depois das revisões de 89 e 97, solução que parece razoável e justificada; igualmente, sugere o alargamento das possibilidades de *legitimação* da violação do direito à inviolabilidade do domicílio durante a noite, em casos e condições praticamente idênticos aos, hoje, previstos na CRP, pela via da revisão de 2001, solução esta que nos parece de todo em todo irrazoável, já que, como temos repetidamente advogado, representaria, no «confronto» conteúdo essencial de um direito fundamental/exigências de eficácia na investigação criminal – uma inaceitável ultrapassagem dos princípios de adequação, de proporcionalidade ou proibição do excesso, senão mesmo o de necessidade, entrando-se numa situação

---

[74] JORGE MIRANDA, em 2001, fala de autêntico «frenesim constitucional», a que caberia pôr fim, sem, no entanto, deixar e assinalar que a Constituição não deixou de ser a mesma, no seus sistema e nos seus princípios e estruturas fundamentais – cfr. «Acabar com o frenesim constitucional», in AAVV, *Nos 25 Anos da Constituição da República Portuguesa de 1976 – Evolução constitucional e Perspectivas*, AAFDL, Lisboa, 2001, 651 ss..

[75] WLADIMIR BRITO fala dessa «fome», a propósito do balanço de cinco anos de vigência da Constituição – «Um balanço da Constituição de 92», in *DeC – Número Especial* (1999), 13-14.

(forçada) de «estado de necessidade de investigação», tomando de empréstimo a sugestiva expressão de HASSEMER[76].

Por sua vez, o projecto do MPD sugere a introdução de norma que consagre a divisão político-temporal» do poder[77], separando, num mínimo de seis meses, as eleições legislativas e presidenciais, como vem na CRP e tem sido exigido por alguns entre nós, há já algum tempo[78]; pretende constitucionalizar regras sobre a natureza do cargo de provedor da Justiça e sobre algumas de suas competências, ao jeito de norma correspondente da CRP; propõe uma legislatura com a duração de quatro anos, em vez dos actuai s cinco; prevê a instituição de mecanismos para a fiscalização de inconstitucionalidade por omissão, entre muitas outras soluções propostas e que, visivelmente, têm o impulso de preceitos da Lei Fundamental portuguesa.

14.6. Mesmo fora do âmbito dos projectos de revisão constitucional dos partidos políticos, muitas sugestões foram ou vêm sendo feitas por outros actores sociais, *maxime* por juristas cabo-verdianos, individual ou colectivamente, por corresponderem a necessidades sentidas na vivência comunitária mas, algumas vezes, favorecidas pela experiência e legislação portuguesas. Falamos, por exemplo, na proposta de criação de uma jurisdição constitucional autónoma feita, ao tempo da revisão de 1999, pela revista «Direito e Cidadania», na sequência de um Colóquio realizado na Praia, com a participação de juristas cabo-verdianos e portugueses, proposta que acabou por ser aceite e plasmada na CRCV[79]; na de constitucionalização dos direitos do ofendido no processo criminal, em termos afins aos definidos hoje na CRP (n.º 6 do art. 32.º), pela revisão de 1997, na clarificação, no texto constitucional, das noções

---

[76] Cfr. JORGE CARLOS FONSECA, «Direitos, Liberdades e Garantias individuais e os desafios impostos pelo combate à "criminalidade organizada" – Um périplo pelas reformas penais em curso em Cabo Verde, com curtas paragens em Almagro e Budapeste», in *Liber Discipulorum para Jorge de Figueiredo Dias*, Coimbra Editora, 2003, 195-197; IDEM, «Reforma do processo Penal e criminalidade organizada», in *Jornadas de Direito Processual Penal e Direitos Fundamentais*, Almedina, Coimbra, 2004, 436-438. Veja-se, ainda, face à CRP, JORGE MIRANDA//RUI MEDEIROS, *Constituição Portuguesa Anotada*, Tomo I, Coimbra Editora, 2005, 372, anot. ao art. 34.º.

[77] JORGE MIRANDA, « Divisão do poder e partidos políticos», sep. da *Revista O Direito*, ano 133 (2001), n.º III, 548.

[78] Nós temo-lo feito. Cfr. JORGE CARLOS FONSECA, «O papel dos partidos políticos numa Democracia: entre o monopólio dos partidos e o poder do povo – Um olhar particular sobre a realidade cabo-verdiana da repartição de "territórios" entre os partidos e a sociedade», in ASSEMBLEIA NACIONAL DE CABO VERDE, *Democracia, sistemas Eleitorais & Economia Social*, Praia, 2002, 88.

[79] Veja-se – *DeC* – Número Especial (1999), 153.

de detenção e prisão, como acabou por se fazer na CRP (arts. 27.º e 28.º), ou, ainda, em recorrentes propostas de alteração no sistema de governo, designadamente pela via de aumento de certos poderes presidenciais no que respeita à dissolução do Parlamento ou de demissão do Governo, sugerindo-se o figurino português[80].

15. Poder-se-ia ainda falar de outros modos de fecunda interrelação CRP//CRCV: os traduzidos na influência – comprovada pessoalmente nalguns casos – de normativos, princípios e soluções, chegando, às vezes, a idênticas formulações literais, do texto constitucional cabo-verdiano noutras Constituições de Estados de Língua Oficial Portuguesa.

Por exemplo, na Constituição de Timor-Leste. Estamos, no essencial, de acordo com Jorge Bacelar Gouveia quando afirma que a Constituição timorense é «inspirada em Portugal». Sabemo-lo, aliás, de experiência pessoal, pelo privilégio que tivemos de colaborar nos trabalhos de sua elaboração durante dois períodos de tempo de relativa duração, numa experiência ímpar e, quiçá, irrepetível pela forma como se processou.

Mas aquela influência, visível como diz, na ordem dos direitos fundamentais ou na organização do sistema político ou nos esquemas de garantia da Constituição, algumas vezes fez-se através d a CRCV e seus dispositivos. Entre muitos outros casos, poderíamos recortar os seguintes:

– O art. 2.º da CTL, sob a epígrafe «soberania e constitucionalidade» é, nomeadamente, nos seus n.ºs 1 e 3, tributário do corrrespondente dispositivo cabo-verdiano, inclusivamente na epígrafe (aliás, a formulação foi retida na Comissão de Sistematização e Harmonização, por sugestão nossa e na invocação do preceito da CRCV);
– As normas sobre a aplicação da lei criminal (31.º), sobre os limites das penas e medidas de segurança (32.º) ou sobre as garantias do processo criminal (34.º) são igualmente mais próximas das formulações dos dispositivos do texto cabo-verdiano, ainda que estes tenham, por sua vez, inegável influência da CRP. Inclusivamente, no caso das garantias do processo criminal, a redacção definitiva do preceito timorense acolhe a do art. 34.º da CRCV que inclui, e bem, no seu n.º 1, o princípio da presunção de inocência como primeira garantia, enquanto centro da constituição processual penal, o que não acontece na CRP.

---

[80] Cfr. David Hopffer Almada, *A questão presidencial em Cabo Verde – Uma questão de regime*, Praia, 2002, particularmente 25-59, Aristides Lima, «A Constituição...», 119-120. Deve ser dito que o PAICV, actual partido no poder, pelo menos oficialmente deixou de questionar o modelo existente de sistema de governo.

Noutros aspectos de regulação, a CTL se aproxima muito, e por influência directa, da CRCV. O Capítulo relativo à Advocacia (arts. 135.º e 136.º) tem a marca das disposições correspondentes da Lei Fundamental de Cabo Verde, tratamento que é diferente na CRP (nesta foi introduzido, na revisão de 1997, um artigo – 208.º – relativo ao «patrocínio forense»).

Similitudes com a CRCV, e menos com a CRP, apresentam outras normas da CTL, mormente em sede do sistema de fiscalização da constitucionalidade: nesta, têm sempre força obrigatória geral os acórdãos proferidos pelo STJ nos «processos de fiscalização abstracta e concreta».

16. Não resistimos a aflorar um outro aspecto curioso em que ainda se traduz o diálogo entre os sistemas jurídicos, no caso, constitucionais, dos Países de Língua Portuguesa. Na Constituição de São Tomé e Príncipe, para além de naturais afinidades (nos princípios fundamentais, na organização dos direitos fundamentais, no sistema de garantias da Constituição) com a congénere portuguesa, podemos detectar soluções que parecem surgir por influência directa de normas constantes da CRCV. São os casos da regra sobre a recepção do direito internacional (art. 13.º), acolhendo-se explicitamente que as normas de direito internacional convencional «têm prevalência ... sobre todos os actos legislativos e normativos internos de valor infraconstitucional», numa formulação literal idêntica ao do art. 12.º, n.º 4 da CRCV), com a diferença apenas de a norma cabo-verdiana se referir não só ao direito convencional mas igualmente ao internacional geral ou comum; da regulação dos poderes e da composição do STJ enquanto funcionar como Tribunal Constitucional; ou, ainda, da norma que condiciona o poder de dissolução do Parlamento a um parecer favorável do Conselho de Estado (art. 103.º, n.º 1, da CSTP/art. 42.º, n.º 2,da CRCV)[81].

17. Não se conclua, no entanto, que a quase permanente «sombra» da CRP de 1976 no curto mas já sinuoso e complexo percurso constitucional cabo-verdiano, que se manifesta numa presença viva e fecunda na evolução do «totalitarismo mitigado» para a democracia pluralista, pela via da directa e forte influência na arquitectura do edifício constitucional de 1992, na ideia de direito que a atravessa dos princípios fundamentais à modelação do poder político, passando pela ordem dos direitos fundamentais, se traduz num qual-

---

[81] Regra semelhante vinha num projecto de Constituição em Timor (Fretilin) mas que não vingou no texto final. Regra que inegavelmente tinha a influência da disposição da CRCV, aliás invocada explicitamente nos debates no plenário da Constituinte timorense. Aliás, sobre tal norma, fomos directamente interpelados a intervir no plenário.

quer mimetismo constitucional. Longe disso, apesar de algumas vozes recorrentes desconhecedoras de uma realidade indesmentível: os sistemas jurídicos, enquanto também manifestações de uma ordem histórica e cultural não resistem a revoluções.

17.1. Mesmo os autores que descobrem a inspiração lusa no texto constitucional cabo-verdiano de uma forma geral ou acentuando as afinidades entre certos institutos ou regimes particulares, não deixam de registar desenvolvimentos próprios no texto das ilhas. Por exemplo, BACELAR GOUVEIA, a propósito do regime do estado de excepção, considera que a CRCV contém «aperfeiçoamentos ao sistema constitucional português, mostrando que o texto cabo-verdiano, embora numa primeira fase influenciado pelo texto luso, em alguns aspectos acabou por superar o próprio articulado que lhe serviu de inspiração»[82]. Aliás, o próprio tratamento sistemático da matéria é feito de forma diferente numa e noutra Constituição; na cabo-verdiana, ela não é regulada em sede de suspensão de direitos, liberdades e garantias, melhor, de suspensão do exercício de direitos (como na CRP), mas, sim, numa PARTE (IV) relativa às «garantias de defesa da Constituição», a par da matéria da revisão constitucional[83].

17.2. A CRCV apresenta múltiplas e diversificadas manifestações de uma singularidade que lhe emprestam, sem dúvida, uma identidade própria, o que tem favorecido, num país sem grandes tradições democráticas, viver uma experiência sem crises políticas relevantes, quase invariavelmente com perfeita estabilidade governativa e política, e tendo registado alternâncias políticas, seja ao nível do poder central, seja ao nível do poder local. O que revela, igualmente, que ela traduz uma razoável conformidade com os valores comunitariamente aceites como devendo reger a vida política e social no país. Não será por acaso que, hoje, em Cabo Verde há um consenso quase generalizado rela-

---

[82] O estado de excepção..., 770. Entre tais «aperfeiçoamentos» estariam a impossibilidade de modificação dos «... princípios da responsabilidade do estado e dos seus agentes reconhecidos na Constituição» ao rol de direitos fundamentais insusceptíveis de suspensão (art. 270.º); a proibição de realização do referendo (art. 102.º, n.º 2); a competência conferida ao Governo de propor ao Presidente da República a declaração do estado de sítio ou de emergência (art. 202.º, n.º 2, b)]

[83] A ideia talvez radique numa compreensão global de «garantia» da Constituição, de sua preservação, mesmo em casos de anormalidade ou excepção, como são os que originam o estado de sítio ou de emergência. Veja-se JORGE CARLOS FONSECA, «Fiscalização da constitucionalidade – Algumas notas, em jeito de tópicos desenvolvidos, com incidência particular sobre o direito cabo-verdiano», in DeC – II Número Especial (1999), 45.

tivamente à adequação da Constituição para um satisfatório desempenho do sistema político, sem prejuízo, naturalmente, de apelos e iniciativas para uma sua reforma.

Não cabe aqui um esforço de enumeração dos aspectos em que a CRCV se afasta da fonte portuguesa. Eles são ainda muitos e manifestam-se a diferentes níveis da ordenação constitucional. Alguns outros rasos apontamentos serão, de seguida, delineados a esse respeito:

a) Na ordem dos direitos fundamentais, inclui o instituto do recurso de amparo como forma de tutela dos Direitos, Liberdades e Garantias (art. 20.º, n.º 1);

b) A CRCV, no âmbito da «recepção dos tratados e acordos na ordem jurídica», explicitamente considera que as normas e princípios do direito internacional, comum e convencional, têm prevalência sobre todos os actos legislativos e normativos internos «de valor infraconstitucional (n.º 4 do art. 12.º)

c) O sistema de governo pode ser caracterizado como um semi-presidencialismo fraco, por alguns considerado o mais fraco dos sistemas semi-presidencialismos[84]. Os poderes presidenciais são, neste âmbito, um pouco mais restritos do que na CRP, designadamente em matéria de dissolução do Parlamento. Pode fazê-lo em casos de grave crive institucional que ponha em causa o regular funcionamento das instituições democráticas, desde que obtenha o parecer favorável do Conselho da República (n.º 2 do art. 142.º), «órgão político de consulta do Presidente da República»». Fora deste caso, a dissolução só

---

[84] Cfr. ARISTIDES LIMA, *Estatuto jurídico-constitucional do Chefe de Estado – Um estudo de direito comparado,* Praia, 2004, 50; VITALINO CANAS/JORGE CARLOS FONSECA, «Cabo Verde: um sistema...»; CARLOS BLANCO DE MORAIS, loc. cit., 62; NUNO PIÇARRA, loc. cit., 225-226.. GOMES CANOTILHO fala de «sistema de governo misto parlamentar-presidencial com inequívoca predominância da dimensão parlamentarista», acrescentando que o padrão básico evoluiu para um trialismo governamental, «dado que às reduzidas funções do Presidente da República se associa o funcionamento intermitente da Assembleia (duas sessões anuais de 10 dias)...» – *Direito Constitucional...*, 567. Diga-se que o condicionalismo atrás mencionado não corresponde, há muito, à realidade parlamentar cabo-verdiana. PAULO CASTRO RANGEL, o autor português que mais exaustivamente se ocupou do tema, qualifica o sistema de governo de Cabo Verde como parlamentar «temperado» ou «racionalizado», sendo a eleição directa do Presidente um mero «correctivo» da estrutura parlamentar («Sistemas de governo mistos – o caso cabo-verdiano», in *Juris et de jure. Nos vinte anos da Faculdade de Direito da Universidade Católica Portuguesa – Porto,* Porto, 1998, 723 e 740).Em Cabo Verde, DAVID HAPFFER ALMADA, ob. cit., compara os poderes presidenciais nas Constituições dos diferentes países da CPLP, acabando por considerar que «... o sistema cabo-verdiano prima por uma estranha originalidade»; aliás, vai mais longe na crítica (a nosso ver, infundada e hiperbólica), dizendo tratar-se de autêntica «cabo-verdura» (termo pejorativo) – 70-71.

pode verificar-se com a rejeição, na mesma legislatura, de duas moções de confiança ou a aprovação de quatro moções de censura ao Governo, casos, aliás, em que a dissolução é obrigatória.

O Primeiro-Ministro e o Governo são politicamente responsáveis perante a Assembleia Nacional, o que se traduz na necessidade de investidura parlamentar *expressa* (e não simplesmente tácita, como é possível em Portugal[85]), o que implica a apresentação de um programa de Governo na Assembleia Nacional e, obrigatoriamente, de uma moção de confiança sobre a política geral que pretende executar. O Governo só é investido nas suas funções se a Assembleia aprovar esta moção de confiança

Quanto ao poder de demissão do Governo, o Presidente pode exercitá-lo unicamente no caso de aprovação de uma moção de censura pela Assembleia Nacional, ouvidos os partidos representados na Assembleia Nacional e o Conselho da República.

Comparando-a com o caso português, pode observar-se que o Presidente de Cabo Verde não recebeu o poder de demissão do Governo *por sua exclusiva iniciativa e acção*, carecendo sempre de um acto prévio do Parlamento (a aprovação de uma moção de censura), ao invés do que sucede em Portugal, onde o Presidente português pode demitir o Governo quando tal se torne necessário para assegurar o regular funcionamento das instituições democráticas[86].

d) O quadro constitucional cabo-verdiano é bem mais tributário, na regulação que faz, de um país de diásporas.

– Desde logo, num dispositivo (art. 11.º, n.º 6) relativo às relações internacionais do Estado, diz-se que este mantém laços especiais de amizade e de cooperação... com os países de acolhimento de emigrantes cabo-verdianos.

---

[85] Comparando com Portugal, a solução da Constituição de Cabo Verde reforça a vertente parlamentar do sistema, uma vez que a necessidade de *apoio maioritário expresso* ao Governo por parte do Parlamento diminui a possibilidade de governos minoritários sustentados sobretudo na vontade do Presidente, ou beneficiários de ausência de uma maioria parlamentar expressa contrária. Cfr. LÍGIA DIAS FONSECA, «Parlamento e função de controlo do executivo», in *O Parlamento no Sistema de Governo*, Praia, 2001, 34-35.

[86] É curioso assinalar que as diferenças entre os dois modelos de sistema de governo ainda se podem reconduzir a fontes portuguesas. Segundo o advogado cabo-verdiano JOSÉ MANUEL PINTO MONTEIRO – que caracteriza o sistema de governo de Cabo Verde como parlamentar racionalizado ou mitigado – «a fonte das disposições da Constituição de Cabo Verde quanto ao poder do PR de demitir o Governo e à responsabilidade política do Governo pode ser encontrada no projeto de revisão da Constituição de 1976, encomendado, em fins de 1980, pelo Primeiro Ministro Sá Carneiro a Pedro Santana Lopes...» – loc. cit., I.

- A Lei Fundamental cabo-verdiana constitucionaliza os termos de participação dos emigrantes nas eleições legislativas,
- Ela não condiciona a participação dos emigrantes nas eleições presidenciais, como o faz a CRP (participação que, aliás, na CRP só aparece depois da revisão de 1997), segundo a qual: « a lei regula... devendo ter em conta a existência de laços de efectiva ligação à comunidade nacional» (art. 121.º, n.º 2)[87]. A Constituição cabo-verdiana, limita apenas – numa fórmula discutível do ponto de vista do princípio da igualdade do voto[88] – o impacto do voto dos emigrantes, desde que ultrapassem um quinto dos votos apurados no território nacional (art. 112.º, n.º 2)
- Prevê-se, como um dos chamados «órgãos auxiliares do poder político», um Conselho Económico e Social, que deve incluir representantes de todas as ilhas, mas igualmente das organizações das comunidades cabo-

---

[87] A ideia de «comunidade nacional» como é formulada na CRP não é a histórica e culturalmente ligada à existência da diáspora cabo-verdiana; a CRCV parece sufragar não uma noção territorial mas cultural de comunidade nacional.

«O território nacional não constitui critério de determinação e de estruturação de uma comunidade ou dos agrupamentos particulares, que estão sempre presentes na sociedade global; por outro lado, verifica-se que a sociedade global, a Nação cabo-verdiana, recobre as comunidades e os agrupamentos particulares onde quer que se encontrem geograficamente localizados, exactamente porque a comunidade é uma presencialidade imanente e irradiante, nuclearmente constituída em ponto referencial e referenciável do interior e do exterior do grupo e da sociedade global... A comunidade realiza-se e actualiza-se em qualquer lugar geográfico em que a nação se realiza como tal...» – assim, WLADIMIR BRITO, «Contribuição breve para o estudo das relações de solidariedade entre as colectividades cabo-verdeanas», in DeC – 5 (1998), 150. Cfr., ainda, IOLANDA ÉVORA, que fala de «metáforas nacionais», através da constituição de uma cultura nacional sem fronteiras e de uma identidade cultural como sinónimo de identidade nacional («A metáfora do nacional», in (K)Cultura, Número especial, Praia, 2001, 223).

Sobre o tratamento constitucional em Portugal, cfr. JORGE MIRANDA/RUI MEDEIROS, Constituição Portuguesa anotada, Tomo II, anot. ao art. 121.º, 342-344; JORGE MIRANDA/ALEXANDRE SOUSA PINHEIRO, «Voto dos cidadãos portugueses residentes no estrangeiro na eleição do Presidente da República», in O Direito, Ano 132.º, 2000 I-II, 7 ss..

[88] Veja-se, por exemplo, ARISTIDES R. LIMA, Estatuto..., autor que considera a possibilidade de se considera aquele dispositivo como norma constitucional inconstitucional, «... visto que, devido a uma tal redução, o peso de resultado (Erfolgswert) do voto de um emigrante... valeria apenas um quinto do peso do voto de um residente...» – 64. Cfr., ainda, MÁRIO RAMOS PEREIRA SILVA, Código Eleitoral Anotado, Praia, 2005, anot. ao art. 362.º, 273, numa subtil mas discutível diferenciação entre «a igualdade do voto» e o «peso igual do voto no resultado» («... é esta razão [o risco de serem eles a decidir que será Presidente... é real, o que constitui uma hipótese problemática do ponto de vista da sustentabilidade político-eleitoral] que levou o legislador constituinte a consagrar o princípio da igualdade de voto, na modalidade um homem um voto, mas limitando o peso igual do voto no resultado...»).

-verdianas no exterior. O Conselho inclui obrigatoriamente um Conselho das Comunidades, entre outros (art. 254.º);
- A CRCV prevê um Conselho da República (art. 249.º) enquanto órgão político de consulta do Presidente da República. Na sua composição entram 3 cidadãos designados pelo Presidente, devendo um deles ser escolhido no seio das comunidades cabo-verdianas no exterior.
- Em contrapartida, poder-se-á referir que a Constituição portuguesa, a partir da revisão de 1997, permite a participação dos não residentes em referendo, quando este recaia sobre matéria que lhes diga especificamente respeito, o que não acontece na Lei Fundamental cabo-verdiana.

e) A Lei Fundamental cabo-verdiana constitucionalizou a figura do Advogado, considerando-o um servidor da Justiça e definindo a sua função e as garantias que deve ter no seu exercício. (art. 225.).

f) A forma como está organizada e tratada (em minúcia e de forma sistematizada, num Título, o X) a matéria relativa à «Forma e hierarquia dos actos» difere grandemente do que sucede na Constituição Portuguesa[89].

g) O sistema de fiscalização da constitucionalidade que apresentava, na versão originária da CRCV, muitas diferenças com o sistema português (com a revisão de 99, introduziu-se a possibilidade de fiscalização preventiva dos actos legislativos e criou-se uma jurisdição constitucional autónoma – ainda não efectivamente «instalada») tem ainda diferenças sensíveis, quais sejam a não previsão da fiscalização por omissão e o efeito de força obrigatória geral que tem a decisão que tenha por objecto a fiscalização da constitucionalidade ou da ilegalidade, qualquer que tenha sido o processo em que tenha sido proferida (art. 279.º). Em Portugal, nos termos do n.º 3 do art. 281.º. em sede de fiscalização concreta, a declaração com força obrigatória geral só se verifica, quando a norma tenha sido julgada inconstitucional ou ilegal em três casos concretos.

h) Enfim, como já deixámos registado atrás, a constituição económica na CRCV é bem mais parcimoniosa que a da CRP, não contendo disposições correspondentes, por exemplo, à eliminação de latifúndios, ao redimensionamento de minifúndios ou à participação dos trabalhadores na gestão das uni-

---

[89] A revisão de 1999 trouxe alterações na regulação desta matéria, de uma forma que não tem estado isenta de críticas. Cfr., por exemplo, WLADIMIR BRITO, «A feitura das leis em Cabo Verde», in *DeC* – 12/13 (2001), 15 *ss.*; GERALDO ALMEIDA, «A tipologia dos actos legislativos no direito cabo-verdiano», in ASSEMBLEIA NACIONAL DE CABO VERDE, *Reforma do Estado, Teoria da Legislação e Regulação*, Praia, 2003. particularmente 141 *ss.*.

dades de produção do sector público. O que se compreende se se tiver em conta que a Constituição de 1992 foi aprovada num quadro político de irrupção da democracia de raiz liberal, protagonizada por uma força política claramente maioritária que, no seu programa, não continha quaisquer preocupações de cariz socializante.

18. É este o sentido para que deve apontar o futuro do diálogo jurídico (geral) entre os dois países e, certamente, o jurídico-constitucional: num momento em que os dois países constroem e consolidam democracias modernas e afirmam o ideário do estado de direito, ainda que em estádios de evolução diferentes, a aproximação crescente das respectivas comunidades jurídicas, o conhecimento cada vez mais facilitado e fundo das experiências de cada um no plano do jurídico irão exprimir-se pela construção de sistemas jurídicos, no caso, jurídico-constitucionais afins, que se enriquecem numa atitude de construtiva permuta. Se pudéssemos usar uma singela fórmula publicitária, poderemos caminhar para uma comunidade jurídica (jurídico-constitucional) de iguais, na diferença exigida pelos diferentes contextos sociais e culturais. Todos iguais, todos diferentes, diríamos.

Sistemas Constitucionais Africanos de Língua Portuguesa: a caminho de um paradigma

Jorge Bacelar Gouveia[*]

> Sumário: 1. O Direito Constitucional Comparado de Língua Portuguesa. 2. Existe um paradigma de Direito Constitucional de Língua Portuguesa? 3. A Constituição Portuguesa de 1976 como ponto de partida. 4. A fase da I República: das independências à década de 90. 5. A fase da II República: da década de 90 aos nossos dias. 6. Descrição breve dos Direitos Constitucionais dos Estados Africanos Lusófonos. 7. Tópicos de aproximação da Constituição Portuguesa. 8. Tópicos de divergência da Constituição Portuguesa. 9. Tópicos de transmutação da Constituição Portuguesa. 10. Um paradigma constitucional em construção.

1. O Direito Constitucional Comparado de Língua Portuguesa

I. As minhas primeiras palavras são de saudação a todo este vasto auditório, cumprimentando de um modo muito especial os meus colegas de mesa, que em comum tratamos de assuntos relacionados com os Direitos Constitucionais de Língua Portuguesa.

Por sorte ou azar, cabe-me encerrar este período da tarde e fazer uma reflexão global sobre os laços de aproximação e de diferença entre os diversos sistemas político-constitucionais, levando naturalmente em consideração o ponto de partida que para todos eles representou o actual texto constitucional portuguesa, a Constituição da República Portuguesa de 2 de Abril de 1976, neste momento já com sete revisões constitucionais[1].

Como se compreende, este exercício de Direito Constitucional Comparado de Língua Portuguesa é arriscado, mas sem dúvida que é um apaixonante:

---

[*] Professor da Faculdade de Direito da Universidade Nova de Lisboa.

[1] Sobre as várias revisões constitucionais da CRP, v. Jorge Bacelar Gouveia, *Manual de Direito Constitucional*, I, Coimbra, 2005, pp. 501 e ss.

saber até que ponto são dignas de registo as influências que o Constitucionalismo Português Democrático e Social de 1976 projectou sobre a construção dos textos constitucionais dos Estados Africanos de Língua Portuguesa.

II. Mas simultaneamente importa considerar a existência de algumas reduções que são exigíveis, sob pena de esta ser uma tarefa ciclópica ou, pior ainda, uma tarefa votada ao insucesso.

Do conjunto dos Estados de Língua Portuguesa, creio ser aconselhável excluir o Brasil e Timor-Leste, mas por razões sensivelmente diversas:

– o Estado do Brasil pela sua longevidade e diversificada experiência constitucional, além das múltiplas influências jurídico-culturais que tem sofridos de outros sistemas, a começar pelo sistema jurídico norte-americano, que no Direito Constitucional é particularmente visível, nomeadamente no sistema de governo e no sistema de fiscalização da constitucionalidade;
– o Estado de Timor-Leste pela sua juventude, num momento em que vai dando os primeiros passos na estruturação jurídico-constitucional da sua vida política, na certeza também de que o esforço de comparação pressupõe uma análise de tipo factual sobre a recepção das instituições criadas.

A exclusão destes dois Estados não pode significar qualquer desinteresse pelas observações dos respectivos Direitos Constitucionais e até certo ponto torna mais modesta esta indagação.

Contudo, sopesados riscos e vantagens, é mais prudente limitar a comparação do prisma da busca de um paradigma constitucional aos Estados Africanos de Língua Portuguesa, pela sua óbvia proximidade espacio-temporal, mas também histórico-cultural, em relação a Portugal.

III. Os cuidados a seguir no plano da metodologia devem ainda existir no âmbito da comparação que se quer concretizar, sendo certo que a actividade da Comparação em Direito pode desenvolver-se com diferentes intensidades e extensões:

– a *macro-comparação* põe em confronto a globalidade das ordens jurídicas comparandas, dela se retirando os elementos comuns e os elementos de distanciação;
– a *micro-comparação* coloca em paralelo figuras ou institutos que se destinam a resolver certo problema subjacente, numa avaliação essencialmente funcional do seu papel específico em cada sistema jurídico onde se inserem.

A verdade, porém, é que o nosso intuito não é de macro-comparação – porque não pretendemos comparar todo o sistema jurídico de cada um dos Estados assinalados – como também não é de micro-comparação – pois não queremos limitar a nossa análise a um qualquer instituto específico, ainda que tal se revelasse de grande utilidade.

O nosso esforço será, pois, de *meso-comparação*, uma vez que vamos colocar em confronto, nos diversos testes comparativos a fazer, a globalidade dos Direitos Constitucionais de cada um dos Estados Africanos de Língua Portuguesa seleccionados.

IV. O exercício de Direito Constitucional Comparado de Língua Portuguesa postula ainda a importância do *método comparado* na Ciência do Direito Constitucional, como na Ciência do Direito em geral[2].

São consabidas as *funções* que o Direito Comparado em geral pode desenvolver:

- uma *função pedagógica*, de formação e de ensino a respeito das instituições e das soluções jurídicas propostas, por indicação que se possa obter de outros sistemas jurídicos;
- uma *função hermenêutica*, de conhecimento das fontes normativas de certo sistema jurídico, na medida em que tenha sido influenciado por fontes normativas semelhantes de um sistema jurídico estrangeiro;
- uma *função prospectiva*, de melhoria e de aperfeiçoamento do sistema jurídico vigente, por alusões a outras soluções estrangeiras que melhor façam a composição dos interesses, direitos ou valores em presença.

Ora, o Direito Constitucional Comparado não pode ser excepção na pertinência que estas três funções do método comparativo – sendo ainda possível descobrir outras – lhe devem merecer, assim se aplicando à preocupação básica de responder à pergunta que passamos a formular.

2. EXISTE UM PARADIGMA DE DIREITO CONSTITUCIONAL DE LÍNGUA PORTUGUESA?

I. Podiam ser várias as perguntas a formular no contexto de um esforço de Direito Constitucional Comparado de Língua Portuguesa, que se vai desenro-

---

[2] Sobre o método no Direito Constitucional Comparado, v., por todos, JORGE BACELAR GOUVEIA, *Manual...*, I, pp. 245 e ss.

lar numa tarefa de *meso-comparação*, mas a nossa atenção focaliza-se especificamente na seguinte: *existe um paradigma de Direito Constitucional dos Estados Africanos de Língua Portuguesa?*

Eis uma procura que nos tem acompanhado há já alguns anos a esta parte e para qual temos oscilado, às vezes em função da variedade dos métodos utilizados, às vezes em função das multiformes experiências que as sociedades políticas em causa proporcionam.

II. Para que não subsistam dificuldades acrescidas, importa densificar a ideia de paradigma, em torno da qual girará o esforço de resposta à pergunta formulada.

A concepção de paradigma deve ser necessariamente amplo, nela se incluindo os conjuntos das identidades estruturadoras do Direito Constitucional de cada um daqueles Estados Africanos.

Quer isto dizer que a partir daqueles traços dominantes se faculta um juízo comparativo entre esses mesmos Direitos Constitucionais, depois se finalizando com a comparação que se torne possível a partir da análise da Constituição de 1976 e o Direito Constitucional Democrático e Social que fundaria a mais recente evolução do Estado Português.

A procura de um paradigma equivale bastante à procura de um modelo comum, depurado das suas particularidades, que tendo sido cunhado uma primeira vez se possa vir a replicar em cada um dos Estados Africanos de Língua Portuguesa, não obstante as diferenças existenciais que se assinalam não apenas entre eles, mas sobretudo em relação ao Direito Constitucional Português.

Simplesmente, não é a identidade que se procura, mas as semelhanças fundamentais visíveis nesses sistemas jurídico-constitucionais, nalguns casos simetricamente comprovadas pela existência de diferenças profundas, que fazem o contraponto das semelhanças encontradas.

III. A calibração das respostas à verificação de um paradigma comum deve ainda apreciar todos os factores susceptíveis de influírem nesse resultado final, sendo necessário fazer algumas exclusões e inclusões.

As *exclusões* dizem respeito às identidades linguísticas, históricas ou de sistema jurídico geral, dado que nos colocamos no plano jurídico-constitucional, para o qual não importa apreciar até que ponto são pertinentes aquelas dimensões da vida política colectiva.

As *inclusões* dizem respeito à amplitude com que é de encarar este esforço comparativo, porquanto se impõe que a procura do paradigma através das identidades que é possível observar se reflicta na sistematização dos textos constitucionais ou nas construções teoréticas e dogmáticas que sejam levadas a cabo em diversos dos capítulo do Direito Constitucional de cada um dos Estados Africanos de Língua Portuguesa.

IV. O *contexto temporal* é ainda relevante, fixados os Estados a apreciar, bem como os elementos constantes da grelha comparativa a executar, ainda que numa concepção essencialmente geral.

Desde a proclamação das respectivas independências, logo a seguir à Revolução do 25 de Abril de 1974, os Estados Africanos de Língua Portuguesa, na modelação dos seus sistemas jurídico-constitucionais, passaram por duas grandes fases:

- *a fase da I República*, a fase inicial da vida desses Estados, em que obtiveram independência política, que durou até ao fim da União Soviética e à Queda do Muro de Berlim em 1989;
- *a fase da II República*, a fase actual da vida desses Estados, que se iniciou depois da "libertação" da influência comunista da União Soviética e que se consumou com a normalização das relações com os Estados democráticos ocidentais.

A nossa atenção é fundamentalmente dirigida ao Direito Constitucional da II República, se bem que seja possível, em certos domínios, registar continuidades nos paradigmas constitucionais entre estas duas fases tão distintas da história dos Estados Africanos de Língua Portuguesa.

3. A Constituição Portuguesa de 1976 como ponto de partida

I. Não se afigura viável falar de paradigma de um Direito Constitucional de Língua Portuguesa, a despeito das necessárias reduções que foi necessário conceder, sem sabermos o que encontrar no texto constitucional português, o que nele se pode oferecer de paradigmático.

Ainda que pouco estudado, ou pelo menos não tão estudado quanto o mereceria, o certo é que se pode assentar na existência de alguns pontos centrais do Constitucionalismo Português Democrático e Social nascido a partir da Constituição de 1976 e que podem ser sintetizados em três aspectos centrais:

- *na aprovação do texto constitucional por um parlamento constituinte, em contexto pluripartidário e democrático*, após um período constitucional revolucionário e provisório;

– *na vigência contínua do texto constitucional por mais de 30 anos*, o qual não tem assistido a rupturas ou a quaisquer quebras materiais na sua identidade;
– *na consagração dos princípios constitucionais do Estado de Direito, Republicano, Unitário, Democrático e Social*.

II. O actual Direito Constitucional Português assenta na Constituição da República Portuguesa (CRP), aprovada em 2 de Abril de 1976, e que entrou em vigor em 25 de Abril de 1976.

Esta lei constitucional suprema do Estado Português surgiu como corolário da Revolução de 25 de Abril de 1974 – a Revolução dos Cravos – que permitiu pôr termo a um regime autoritário de direita, de inspiração nacionalista, corporativa e fascizante, designado como "Estado Novo", fortemente influenciado pelo regime fascista italiano.

Até que a CRP tivesse sido aprovada, neste período intercalar de dois anos, para além do trabalho da Assembleia Constituinte, democraticamente eleita, viveu-se um regime constitucional provisório, colocando-se simultaneamente em acção um conjunto de medidas urgentes, segundo os três objectivos de (i) descolonizar, (ii) democratizar e (iii) desenvolver o país.

O texto da CRP actualmente contém 296 artigos, que se distribuem por quatro partes, algumas delas distribuídas por capítulos, antecedida por uma parte introdutória e com uma parte final, nos seguintes termos:

– Princípios gerais (artigos 1.º a 11.º)
– Parte I – *Direitos e deveres fundamentais* (artigos 12.º a 79.º)
– Parte II – *Organização económica* (artigos 80.º a 107.º)
– Parte III – *Organização do poder político* (artigos 108.º a 276.º)
– Parte IV – *Garantia e revisão da Constituição* (artigos 277.º a 289.º)
– *Disposições finais e transitórias* (artigos 290.º a 296.º)

A aprovação do texto constitucional por um parlamento pluripartidário – a Assembleia Constituinte, eleita em 25 de Abril de 1975 – foi não apenas uma particularidade formal, pondo de lado outros esquemas possíveis de aprovação de um texto constitucional, seja através da intervenção popular pelo referendo constitucional, seja através de outro tipo de contributo.

III. Outro aspecto marcante do presente Direito Constitucional Português diz respeito à continuidade do respectivo texto constitucional, não obstante as múltiplas revisões que já sofreu, que cumpre recordar:

– *a 1.ª revisão constitucional de 1982*, aprovada pela Lei Constitucional n.º 1/1982, cuidou da estabilização do sistema político, eliminando o

Conselho da Revolução, órgão composto por militares e que se mantivera em homenagem ao seu papel na Revolução dos Cravos, mas cuja permanência – por alguns dos respectivos membros, de resto, pretendida – colocava fundadas dúvidas acerca do carácter verdadeiramente democrático do Estado Português;
- a 2.ª *revisão constitucional de 1989*, aprovada pela Lei Constitucional n.º 1/1989, abriu o sistema económico ao amplo movimento das privatizações, necessárias depois da integração comunitária de 1986, revogando o princípio da irreversibilidade das nacionalizações e igualmente criando o mecanismo do referendo político-legislativo nacional, assim aperfeiçoando a democracia política num sentido mais participativo;
- a 3.ª *revisão constitucional de 1992*, aprovada pela Lei Constitucional n.º 1/1992, que especificamente incidiu nos preceitos constitucionais relacionados com a integração europeia, foi feita no sentido de permitir a ratificação, sem risco de inconstitucionalidade, do Tratado de Maastricht; as alterações aprovadas fizeram-se sentir no alargamento das atribuições da integração europeia, com as novas dimensões de justiça, dos assuntos internos e da política externa, para além da adopção de uma união económica e monetária;
- a 4.ª *revisão constitucional de 1997*, aprovada pela Lei Constitucional n.º 1/1997, não tendo respeitado a um núcleo específico, dispersou-se por diversas matérias, em que se evidenciam a inclusão de novos direitos fundamentais, o alargamento da eleição presidencial aos cidadãos portugueses residentes no estrangeiro e a extinção, para tempo de paz, dos tribunais militares, sem esquecer o reforço de algumas das competências legislativas da Assembleia da República em detrimento das competências legislativas do Governo;
- a 5.ª *revisão constitucional de 2001*, aprovada pela Lei Constitucional n.º 1/2001, visou preparar a CRP para a ratificação do Estatuto de Roma do Tribunal Penal Internacional, se bem que respeitasse a outras matérias, como a possibilidade da criação de sindicatos para as forças policiais, mas sem direito à greve, ou o esclarecimento do português como língua oficial do Estado;
- a 6.ª *revisão constitucional de 2004*, aprovada pela Lei Constitucional n.º 1/2004, incidiu sobre a reconfiguração do órgão regulador da comunicação social, a ampliação das competências legislativas das Regiões Autónomas, comparativamente às competências legislativas estaduais, e a possibilidade da imposição de um limite máximo para o exercício dos cargos públicos, assim melhor concretizando o princípio republicano;

– *a 7.ª revisão constitucional de 2005*, aprovada pela Lei Constitucional n.º 1/2005, preocupou-se apenas com a faculdade, agora aceite, de se fazer, no futuro, referendos directos sobre tratados internacionais relacionados com a integração europeia.

Simplesmente, fica bem patente que todas essas alterações se inscreveram na ideia de revisão constitucional, mantendo a ideia de Direito e cumprindo a regularidade constitucional.

IV. Tópico que do mesmo modo não pode ser esquecido refere-se ao facto de, do ponto de vista material, a Constituição Portuguesa de 1976 assentar numa identidade própria, que depois seria exportada para as diversas experiências dos Estados Africanos de Língua Portuguesa, a qual pode ser sintetizada nos seguintes princípios constitucionais[3]:

– *o princípio do Estado de Direito;*
– *o princípio republicano;*
– *o princípio da unidade do Estado;* e
– *o princípio democrático.*

4. A FASE DA I REPÚBLICA: DAS INDEPENDÊNCIAS À DÉCADA DE 90

I. Um dos principais objectivos da III República Democrática, implantada em Portugal a partir da Revolução de 25 de Abril de 1974, foi o da descolonização dos povos e territórios de África, durante vários séculos e até então colónias de Portugal, assim ganhando a sua legítima independência política, nas seguintes datas históricas[4]:

– Angola: 11 de Novembro de 1975;

---

[3] Cfr., por todos, para a sua caracterização, JORGE BACELAR GOUVEIA, *Manual de Direito Constitucional*, II, Coimbra, 2005, pp. 777 e ss.

[4] Sobre a evolução e caracterização geral dos sistemas constitucionais africanos de língua portuguesa, v. JORGE MIRANDA, *Manual de Direito Constitucional*, I, 7.ª ed., Coimbra, 2003, pp. 239 e ss.; JORGE BACELAR GOUVEIA, *Os sistemas político-constitucionais dos Estados Africanos de Língua Portuguesa*, in *Estudos de Direito Público de Língua Portuguesa*, Coimbra, 2004, pp. 288 e ss., e *Manual...*, I, pp. 342 e ss.; FILIPE FALCÃO OLIVEIRA, *Direito Público Guineense*, Coimbra, 2005, pp. 95 e ss.; NUNO PIÇARRA, *A evolução do sistema de garantia da Constituição em Cabo Verde*, in *Direito e Cidadania*, ano VII, n.º 22, Praia, 2005, pp. 211 e ss.; LUÍSA NETO, *Trajectos de independência e consolidação da estrutura estadual nos países africanos de língua oficial portuguesa*, in AAVV, *Estudos em Homenagem ao Prof. Doutor Joaquim Moreira da Silva Cunha*, Coimbra, 2005, pp. 563 e ss.

- Cabo Verde: 5 de Julho de 1975;
- Guiné-Bissau: 24 de Setembro de 1973;
- Moçambique: 25 de Junho de 1975;
- São Tomé e Príncipe: 12 de Julho de 1975.

II. Essa é, porém, uma evolução político-constitucional que não permite surpreender uma única tendência, antes dois períodos bem distintos para a respectiva compreensão[5]:

- *uma primeira era constitucional de I República Socialista* (1975-1990); e
- *uma segunda era constitucional de II República Democrática* (1990--....).

III. O contexto da descolonização portuguesa, no terreno da luta de libertação nacional e nos anos que se seguiram à Revolução dos Cravos[6], foi politicamente dominado pela emergência de formações partidárias e de ideologias marxistas, de directa inspiração soviética[7].

A esmagadora maioria dos movimentos de libertação nacional, que nas colónias combatiam as Forças Armadas Portuguesas que aguentavam, a custo, o domínio português na vigência da ditadura do Estado Novo, foi doutrinalmente influenciada pelos ideais comunistas, tal como eles foram desenvolvidos na antiga União das Repúblicas Socialistas Soviéticas (URSS), ainda que

---

[5] Cfr. JORGE BACELAR GOUVEIA, *Os sistemas político-constitucionais...*, pp. 292 e ss.

[6] Quanto à importância da formação das elites africanas que levariam as colónias à independência política, v. BRAZÃO MAZULA, *Educação, cultura e ideologia em Moçambique: 1975-1985*, Porto, 1995, pp. 65 e ss.; DALILA CABRITA MATEUS, *A luta pela independência – a formação das elites fundadoras da FRELIMO, MPLA e PAIGC*, Mem Martins, 1999, pp. 43 e ss.; KENNETH MAXWELL, *A construção da Democracia em Portugal*, Mem Martins, 1999, pp. 115 e ss.; GEORGE WRIGHT, *A destruição de um país – a política dos Estados Unidos para Angola desde 1945*, Lisboa, 2000, pp. 79 e ss.; ARISTIDES PEREIRA, *Uma luta, um partido, dois países*, 2.ª ed., Lisboa, 2002, pp. 73 e ss.; CARLOS VEIGA, *Cabral e a construção do Estado em Cabo Verde – uma apreciação crítica*, in *Direito e Cidadania*, ano VI, n.º 19, Janeiro a Abril de 2004, pp. 67 e ss.; FILIPE FALCÃO OLIVEIRA, *Direito Público...*, pp. 82 e ss.

[7] Ainda que com a manutenção, até hoje, de importantes traves-mestras do Direito Privado, que se mantêm comuns a Portugal e aos Estados Africanos de Língua Portuguesa.

Cfr. o exemplo de Moçambique em relação aos Códigos Civil, Penal e Comercial, embora o segundo só até certo ponto: JORGE BACELAR GOUVEIA, SUSANA BRASIL DE BRITO e ARÃO FEIJÃO MASSANGAI, *Código Civil e Legislação Complementar*, 2.ª ed., Maputo, 2000; JORGE BACELAR GOUVEIA e EMÍDIO RICARDO NHAMISSITANE, *Código Penal e Legislação Penal*, 2.ª ed., Maputo, 2000; JORGE BACELAR GOUVEIA e LÚCIA DA LUZ RIBEIRO, *Código Comercial e Legislação Comercial*, 2.ª ed., Maputo, 2000.

se assinalassem algumas originalidades ou outras proveniências, em qualquer caso com pesos sempre marginais.

Afora tudo o que essa motivação decerto representava de fé numa nova organização política e social, era verdade que, por detrás desses apoios, se encavalitava um escondido desejo de a URSS se expandir para os territórios que, em breve, deixariam de pertencer a Portugal.

No fervor dos acontecimentos revolucionários, em que dominava o Movimento das Forças Armadas, tendo sido a Revolução de Abril um golpe de Estado com a participação decisiva dos militares, até à legitimação dos novos órgãos de poder político por eleições democráticas, os ideais comunistas eram também prevalecentes, pelo que se facilitou uma conexão interna na concessão do poder, dentro dos novos Estados independentes, aos grupos de libertação que estavam afinados pelo mesmo diapasão do socialismo científico.

IV. A análise comparada dos diversos sistemas constitucionais dos novos Estados Africanos de Língua Portuguesa revela traços comuns, dentro daquela única fonte de inspiração, tanto político-ideológica como jurídico-constitucional:

- *o sistema social*: a prevalência dos direitos económicos e sociais, como instrumentos de "desalienação do homem", em detrimento dos direitos e liberdades políticos e civis, num forte monismo ideológico e partidário;
- *o sistema económico*: a apropriação dos meios de produção, com a colectivização da terra, que passou a ser propriedade do Estado, e a planificação imperativa da economia;
- *o sistema político*: a concentração de poderes no órgão parlamentar de cúpula, com a omnipresença do partido único e a sua localização paralela em todas as estruturas do Estado.

V. Esta primeira fase na evolução político-constitucional dos Estados Africanos de Língua Portuguesa durou cerca de uma década e meia, sendo ainda possível nela divisar períodos diferenciados[8]:

- *1.º período*: o período inicial de implantação das estruturas dos Estados agora independentes, com o retorno de muitos portugueses e a sua reorganização interna;

---

[8] Período que não ocorreu sem que se sentissem também inúmeras dificuldades de natureza jurídica, na transição do Direito Português, colonialmente aplicável, para o novo Direito dos Estados Independentes. V., a este propósito, o problema do regime jurídico aplicável ao casamento nestes novos Estados, tanto na sua acepção religiosa, como na sua acepção civil. Para o caso moçambicano, cfr. JORGE BACELAR GOUVEIA, *A relevância civil do casamento católico*, in *Africana*, n.º 14, Porto, 1994, pp. 155 e ss.

– *2.º período*: o período intermédio de organização política e social segundo o modelo de inspiração soviética, com a intensificação da cooperação com os países do bloco comunista, principalmente a URSS, Cuba e a República Democrática Alemã; e
– *3.º período*: o período final de progressiva crise económica, com o recrudescimento dos conflitos políticos internos, nalguns casos – Angola e Moçambique – degenerando em sangrentas guerras civis.

VI. A primeira vaga de textos constitucionais de inspiração soviética, com base na doutrina do marxismo-leninismo, não resistiria à queda dos regimes comunistas, um pouco por toda a parte, simbolizada e iniciada pelo derrube do Muro de Berlim, em Dezembro de 1989.

Naturalmente que esse fenómeno, de certa sorte há muito tempo larvar e apenas esperando um momento de rastilho político e social, se projectaria nos Estados africanos em questão, praticamente desde o seu início. É mesmo impressionante a facilidade com que os respectivos sistemas políticos se organizaram com vista à superação do paradigma soviético.

Também se pode dizer que a avaliação das economias e das sociedades desses Estados de Língua Portuguesa revelava já um elevado mal-estar com a aplicação do modelo soviético, que fracassaria, pelo menos, por duas razões fundamentais:

– *pelo carácter informal das sociedades africanas*, até certo ponto incompatível e avesso à rigidez e disciplina conaturais à antiga estruturação burocrática soviética;
– *pelo centralismo político-ideológico que decorria das doutrinas administrativas soviéticas*, abafando as comunidades locais e, na cúpula, combatendo as suas mais diversas expressões, como os Direitos consuetudinários locais.

5. A FASE DA II REPÚBLICA: DA DÉCADA DE 90 AOS NOSSOS DIAS

I. Do ponto de vista constitucional, a substituição dos antigos articulados constitucionais fez-se através de *transições constitucionais*, que consistiram na criação de novos textos, mas aproveitando os procedimentos de revisão constitucional anteriormente estabelecidos. A passagem às novas ordens constitucionais em todos estes Estados fez-se sempre de uma forma pacífica, sem revoluções ou rupturas formais.

Por outra parte, igualmente sucedeu que na maioria dos Estados a aprovação de novos documentos constitucionais se ficou a dever aos parlamentos monopartidários que tinham sido escolhidos no tempo da I República totalitária, quase não tendo havido textos constitucionais fruto de uma discussão pluripartidária nos novos parlamentos eleitos.

A principal excepção que importa referir é a de Cabo Verde, que aprovaria uma nova Constituição, em 1992, já em sistema pluripartidário. Nos outros casos, as novas Constituições foram depois pontualmente revistas, para se adequarem aos processos de pacificação interna, em contexto pluripartidário.

II. Em alguns dos Estados Africanos de Língua Portuguesa registaram-se ainda conflitos armados internos, guerras civis já no período da independência, que opuseram os governos constituídos, bem como os respectivos partidos únicos, às oposições armadas, numa confrontação nítida do ponto de vista político-ideológico a respeito da opção constitucional adoptada.

A situação de Angola foi a que se prolongaria mais tempo, continuando mesmo depois de implantada uma nova ordem constitucional democrática, só tendo terminado há quatro anos.

Em Moçambique, a situação de guerra civil duraria menos tempo e terminaria em 4 de Outubro de 1992, data da assinatura, em Roma, do Acordo Geral de Paz entre o Governo/Frelimo e a Renamo.

6. Descrição breve dos Direitos Constitucionais dos Estados Africanos Lusófonos

I. Mas interesa focar de perto as características que é possível encontrar em cada um dos sistemas político-constitucionais dos Estados Africanos de Língua Portuguesa, afigurando-se útil que possamos vislumbrar cada um deles, assinalando as suas particularidades.

São eles:

- Angola;
- Cabo Verde;
- Guiné-Bissau;
- Moçambique; e
- São Tomé e Príncipe.

II. De todos estes Estados, foi Angola o último a alcançar uma situação de paz, real desde há pouco tempo, aquando da cessação de hostilidades por parte do grupo rebelde UNITA, na sequência da morte do seu líder[9].

O certo é que o presente sistema constitucional angolano foi edificado há mais de uma década, na altura em que se conseguiu um outro cessar-fogo, depois dos Acordos de Bicesse, e foi possível realizar as primeiras eleições gerais no país, presidenciais e legislativas.

O advento desse período foi marcado pela aprovação de uma nova Lei Constitucional em 1992 (LCA)[10], precisamente destinada a acomodar o novo regime democrático emergente, bem como pela elaboração de numerosas leis ordinárias, destinadas a garantir um ambiente de pluripartidarismo.

Contudo, este clima político não vigoraria mais do que algumas semanas após a realização das eleições de Setembro de 1992, pois que se reiniciaria a guerra civil, nunca a UNITA tendo aceitado os resultados eleitorais.

É por isso que o procedimento de revisão constitucional está em curso, com vista à aprovação de uma Constituição definitiva, a qual se prevê possa ser aprovada durante o ano de 2007, ao mesmo tempo se preparando – agora em definitiva paz, espera-se – as segundas eleições gerais, destinadas a conferir uma nova legitimidade aos cargos políticos, com titulares eleitos há mais de 14 anos.

III. Cabo Verde tem a singularidade de ter sido o Estado que mais rapidamente transitaria para a democracia e onde, no plano prático, mais se tem registado a alternância democrática, já tendo os seus dois grandes partidos formado maiorias parlamentares e governamentais.

A sua primeira Constituição, de cunho provisório, seria aprovada em 1975, com o nome de Lei da Organização Política do Estado e, em 1980, adoptar-se-

---

[9] Sobre o Direito Constitucional de Angola em geral, v. RUI FERREIRA, *A democratização dos poderes públicos nos países da África Austral*, Coimbra, 1995; RAUL ARAÚJO, *Os sistemas de governo de transição nos PALOP*, Coimbra, 1996; ADÉRITO CORREIA e BORNITO DE SOUSA, *Angola – História Constitucional*, Coimbra, 1996, pp. 11 e ss.; CARLOS MARIA FEIJÓ, *Problemas actuais de Direito Público Angolano – contributo para a sua compreensão*, Lisboa, 2001, pp. 13 e ss., e *O Novo Direito da Economia de Angola – Legislação Básica*, Coimbra, 2005, pp. 7 e ss.; JORGE BACELAR GOUVEIA, *Introdução ao Direito Constitucional de Angola*, Luanda, 2002, pp. 48 e ss., e *Segredo de Estado e Lei Constitucional em Angola*, in *Estudos de Direito Público de Língua Portuguesa*, Coimbra, 2004, pp. 237 e ss.; AAVV, *A descentralização em Angola*, Luanda, 2002; WLADIMIR BRITO, *O presidencialismo como sistema de governo adequado para Angola*, in *Direito e Cidadania*, ano V, n.º 18, Setembro a Dezembro de 2003, pp. 153 e ss.; FILIPE FALCÃO OLIVEIRA, *Direito Público...*, pp. 99 e ss.

[10] Cfr. o respectivo texto em JORGE BACELAR GOUVEIA, *As Constituições dos Estados de Língua Portuguesa*, 2.ª ed., Coimbra, 2006, pp. 363 e ss.

-ia um texto constitucional definitivo, numa inspiração no modelo soviético, que seria a Constituição de 5 de Setembro de 1980[11].

A actual Constituição, de 25 de Setembro de 1992 (CCV), só seria aprovada depois de um período de abertura política, no qual a respectiva redacção se realizou em clima de efectivo pluripartidarismo[12], amplamente efectivada pela LC n.º 2/III/90, de 28 de Setembro.

Este documento não se conserva mais na sua versão original e já foi objecto de profundas alterações, as quais se destinaram a aperfeiçoar o parlamentarismo e a intervenção dos cidadãos nos referendos e nas iniciativas legislativas populares[13], assim como a melhorar o sistema de fiscalização judicial da constitucionalidade então introduzido[14].

IV. A Guiné-Bissau tem vivido, nos últimos anos, sucessivos momentos de agitação e de instabilidade, motivados por alguns golpes de Estado, o último dos quais aconteceu há pouco tempo e teve como sequência directa o derrube do Presidente da República.

A evolução político-institucional da Guiné-Bissau tem a particularidade de ter antecipado o resultado da Revolução Portuguesa de 25 de Abril de 1974, porquanto a sua independência chegou a ser proclamada em 24 de Setembro de 1973, em Madina do Boé, texto constitucional que depois seria retomado com a concessão da independência formal[15].

O actual texto constitucional (CGB), alcançado depois de uma revisão profunda ocorrida entre 1991 e 1993, é o terceiro da história deste Estado porque

---

[11] Cfr. MÁRIO RAMOS PEREIRA DA SILVA, *O regime dos direitos sociais na Constituição Cabo-Verdiana de 1992*, Coimbra, 2002, pp. 71 e ss.; NUNO PIÇARRA, *A evolução do sistema…*, pp. 2 e ss.

[12] Cfr. o respectivo texto em JORGE BACELAR GOUVEIA, *As Constituições dos Estados de Língua…*, pp. 283 e ss.

[13] Sobre o Direito Constitucional de Cabo Verde em geral, v. LUÍS MENDONÇA, *O regime político de Cabo Verde*, in *Revista de Direito Público*, II, n.º 3, Janeiro de 1988, pp. 7 e ss.; JORGE CARLOS FONSECA, *O sistema de governo na Constituição Cabo-Verdiana*, Lisboa, 1990, pp. 41 e ss.; WLADIMIR BRITO, *A revisão da Constituição de 1992*, in *Direito e Cidadania*, n.º 9, pp. 165 e ss.; MÁRIO RAMOS PEREIRA DA SILVA, *O regime dos direitos sociais…*, pp. 83 e ss.; JOEL HASSE FERREIRA, *Funcionamento e evolução do sistema político-constitucional de Cabo Verde*, in *Direito e Cidadania*, ano V, n.º 18, Setembro a Dezembro de 2003, pp. 145 e ss.; CARLOS VEIGA, *Cabral e a construção…*, pp. 84 e ss.; FILIPE FALCÃO OLIVEIRA, *Direito Público…*, pp. 95 e ss.; NUNO PIÇARRA, *A evolução do sistema…*, pp. 212 e ss.

[14] Cfr. NUNO PIÇARRA, *A evolução do sistema…*, pp. 222 e ss.

[15] Com importantes contributos sobre a evolução constitucional da Guiné-Bissau, desde esta fase dos primórdios da sua independência, v. ANTÓNIO E. DUARTE SILVA, *A independência da Guiné-Bissau e a descolonização portuguesa*, Porto, 1997, pp. 63 e ss; FILIPE FALCÃO OLIVEIRA, *Direito Público…*, pp. 109 e ss.

em 1980 haveria um golpe de Estado e, após um interregno revolucionário de 4 anos, se elaboraria uma nova Constituição, em 1984[16], sem que a nova Constituição de 1980 tivesse chegado a vigorar[17].

A Constituição de 1993[18], apenas pontualmente revista em aspectos secundários, já contou com inúmeras tentativas de revisão geral, mas todas naufragaram, quer pela ausência de acordo parlamentar, quer pela ausência de vontade do Presidente da República[19] de promulgá-las[20].

V. Moçambique, sendo outro dos dois grandes Estados Africanos de Língua Portuguesa, tem sido referido como um caso de sucesso na efectivação de uma negociação internacional de paz.

A sua independência foi alcançada em 25 de Junho de 1975 e é dessa altura a entrada em vigor da sua primeira Constituição, que vigoraria até 1990, apenas com pontuais alterações.

Nessa altura, um segundo texto constitucional viria a ser aprovado, a então Constituição de 1990[21], a qual sofreu algumas revisões constitucionais limitadas:

- em 1993, foram alterados os artigos atinentes aos partidos e ao regime de candidatura a Presidente da República, na sequência do Acordo Geral de Paz, assinado no ano anterior;
- em 1996, foi reformulado o capítulo atinente ao poder local, no sentido de evitar dúvidas de constitucionalidade em relação à nova legislação autárquica entretanto produzida;

---

[16] Ainda que esta mesma Constituição Guineense se auto-declare como sendo de 1984.
[17] Cfr. FILIPE FALCÃO OLIVEIRA, *Direito Público...*, pp. 116 e ss.
[18] Cfr. o respectivo texto em JORGE BACELAR GOUVEIA, *As Constituições dos Estados de Língua...*, pp. 397 e ss.
[19] Cfr. FILIPE FALCÃO OLIVEIRA, *Direito Público...*, pp. 122 e ss.
[20] Sobre o Direito Constitucional da Guiné-Bissau em geral, v. PAULO DE SOUSA MENDES, *Princípios constitucionais de organização judiciária*, in *Boletim da Faculdade de Direito de Bissau*, n.º 1, Novembro de 1992, pp. 23 e ss.; JORGE REIS NOVAIS, *Tópicos de Ciência Política e Direito Constitucional Guineense*, Lisboa, 1996, pp. 89 e ss.; ANTÓNIO E. DUARTE SILVA, *Formação e estrutura da Constituição de 1984*, in *Boletim da Faculdade de Direito de Bissau*, n.º 4, Março de 1997, pp. 153 e ss., e *A independência da Guiné-Bissau...*, pp. 139 e ss.; LUÍS BARBOSA RODRIGUES, *Constituição e legislação complementar*, Bissau, 1994, pp. 5 e ss., e *A transição constitucional guineense*, Lisboa, 1995, pp. 25 e ss., pp. 57 e ss., e pp. 103 e ss.; EMÍLIO KAFFT KOSTA, *O constitucionalismo guineense e os limites materiais de revisão*, Lisboa, 1997, pp. 187 e ss.; FILIPE FALCÃO OLIVEIRA, *Direito Público...*, pp. 105 e ss., e pp. 125 e ss.
[21] Cfr. o respectivo texto, bem como outra legislação constitucional complementar, em JORGE BACELAR GOUVEIA, *As Constituições dos Estados de Língua Portuguesa*, 1.ª ed., Coimbra, 2003, pp. 305 e ss., e *Legislação de Direito Constitucional*, Maputo, 1994, pp. 54 e ss.

– em 1998, foi alterada uma das competências do Conselho Constitucional, órgão judicial com funções de controlo da constitucionalidade e que neste momento, finalmente, começou a funcionar[22].

Desde o início de 2005, coincidindo com a tomada de posse dos novos titulares dos órgãos eleitos – o Presidente da República e a Assembleia da República – está em vigor em Moçambique o seu terceiro texto constitucional, aprovado em 16 de Novembro de 2004 (CM)[23], não apresentando mudanças sensíveis em relação ao texto precedente, não sendo uma verdadeira e própria nova Constituição material, antes uma mera revisão da Constituição de 1990.

VI. São Tomé e Príncipe, o mais pequeno dos Estados de Língua Portuguesa, tem atravessado sucessivos períodos de crise económica e social, tendo tais períodos provocado situações de alguma agitação política.

A independência foi alcançada em 12 de Julho de 1975, mas o respectivo texto constitucional só entraria em vigor algum tempo depois, tendo sido

---

[22] Sobre o Direito Constitucional de Moçambique em geral, v. JOSÉ ÓSCAR MONTEIRO, *Poder e Democracia*, in *Revista de Direito Público*, III, n.º 6, Julho-Dezembro de 1989, pp. 29 e ss.; MARCUS GUADAGNI, *Introdução ao Direito Moçambicano – 9 Direito Constitucional*, Maputo, 1990; JORGE MIRANDA, *Sobre o anteprojecto da Constituição de Moçambique*, in *O Direito*, ano 123.º, I, Janeiro-Março de 1991, pp. 197 e ss.; JOSÉ NORBERTO CARRILHO e EMÍDIO RICARDO NHAMISSITANE, *Alguns aspectos da Constituição*, Maputo, 1991; FERNANDO JOSÉ FIDALGO DA CUNHA, *Democracia e divisão de poder – uma leitura da Constituição Moçambicana*, Maputo, s. d., pp. 58 e ss.; GILLES CISTAC, *O Direito Eleitoral Moçambicano*, Maputo, 1994, pp. 11 e ss., *Poder legislativo e poder regulamentar na Constituição da República de Moçambique de 30 de Novembro de 1990*, in *Revista Jurídica da Faculdade de Direito da Universidade Eduardo Mondlane*, 1996, I, pp. 8 e ss., e *O Tribunal Administrativo de Moçambique*, Maputo, 1997, pp. 80 e ss.; JOSÉ MANUEL SÉRVULO CORREIA, *Contencioso administrativo e Estado de Direito*, in *Revista da Faculdade de Direito da Universidade de Lisboa*, XXXVI, n.º 2 de 1995, pp. 450 e ss.; JORGE BACELAR GOUVEIA, *A relevância civil...*, pp. 175 e ss., *O princípio democrático no novo Direito Constitucional Moçambicano*, in *Revista da Faculdade de Direito da Universidade de Lisboa*, XXXVI, 1995, n.º 2, pp. 459 e ss., *As autarquias locais e a respectiva legislação – um enquadramento geral*, in AAVV, *Autarquias Locais em Moçambique – antecedentes e regime jurídico*, Lisboa/Maputo, 1998, pp. 81 e ss., e *Reflexões sobre a próxima revisão da Constituição Moçambicana de 1990*, Maputo, 1999, pp. 5 e ss.; VITALINO CANAS, *O sistema de governo moçambicano na Constituição de 1990*, in *Revista Luso-Africana de Direito*, I, Lisboa, 1997, pp. 167 e ss.; JOÃO ANDRÉ UBISSE GUENHA, *Os sistemas eleitorais em Moçambique*, in *Revista Luso-Africana de Direito*, I, 1997, pp. 223 e ss.; AMÉRICO SIMANGO, *Introdução à Constituição Moçambicana*, Lisboa, 1999, pp. 53 e ss.; FILIPE FALCÃO OLIVEIRA, *Direito Público...*, p. 100.

[23] Publicado no *Boletim da República* de Moçambique, I Série, n.º 51, de 22 de Dezembro de 2004, pp. 543 e ss., e em JORGE BACELAR GOUVEIA, *As Constituições dos Estados de Língua...*, pp. 465 e ss.

aprovado em 5 de Novembro desse mesmo ano, na sua Assembleia Constituinte, texto que posteriormente seria objecto de pequenas revisões.

A actual Constituição foi aprovada em 1990 (CSTP)[24] e foi a única, de todos os Estados Africanos de Língua Portuguesa, que se sujeitou a um procedimento de referendo popular.

Depois de muitas propostas e de outras tantas disputas, aquele texto constitucional foi finalmente alvo de uma apreciável revisão constitucional – até agora a única feita em 16 anos – e que teve o mérito de corrigir muitas das soluções iniciais, melhorando-o substancialmente, como sucedeu nas matérias da fiscalização da constitucionalidade e do regime de revisão constitucional[25].

7. TÓPICOS DE APROXIMAÇÃO DA CONSTITUIÇÃO PORTUGUESA

I. Um primeiro conjunto de resultados permite detectar diversas *aproximações ao Constitucionalismo Português*, em grande medida uma clara decorrência de um processo histórico-cultural tipicamente descolonizador.

As semelhanças que são assinaláveis evidenciam-se nestes quatro planos:

– *o procedimento constituinte;*
– *a hiper-rigidez do texto constitucional;*
– *a protecção dos direitos fundamentais;* e
– *o funcionamento da economia social de mercado.*

II. Em relação ao *procedimento constituinte*, em todos os países assinalados, verificou-se uma mesma preocupação de aprovar os textos constitucionais no contexto de um procedimento de tipo parlamentar, ocupando o órgão parlamentar um papel central.

Mas cada Estado depois adoptou diversas soluções na consecução desse objectivo, uma vez que o procedimento constituinte oscilou entre um parlamento monopartidário, oriundo da I República, e um Parlamento pluriparti-

---

[24] Cfr. o respectivo texto em JORGE BACELAR GOUVEIA, *As Constituições dos Estados de Língua...*, pp. 249 e ss.
[25] Sobre o Direito Constitucional de São Tomé e Príncipe em geral, v. ARMANDO M. MARQUES GUEDES, N'GUNU TINY, RAVI AFONSO PEREIRA, MARGARIDA DAMIÃO FERREIRA e DIOGO GIRÃO, *Litígios e legitimação – Estado, Sociedade Civil e Direito em S. Tomé e Príncipe*, Coimbra, 2002, pp. 50 e ss., e pp. 121 e ss.

dário, em contexto de II República, embora aquela opção tivesse sido claramente predominante.

Daí que se possa dizer que prevalece uma concepção democrático-parlamentar das novas Repúblicas instituídas, ao arrepio da adopção de projectos pessoais de Constituição, numa importante valorização da instituição parlamentar, ao mesmo tempo se acreditando na força normativa de um código constitucional.

III. A revisão dos textos constitucionais corresponde a uma característica comum, que é a da *hiper-rigidez* dos textos constitucionais.

Na sua alteração, os textos constitucionais submetem-se a regras próprias, que afastam o respectivo procedimento dos esquemas gerais de aprovação da legislação ordinária:

- *os limites orgânicos*: concentrando a aprovação exclusivamente nos órgãos parlamentares, poder legislativo não partilhado com outros órgãos legislativos;
- *os limites procedimentais*: exigindo a aprovação das alterações constitucionais por maioria de 2/3 dos Deputados, assim obrigando a um maior empenhamento democrático;
- *os limites temporais*: impondo que a revisão constitucional só possa ser feita de cinco em cinco anos;
- *os limites materiais*: forçando a que a revisão constitucional não ponha em causa certas matérias, valores ou princípios, considerados como o "bilhete de identidade" dos textos constitucionais;
- *os limites circunstanciais*: proibindo a revisão constitucional durante a vigência do estado de excepção.

IV. Do ponto de vista da *protecção dos direitos fundamentais*, cumpre também observar que o caminho percorrido pelos Estados Africanos de Língua Portuguesa revela uma generalizada aceitação de altos padrões de protecção desses mesmos direitos, o que se pode comprovar através da observação dos catálogos, mais ou menos generosos, da sua consagração.

O elenco dos direitos fundamentais consagrado é reforçado pela presença de importantes regras que orientam os termos da intervenção do legislador ordinário, subordinando os outros poderes públicos – o legislativo, o executivo e o judicial – aos respectivos comandos.

O sistema constitucional de direitos fundamentais nem sequer se pode considerar um sistema fechado, mas antes aberto: quer pelo apelo a direitos fundamentais atípicos, quer pelo apelo à Declaração Universal dos Direitos do

Homem, esclarece-se que a respectiva tipologia é unicamente exemplificativa, e não taxativa.

Não sendo este o lugar para uma demonstração direito a direito, basta lembrar a facilidade com que os novos textos constitucionais estabeleceram a inequívoca abolição da pena de morte, bem como a sua forte aceitação social.

V. Relativamente à *organização económica*, beneficiando de importantes normas constitucionais, acolhe-se um *sistema capitalista de mercado* e definitivamente se abandonaria a planificação imperativa da economia.

Simplesmente, a passagem à II República nos Estados Africanos de Língua Portuguesa não se faria sem que algumas das instituições da I República se conservassem, num debate que está longe de terminar:

– *manteve-se a propriedade pública da terra*, globalmente nacionalizada aquando da independência, embora o Estado possa conceder o direito de uso da mesma;
– *limitou-se o investimento estrangeiro*, numa tendência que tem vindo a atenuar-se, à medida que a capacidade de intervenção e os interesses de grupos económicos estrangeiros tem vindo a aumentar.

8. TÓPICOS DE DIVERGÊNCIA DA CONSTITUIÇÃO PORTUGUESA

I. Mas a comparação que se leva a cabo igualmente permite um resultado contrário, *que é o da verificação de opções constitucionais que se distanciaram da Constituição Portuguesa de 1976*, cumprindo mencionar os seguintes temas:

– *o controlo judicial da constitucionalidade dos actos do poder público;*
– *a unidade do poder do Estado e a sua relação com as restantes estruturas; e*
– *a "monarquização" da importância da figura do Chefe de Estado.*

II. Em relação ao *controlo judicial da constitucionalidade*, que é peça central do princípio do Estado de Direito, verifica-se uma realidade formal e material bastante multiforme e que, no essencial, se afasta dos resultados do Constitucionalismo Português.

É manifesto que nenhum dos textos constitucionais em causa desconhece o fenómeno e estabelece, com maior ou menor minúcia, uma preocupação de fiscalização da constitucionalidade dos actos do poder em desconformidade com a Constituição, além das sanções aplicáveis em resultado desse ilícito constitucional.

Só que não deixa de ser menos verdade que muitos dos resultados alcançados são escassos, sem esquecer a variedade das soluções constitucionais formais:

- nem todos os Estados têm a opção pelo Tribunal Constitucional, tal não sucedendo com a Guiné-Bissau e com Moçambique;
- nem todos os Estados instalaram os Tribunais Constitucionais previstos nos respectivos textos constitucionais, como é o caso de Angola e de São Tomé e Príncipe;
- a prática da fiscalização da constitucionalidade é apenas uma realidade forte em Cabo Verde, uma vez que nos outros quatro países são pouco numerosas – além de substancialmente pouco densas – as decisões tomadas no contexto da fiscalização da constitucionalidade das leis.

III. Os textos constitucionais de língua portuguesa em África têm em comum uma outra característica, igualmente presente na Constituição Portuguesa, que é a da *unidade do poder do Estado*, tendo-se rejeitado todas as formas de Estado composto, normalmente representada pelas experiências federais.

São várias as razões para tal repulsa de estruturas compósitas de poder estadual, certamente a começar pelo risco de desagregação interna em Estados fruto de uma descolonização recente, por isso ainda com situações de incerteza em relação à construção de uma ideia de nação.

Não obstante esse risco, evidentemente real, poder-se-ia ter evoluído no sentido de alguns, embora limitados, cenários de descentralização política e administrativa, como a criação de regiões legislativas ou de estruturas autárquicas de cunho administrativo.

O certo, porém, é que nem isso sucedeu, ou se sucedeu os resultados são limitados ou praticamente inefectivos: Angola prepara neste momento a criação de autarquias locais; Moçambique apenas criou 33 municípios, num universo de pouco menos de centena e meia, aplicando um princípio de gradualismo; Guiné-Bissau, depois da criação de estruturas autárquicas, não tem como prioridade tal matéria, dada a necessidade de reconstrução nacional.

IV. Os Estados Africanos de Língua Portuguesa, tal como Portugal, abraçaram a concepção republicana de poder político, com *a presença de um Chefe de Estado eleito e nalguns casos não indefinidamente reelegível*.

Simplesmente, a prática tem sido pouco republicana, num contraste evidente com a experiência portuguesa, sem contar com os períodos de turbulência interna que não propiciaram a renovação dos dirigentes políticos.

De um modo geral, assinala-se o problema de a representação do Chefe de Estado, feita em nome da colectividade, ser muito diversa da representação tipicamente republicana, em que o Presidente da República, sem bem que eleito, personifica um poder limitado e colaborante com outros poderes, para além de um ideia ético-republicana de temporariedade no exercício das funções públicas.

Não é isso o que se vai observando ou sentindo nas realidades constitucionais de alguns dos Estados Africanos de Língua Portuguesa: não só é vontade dos Chefes de Estado de se reelegerem indefinidamente, como é vontade dos povos de se lhes atribuir mais competências e mais protagonismo de intervenção política, pondo assim em causa aquela concepção republicana de poder.

No fundo, o que está em causa é uma inadequação geral da concepção republicana europeia ao mundo africano, que encara o papel do Chefe – seja ele nacional, seja ele local – num sentido monárquico, de acordo com as suas regras de sucessão, num contexto cultural mais vasto e fora dos quadros da democracia representativa, ela também de cunho ocidental.

9. Tópicos de transmutação da Constituição Portuguesa

I. A observação destes textos e práticas constitucionais possibilita ainda intuir a existência de fenómenos que não se integram bem no sentido da aproximação ou no sentido da distanciação: *são fenómenos de transmutação de instituições acolhidas da Constituição Portuguesa, as quais acabaram por prevalecer com um sentido diverso, estrutural ou funcional.*

Esse vem a ser essencialmente o caso do *sistema de governo semipresidencial*, tal como o mesmo foi concebido pelo texto constitucional português e depois exportado para os textos constitucionais africanos de língua portuguesa.

E o curioso é verificar que a prática do semipresidencialimso por parte destes países, conquanto não a sua consagração constitucional, redundou sempre na dificuldade de um decalque, antes propiciando resultados diversos.

II. Na sua leitura formal, todos os sistemas políticos africanos de língua portuguesa partem de uma visão dinâmica dos órgãos do poder público, com a intervenção efectiva do Chefe de Estado, do Parlamento e do Executivo.

No entanto, não só por ligeiras diferenças textuais quanto sobretudo por divergências interpretativas e aplicativas, a evolução desses sistemas tem apontado em direcções muito distintas:

- *numa direcção parlamentarizante*, sendo hoje já um parlamentarismo racionalizado, em Cabo Verde;
- *numa direcção presidencializante*, em Angola, Guiné-Bissau e Moçambique, sendo o Presidente da República o chefe efectivo do Governo, apesar de existir, mas com escassa autonomia política, a figura do Primeiro-Ministro;
- *numa direcção semipresidencial*, São Tomé e Príncipe, ainda que ironicamente aqui o Chefe de Estado detenha competências executivas em matéria de defesa e de relações externas.

10. Um paradigma constitucional em construção

I. O percurso que pudemos efectuar através dos sistemas constitucionais de língua portuguesa, compaginando-o com o texto constitucional português, permite detectar a existência de elementos comuns, de alguma sorte dados originais do paradigma constitucional, e que são:

- *a existência de Constituições escritas, feitas a partir da produção de um acto legislativo formal, com esse nome e essencialmente codificado;*
- *a existência de Constituições hiper-rígidas, com diversos limites à revisão constitucional;*
- *a protecção razoável dos direitos fundamentais, mais na proclamação dos textos constitucionais do que na efectividade da prática administrativa ou judiciária;*
- *o funcionamento aceitável de uma economia de mercado, em que se assinala a importância da intervenção do Estado, nos termos constitucionalmente previstos.*

II. Paralelamente, importa assinalar *a existência de dados diferenciadores do paradigma constitucional, os quais diminuem a aproximação ao modelo português*, os quais têm que ver com a dificuldade na importação de instituições constitucionais que não funcionam bem em contextos diversos, dele se distanciando:

- *um edifício de fiscalização da constitucionalidade semi-construído*, em que se regista a falta da instalação de Tribunais Constitucional, *além de uma*

prática muito escassa em processos de controlo da constitucionalidade dos actos do poder público;
– *a forte concepção unitarista do poder do Estado*, que muito dificilmente aceita distribuir o poder público, mesmo que administrativo, por outras instituições, ao que não será alheio um circunstancialismo desestruturado no funcionamento das instituições públicas;
– *a concepção mais monárquica do que republicana do sistema político*, em boa parte das experiências constitucionais, em larga conexão com o sistemas de partidos.

III. Cumpre ainda referir *elementos de transmutação* do sistema constitucional português que serviu de inspiração aos textos constitucionais de língua portuguesa.

Vem esse a ser o caso do *sistema de governo*, importado no contexto, também ele variável, de semipresidencialismo, mas que não tem funcionado com estabilidade, surgindo diferentes orientações, à medida das necessidades da vida política dos Estados que o vão experimentando.

IV. Quer isto tudo dizer que são inequívocos os elementos de continuidade e de aproximação dos sistemas constitucionais africanos de língua portuguesa em relação ao constitucionalismo português.

Mas também são notórios os elementos de distanciação e até de adulteração em relação a esse modelo, o que se compreende em razão de um contexto cultural com as suas características próprias.

A conclusão, por isso, deve ser cuidadosa e limitadamente reconhecer a existência de um paradigma constitucional de língua portuguesa matizado, mas em que avultam traços de contínua e sólida aproximação (traços centrípetos), ao mesmo tempo que se registam caminhos de divergência, que se vão acentuando (traços centrífugos).

Terceira Sessão

*30 Anos de Constituição
e Justiça Constitucional*

Justiça Constitucional
e trinta anos de Constituição

Maria Lúcia Amaral*

Introdução

Antes do mais, gostaria de agradecer à comissão organizadora deste colóquio o facto de me ter amavelmente convidado para participar nesta sessão – luso/húngara/italo/espanhola – sobre "justiça constitucional". É com grande gosto e honra que o faço.

No entanto, devo dizer que se eu própria fosse auditório, e estivesse no lugar de quem escuta e não de quem é escutado, ficaria no mínimo apreensiva com o título da participação que me foi distribuída. Justiça constitucional e 30 anos de constituição. Um título assim está para as questões jurídico-constitucionais como o título de peça, que esteve em cena há certo tempo num teatro de Lisboa, está para as questões da literatura. A peça chamava-se "as obras completas de William Shakespeare em 97 minutos". Confesso que a não vi. Mas sempre me intrigou a compressão que ela prometia. Como é que se podem ver as obras completas de Shajespeare em 97 minutos? E como é que se pode falar, em vinte, de justiça constitucional e trinta anos de Constituição?

A verdade, porém, é que a minha intenção não é a de comprimir, no tempo, uma matéria nele não compressível; a minha intenção é outra.

Gostaria de colocar, fundamentalmente, três questões.

Primeira: sob o ponto de vista dos *modelos de justiça constitucional,* o que é que há de comum entre Portugal, a Hungria, a Espanha e a Itália – para falar apenas das outras culturas europeias que, aqui, temos a sorte de ver representadas?

Segunda: e o que é que singulariza, em *absoluto,* o modelo adoptado pelo direito português?

Terceira: e que importância poderá ter para nós, portugueses, a *absoluta singularidade* (absoluta, no quadro de uma comparação europeia) do nosso modelo de justiça constitucional?

Passo, então, à análise da primeira questão.

---

* Professora da Faculdade de Direito da Universidade Nova de Lisboa.

I

Os momentos de aparição de novas palavras são sempre momentos de intensa mudança histórica. No domínio da ciência do direito constitucional houve há pouco tempo uma palavra nova que fez a sua aparição e que se instalou já no nosso léxico comum. A palavra é interconstitucionalidade. Interconstitucionalidade significa tudo aquilo que vem unindo, numa rede de afinidades crescentes, os direitos constitucionais nacionais – pelo menos no quadro europeu – de tal forma que todos eles se vão tornando cada vez mais próximos uns dos doutros. Os direitos português, italiano, espanhol e húngaro são hoje direitos próximos nesta perspectiva. Mas se o são, tal ocorre antes do mais porque todos eles detêm hoje constituições normativas. E uma constituição normativa é aquela que é concretizada pelo *acquis* da sua jurisprudência. Foi assim com a constituição dos Estados Unidos desde, praticamente, o início da sua vigência; é assim hoje com a grande maioria das constituições dos Estados Membros da União Europeia. Que saiba, deste traço comum de *interconstitucionalidade* – repito: o da existência comum de uma *justiça* que interpreta, por um meio qualquer de invalidação das normas que lhe sejam contrárias, o que diz a constituição – só não comparticipam os direitos escandinavos, o direito holandês e o direito inglês, se bem que este último, por causa da entrada em vigor, no ano 2000, do Human Rights Act, esteja ele próprio em vias de transformação.

Tanto em Portugal quanto em Itália quanto na Espanha e na Hungria, este *acquis* jurisprudencial, que forma o corpo de concretização da constituição, provém da actividade de um tribunal especializado em razão da matéria – como diz a Constituição portuguesa, ao qual compete *especificamente* administrar justiça em matérias jurídico-constitucionais – e não de um Tribunal comum. Era este o primeiro traçoque une todos os nossos direitos e que eu gostaria de salientar.

No entanto, há entre nós um segundo traço de união que, neste momento, me parece ainda mais importante realçar.

O que é que há de *específico* na tarefa de administrar a justiça em *matérias jurídico-constitucionais?* Por que razão, na grande maioria dos países europeus, é essa tarefa atribuída a um Tribunal especializado em razão da matéria? A pergunta, como bem se sabe, foi feita há quase cem anos e abre para um campo demasiado vasto, no qual que agora não vou entrar. Convidar-vos-ia apenas a que nos concentrássemos num dos aspectos particulares desse campo – o que diz respeito aos métodos de interpretação, e concretização, dessas normas jurídicas especiais que são as normas da constituição.

O que se sabe, a este respeito – e consensualmente se sabe – é que estes métodos requerem muitas vezes – e sobretudo no que diz respeito à interpretação das normas da constituição que não são normas organizatórias – uma jurisprudência que recorre não a técnicas de 'subsunção' mas a 'técnicas de ponderação'[1]. Mas o que é que é subsumir e o que é que é ponderar? Para que as coisas não permaneçam num plano demasiado vago procurarei responder recorrendo a três exemplos colhidos da jurisprudência do Tribunal Constitucional português.

No caso do Acórdão n.º 288/98, relativo à constitucionalidade da pergunta colocada em referendo aos cidadãos eleitores sobre a despenalização da interrupção voluntária da gravidez, o Tribunal *não interpretou* a norma contida no artigo 24, n.º 1 da Constituição, que diz que a vida humana é inviolável, de acordo com a 'técnica da subsunção'.*Não disse:* tendo em linha de conta a *fattispecie* X, à qual se *subsume* o caso concreto Y, então conclusão Z – a consequência jurídica decorrente da norma e aplicável, por dedução, à situação sob juízo. O que o Tribunal disse foi coisa diversa. "[O] legislador ordinário

---

[1] Esta contraposição, apresentada no texto, entre 'técnica de subsunção' e 'técnica de ponderação' precisa de ser bem compreendida. Ela não ignora a riqueza centenária da discussão metodológica que se abre, a partir do direito privado, pelo menos com a crítica à jurisprudência dos conceitos. Não ignora por exemplo Gény e as correntes do 'direito livre'; os debates em torno do método 'científico-espiritual'; Heck e a 'jurisprudência dos interesses'; Viehweg e o pensamento tópico; Betti e a hermenêutica; Perelman e a teoria da argumentação. Não ignora, em suma, que a questão da 'ponderação' (e, aqui, o termo é muito vagamente usado) sempre se pôs à ciência do direito independentemente de artificiosas separações disciplinares. A questão central é, porém, a seguinte. Se se adoptar uma perspectiva *paradigmática* (e recorde-se que um *paradigma* é, no seu sentido exacto, uma 'teoria' que, pretendendo ser melhor do que as concorrentes, não explica nem tem que explicar todos os factos com os quais se veja confrontada: Thomas Kuhn, *The Structure of Scientific Revolutions*, Chicago, The University or Chicago Press, 1.ª ed. 1962, p. 34), o simplismo da contraposição tem apenas o intuito claro de realçar o seguinte: 1.º – A observação segundo a qual haveria uma igualdade estrutural entre *lei* e *constituição* não passa hoje de ficção. A desigualdade estrutural (sobretudo, das normas jusfundamentais) é ponto mais que assente. 2.º – Tal desigualdade estutural gerou, sobretudo nas jurisprudências constitucionais, uma *praxis* interpretativa caracterizada por uma acentuada *pluralidade de métodos*. Este é, também, ponto assente. 3.º – Face a tal pluralidade, a única generalização que se pode fazer é que os métodos interpretativos dos tribunais constitucionais são *paradigmaticamente* tópico-problemáticos. 4.º – A palavra que, de modo *mais neutral*, parece ajustada para designar tal *paradigma* metódico é a de "concretização". A constituição (e, sobretudo, as normas jusfundamentais) intepretam-se e aplicam-se "concretizando-se." 5.º – Da pluralidade de instrumentos que a *praxis* tem usado para realizar a "concretização" ressalta contudo um *leit-motiv*. Esse *leit-motiv* é o da 'ponderação de bens'. Quanto a todos estes pontos assentes, veja-se, por último, a síntese feliz de Fritz Ossenbühl, "Grundsätze der Grundrechtsinterpretation", em Merten/Papier (Hg.) *Handbuch der Grundrechte in Deutschland und Europa,* Band I, *Entwicklung und Grundlagen,* Heidelberg, C.F. Müller, 2004, pp. 595-629.

estará vinculado a estabelecer formas de protecção da vida humana intra-uterina, sem prejuízo de, procedendo a uma *ponderação* de interesses, dever *balancear* aquele bem jurídico constitucionalmente protegido com outros direitos, interesses ou valores, de acordo com o princípio da concordância prática" Do mesmo modo, no Acórdão n.º 187/01, relativo à propriedade das farmácias, o Tribunal também *não utilizou métodos subsuntivos* para verificar se a lei ordinária, constitutiva da reserva de propriedade a favor dos farmacêuticos, continha restrições ilegítimas à liberdade de escolha de profissão, à liberdade de inciativa económica privada e ao direitos de propriedade. Também neste caso *não disse:* para a *fattispecie* X, aplicável ao caso Y, consequência jurídica Z. Não disse nem podia ter dito. O juízo a que procedeu implicou antes uma *avaliação da relação* [estabelecida pela lei] *entre fins e meios.* Entre os fins de interesse público prosseguidos pela lei ordinária e as medidas restritivas que, por causa desses fins, a lei fixava – de modo a seber se existia, ou não, adequação, exigibilidade e proporcionalidade entre uma coisa e outra. Como se sabe, o Tribunal entendeu que sim, que existia; e, por isso, acabou por concluir a lei não continha nenhuma restrição ilegítima de direitos. Finalmente, no caso da sentença n.º 509/2002, relativa o *rendimento social de inserção,* o Tribunal entendeu que o decreto da Assembleia que o criava violava (no seu artigo 4.º, n.º 1) o direito a um mínimo de existência condigna, e que esse direito era inerente ao princípio do respeito da dignidade humana contido nom aartigo 1.º. Para fundamentar este seu entendimento o Tribunal também *não recorreu a nenhum* raciocínio subsuntivo. Não recorreu nem podia ter recorrido. A argumentação do Tribunal foi bem outra. O que le dissse foi o seguinte: (i) O princípio do respeito pela dignidade da pessoa humana implica o reconhecimento do *direito* ou da *garantia* a um *mínimo de existência condigna;* (ii) para a garantia deste direito goza o legislador ordinário de uma larga margem de liberdade conformadora, como decorrência do *princípio democrático* (iii) devem por isso *harmonizar-se* "os pilares em que, nos termos do artigo 1.º da Constituição, se baseia a República Portuguesa: por um lado, a *dignidade da pessoa humana,* por outro, a *vontade popular* expressa em eleições" (iv) os limites da harmonização encontram-se no dever do legislador de garantir a existência do direito, quaisquer que sejam os instrumentos que ele próprio considere para tal adequados, (v) no caso concreto, por não existirem tais instrumentos, o direito não era assegurado, logo (vi) a norma que o não assegurava era inconstitucional.

Ponderar, balancear, harmonizar, avaliar da relação entre fins e medidas públicas: em todos estes casos, foram estas as palavras-chave da argumentação usada pelo Tribunal para interpretar a Constituição. Em nenhum deles se argumentou de modo subsuntivo. Em todos eles se concretizaram normas fundamentais.

II

Eu não fui averiguar se existiam, na jurisprudência húngara, italiana, e espanhola casos absolutamente idênticos a este, que foram julgados pelo Tribunal Constitucional português. Não me parece necessária neste momento, a indagação. Pela própria 'natureza das coisas' – e, creio, aqui a expressão é aqui tranquilamente aplicável – o método da ponderação não pode deixar de ser um dos elementos firmes da *interconstitucionalidade,* no sentido que acima ficou definido. É este, portanto, um traço comum que une, em qualquer dos lados em que exista, a prática de uma *justiça constitucional.*

No entanto, pelo menos no quadro europeu, a justiça constitucional portuguesa apresenta aspectos *absolutamente singulares.* A singularidade não diz respeito, nem aos métodos interpretativos que utiliza, nem aos problemas de controlo racional que esses mesmos métodos colocam. Sabemos que a aplicação pelos tribunais desta 'técnica de ponderação', por oposição á 'técnica de subsunção', coloca problemas metodológicos novos, e difíceis, à ciência do direito. Por causa disso, muitos já disseram que essa mesma ciência teria entrado agora numa fase 'pós-positiva'. Não me alongo na análise desta qualificação e na dicussão da vasta gama de problemas que ela evoca. O que me interessa salientar é apenas o seguinte.

A *absoluta singularidade* da justiçaconstitucional portuguesa encontra-se, não nos métodos que emprega – que, pela 'natureza das coisas' serão os mesmos que são utilizados pelas outras jurisprudências – mas no seu enquadramento organizativo e institucional. Somos neste momento o único país da Europa que, tendo instituído um Tribunal Constitucional, instituiu também um sistema de controlo concreto de normas que pressupõe a aplicação do modelo americano da *judicial review.* O nosso sistema de justiça constitucional é diferente de todos os outros – de todos os outros, insisto, no quadro europeu: creio que há sistemas da América Latina que são como o nosso – porque, ao invés de incluir, no controlo concreto, o incidente da suspensão de instância, atribui ao juiz da jurisdição comum o poder-dever de julgar a questão da constitucionalidade das normas, funcionando o Tribunal Constitucional, nestes casos, como Tribunal de última instância através do sistema de recursos. A diferença é bem conhecida, e por isso me não vou deter na sua descrição. Só gostaria de sublinhar o seguinte. Com a entrada em vigor das novas constituições democráticas da Europa central e de Leste, escritas na década de 90, esta absoluta singularidade europeia do modelo português acentuou-se ainda mais. Que eu saiba, entre os novos membros da União (e para contar apenas com eles) – Eslováquia, Eslovénia, Estónia, Hungria, Letónia, Lituânia, Polónia e República Checa – só a Estónia não instituiu um Tribunal Constitucional, tendo preferido conferir a competência do controlo de constitucionalidade das leis e de outros actos normativos ao Tribunal Supremo da ordem comum. Em todos os outros casos, em que se instituiram Tribunais Constitucionais, o modelo seguido não foi o nosso. O que se adoptou foi o modelo de suspensão de instância, com ou sem queixas constitucionais.

III

A questão central que a nós, portugueses, nos deve ocupar é a de saber se esta absoluta singularidade europeia do nosso modelo de justiça constitucional interessa. Vale a pena discuti-la?

Há, neste momento, uma jovem e relevante literatura – por exemplo, em Espanha[2], mas também já cá, em Portugal[3] – que diz que não. Que diz que a absoluta singularidade do caso português não é assim tão absoluta, nem tão singular, pelo que não vale a pena estar agora a discutir a questão. E isto porque – é o que se sustenta – os *resultados práticos de um ou outro modelo acabam no essencial por ser iguais*. Quer haja suspensão de instância, com queixas constitucionais – que é o modelo comum na Europa (mas não em Itália, onde não há queixas) – quer haja sistema de recursos, como em Portugal, as consequências do modo de funcionamento do sistema para a vida quotidiana dos Tribunais não são assim tão importantes. E há até quem diga que a opção portuguesa é mais transparente, corresponde mais à realidade das coisas.

Quem o afirma sustenta-se, basicamente, em três ordens de argumentos.

O primeiro argumento parte da análise da razão profunda que justifica o modelo generalizado de suspensão de instância. O segundo argumento diz que esta razão acaba por se não verificar, na prática, mesmo que não haja queixas constitucionais. O terceiro argumento diz que esta não verificação se acentua, a partir do momento em que, para além da suspensão da instância, se instituem também mecanismos de recursos de amparo ou queixas constitucionais. Passo a analisar cada um destes argumentos.

Primeiro. O que é justifica, verdadeiramente, o sistema de supensão da instância? Bom, o que se diz aqui éo seguinte – e toda a gente estará de acordo.

---

[2] Marian Ahumada Ruiz, *La Jurisdición Constitucional em Europa,* Navarra/Madrid, Thomson Civitas, 2005.
[3] Carlos Blanco de Morais, *Justiça Constitucional.* II, Coimbra, Coimbra Editora, 2006.

O que justifica este sistema é antes do mais uma razão de segurança jurídica. Como estão aqui em causa duas competências jurisdicionais substancialmente diferentes – a saber: a de administrar a justiça em matérias de natureza jurídico-constitucional, e o de administrar a justiça em *matérias de outra natureza* – deve haver uma repartição clara de competências, feita a título de monopólio, entre quem detém a primeira e quem detém a segunda. Como interpretar a Constituição (e já o vimos, com exemplos concretos) não é o mesmo que interpretar outras normas, a tarefa de interpretação da constituição deve ser atribuídas, em termos de monopólio, ao Tribunal Constitucional e só a ele. A tarefa geral de administração da justiça em todos os outros casos – em que, como diz a constituição portuguesa, se assegura a defesa dos direitos e interesses legalmente protegidos dos cidadãos, se reprime a violação da legalidade democrática e se dirimem os conflitos de interesses públicos e privados – deve ser atribuída, a título de monopólio, aos outros tribunais. Quer isto dizer: nem os juízes constitucionais devem ter competência para administrar a justiça comum nem os juízes comuns devem ter competência para decidir sobre o que é que diz a constituição. A segurança (mas também razões que se relacionam com o princípio democrático) fazem com que assim seja, com que assim deva ser.

Segundo argumento. Há quem diga, e admito com alguma razão, que isto se não passa nunca assim, na prática, com o sistema de suspensão de instância. O regime de admissão do incidente pode variar muito, de caso para caso, mas a verdade é que o seu funcionamento prático não pode deixar de conferir ao juiz comum *algum poder (e algum poder relevante)* de interpretação da constituição. O esquema do duplo monopólio, na verdade, é só um esquema teórico. Basta que haja controlo concreto de normas – e basta que este seja, como é sempre e naturalmente, o principal meio de actuação da justiça constitucional e o principal instrumento pelo qual a constituição se transforma em realidade tangível na vida quotidiana – para que *não haja verdadeiramente um monopólio de intepretação por parte do Tribunal Constitucional*. A sociedade dos intérpretes da constituição é, à partida – e inelutavelmente – uma sociedade aberta, pelo menos a todos os juízes.

Terceiro argumento. Sempre que, para além do sistema de suspensão de instância, se instituem também os meios de queixas constitucionais ou de recursos de amparo, para defesa dos direitos fundamentais, a ideia do duplo monopólio *é desmentida na prática por outro lado*. É que nesses casos, o juiz constitucional não pode deixar de ser um juiz da justiça comum, isto é, não pode deixar de controlar a forma como os outros tribunais "asseguraram a defesa dos direitos e interesses", "reprimiram a violação da legalidade democrática"; "dirimiram [os] conflitos de interesses públicos e privados". É certo que, quando aqui o faz, o faz *sub specie constittiones*. Mas não deixa de o fazer.

Resumindo. Interessa a singularidade portuguesa? Será ela assim importante? Vale a pena discuti-la? Quem diz que não sustenta-se, afinal, no seguinte grande argumento. Na prática, não há grande diferença entre a *quasi judicial review que existe em Portugal* e o *sistema concentrado, de duplo monpólio, que existe em todos os outros restantes sistemas europeus*. No seu funcionamento efectivo, os dois modelos aproximam-se. E isto porque a ideia do duplo monopólio nunca se concretiza. Aí onde há controlo concreto com suspensão de instância não pode deixar de haver *algum grau de intepretação da constituição por parte dos juízes comuns*. Aí onde, para além disso, há queixas constitucionais ou recursos de amparo, também não pode deixar de haver *algum grau de particiapção dos juízes constituiconais na administração da justiça comum*. Estando assima as coisas – há quem o diga, e já ouvi Pedro Cruz dizê-lo, com toda a sua aautoridade – o modelo português acaba por ser mais sincero, porque mais conforme com aquilo que verdadeiramente se passa.

Vou concluir, e concluo da seguinte maneira.

Tenho grandes dúvidas que assim seja, e que não valha a pena discutir a singularidade do modelo português. Parece-me tudo menos claro que este modelo não mereça qualquer avaliação.

O debate sobre os seus méritos e deméritos pode, creio, ser feito a partir de muitos pontos de vista.
Elejo agora apenas um desses pontos de vista – aquele que me ocupou ao longo desta intervenção e que diz respeito à *especificadade de métodos interpretativos que integram a razão de ser profunda de uma justiça constitucional*. Técnica de ponderação em vez de técnica de susbsunção. Como disse, e toda a gente o sabe, para as nossas culturas, de matriz europeia continental – e de passado de estrita legalidade – estas técnicas interpretativas, próprias da constituição, são novas. Requerem por isso uma nova cultura de fundamentação e de argumentação. A jurisprudência constitucional actualiza e concretiza a constituição. Sabemos o que ela quer dizer não apenas pelo enunciado linguístico do seu texto, mas também, e sobretudo, pela forma como se vai interpretando – e interpretando, antes do mais, por via jurisprudencial – o enunciado do texto, que assim se vivifica em norma. Este 'facto' coloca duas novas demandas aos sistemas juídicos em que ele se verifica. A primeira é de ordem

epistémica. Como se não sabe o que é a que constituição quer dizer se se não souber – e bem – o que é que a sua interpretação jurisprudencial diz que ela quer dizer, o que é antes do mais necessário é que essa jurisprudência seja conhecida e conhecível. A segunda demanada é de ordem dogmática. Como essa jurispruência utiliza, inevitavelmente, técnicas novas de argumentação e interpretação, é necessário que a comunidade dos juristas desenvolva uma cultura de controlo crítico, racional, dessas mesmas técnicas. A pergunta que faço é a seguinte. O modelo organizatório e institucional da justiça constitucional portuguesa, com o seu sistema de recursos – e com a abundância de decisões de caso concreto, que nascem do caso concreto e que morrem nele – favorece a divulgação deste conhecimento? Favorece a divulgação do seu controlo crítico?

Deixo lançada a pergunta.

Constitution and Fundamental Rights in Hungary. Rights-restrictions in Transition and Emergency

Gábor Halmai[*]

Constitutional "revolution"

In 1989-90, when the communist system changed in Eastern and Central Europe, including the countries of the former Soviet-Union, in almost all of these countries, new constitutions were enacted and separate constitutional courts were established. Latvia was the only state in post-communist Europe to return to independence while retaining its pre-World War II constitution of 1922.[1] The different forms of constitution-making that took place in the early 1990s can be understood as expressions of these countries' will to rid themselves of the past and enter a new era. In countries such as Estonia, Latvia and Lithuania, the constitution was evidently regarded as an instrument of transformation of their status from having been Soviet republics.

Born in the aftermath of totalitarian regimes, all of the post-communist countries, have chosen the "Austrian-German" model of constitutional review[2] with one centralized body. The Austrian constitutional court set up in 1868 was the first to operate. From 1920 onward it also had the power to revise acts of parliament. The constitutional courts of Germany and Italy, and later those of Spain and Portugal, set up after World War II, were also patterned after the model of the Austrian one, and were invested with clearly political competencies in order to control and balance the legislative branch, due to bitter experiences with previous dictatorial regimes. The only post-communist country not following the European model is Estonia, which has a system of abstract review of legislation practiced by a special chamber of the Supreme Court.[3]

---

[*] Professor da Faculdade de Direito da Széchenyi István University, Györ, Hungria.

[1] See Eivind Smith, ed., *The Constitution as an Instrument of Change*, SNS Förlag 2003. p. 87.

[2] *See* Louis Favoreu, *Constitutional Review in Europe, in Constutitonalism and Rights: The Influence of the United States Constitution Abroad*, Louis Henkin and Albert J. Rosenthal eds., 1990.

[3] According to Rait Maruste, former president of the Estonian Supreme Court, this choice was not a matter of following the decentralized US model of judicial review used by Norway, Denmark and Sweden, but must be seen rather as a consequence of the legal tradition of posi-

Hungary has chosen its own unique method of constitution-making, keeping the title of the Hungarian Constitution as Act No. 20 of 1949, but radically changing its content in a process of comprehensive amendment in 1989. The concepts of how to reform the Stalinist Constitution of 1949 took shape during the negotiations of the National Round Table, in which members of the Opposition Round Table (EKA) and representatives of the Communist party participated. After the negotiations, the illegitimate Parliament had nothing to do but to rubber-stamp the amendments, which entered into effect on the day of anniversary of the 1956 revolution, that is to say, on the 23rd October 1989. Notwithstanding a few modifications, this comprehensive amendment has been the fundamental document of the constitutional "change of system" ever since. The minutes of the EKA and the National Round Table negotiations allow us to have a more accurate understanding of the intentions of the "founding fathers" and to contemplate their realization of modification. There were several reasons why they decided not to wait for the constitution to be drafted by a new, democratically elected Parliament. Both the State party and the opposition were motivated by the fear that they would lose in the first elections. Neither side wanted to leave the formation of the new constitutional system to the new parliament in the transition because they had no way of knowing how they would be represented in it. Thus the amendments of 1989 granted new content to the old form of 1949. Notwithstanding its totalitarian skeleton, this constitution may still be called a document that shapes the rule of law. The Hungarian approach to "constitution-making" was criticized by Bruce A. Ackerman.[4] According to him, there would have been a possibility, and indeed a need, for the adoption of a new constitution in Hungary at the beginning of the political transition, which would have solved the legitimacy deficit of the "system change", similar to what was done with respect to the German Basic Law (Grundgesetz) of 1949. After more than fifteen years the question remains whether the consolidated constitutional regime in Hungary, which seems to work, needs another constitution, or as Ackerman argues, the window of opportunity is already closed.

The Hungarian Constitutional Court also followed the Austrian-German model of constitutional review. During a visit to Budapest, former German

---

tivism, and the need for compromise, as well as considerations of a practical-financial nature. It was necessary that the institutional apparatus not be too complicated and expensive, given the size of the state. See E. Smith, ed., p. 150.

[4] *The Future of Liberal Revolution,* New Haven, 1992. See also *"Presidents should not be authorised to declare an emergency on their own authority".* Interview with Bruce Ackerman by Gábor Halmai. Fundamentum 2005. English edition, pp. 49-56.

Constitutional Court President and later President of the Republic, Roman Herzog stated that while the Spanish and Portuguise Constitutional Court established in the 70s, can be treated as daugther of the German Court, the Hungarian one is the granddaugther. The Hungarian Court has exceptionally broad jurisdiction, even from a standpoint of international comparison. The most important capacity possessed by the Court is that of regressive abstract norm control – the ability to review laws for constitutionality on the basis of a facial challenge to a law after it has been promulgated. The need to systematically review the constitutionality of the surviving elements of the old legal system that exist in parallel with the revived constitution has made this the main function of the Hungarian Constitutional Court. Regressive norm control can be initiated by anyone, even if they are not affected by the regulation in question. So the unique method of the Hungarian Constitutional Court has made the citizens participants in the process of the transformation of the old legal system. Anyone can draw the attention of the Court to a potentially unconstitutional law and the Court must examine any such claim. Such "popular actions" have led to several decisions by the Constitutional Court that have influenced decisively the organs of the state and, still more, the exercise of fundamental human rights. It was in the wake of such popular motions that the death penalty was abolished, and the prohibition of abortion was declared unconstitutional. In such a motion, the petitioner can suggest the full or partial nullification of the legal regulation or statute challenged. By such an *actio popularis*, anyone (not only Hungarian citizens) can challenge any statute or even administrative regulations such as, for example, ministerial decrees. Regressive norm control can be initiated also by ordinary court judges. An ordinary court judge can suspend the case and initiate proceedings before the Constitutional Court in any case pending before her, if she considers the legal provision to be applied in the case unconstitutional.

The first nine-year cycle of the Hungarian Constitutional Court's proceedings came to an end in 1999. These nine years will enter into not only Hungarian political and public law history as the era of the Sólyom Court, but – and what is at least as important to a genuine constitutional judge/court – into legal textbooks as well. Judge László Sólyom was the president of the court during this time, and the Court's jurisprudence and style very much reflected his leadership.[5]

---

[5] This era is the topic of many books. Catherine Dupré's is one of the latest among them (*Importing the Law in Post-Communist Transitions*. Hart Publishing, 2003). Noteworthy among comparative studies in recent years are the books of Herman Schwartz (*The Struggle for Cons-*

Gábor Halmai
Law Importation by the Hungarian Constitutional Court

Especially the jurisprudence of the Hungarian Constitutional Court concerning the right to human dignity demonstrates a clear example of importation from a foreign source, namely, German constitutional law. Law importation is a deliberate strategy by the Hungarian Constitutional Court, which merely designates the law of a foreign legal system without being bound by it in the same way as when a foreign law is incorporated, or international law ratified. The judges first carefully chose the German as a suitable model, and than instrumentalised it through a very activist interpretation of the Hungarian constitution. On that basis, the Court developed its own, autonomous concept of human dignity.

The first sign of this active instrumentalisation was the 8/1990. (IV.23.) AB ruling. This decision judged unconstitutional the pre-transition regulation of the Labor Code, which empowers labor unions to represent workers – even if they are not union members and perhaps even against their expressed will – without their separate power of attorney. The basis for nullifying this regulation was the principle of human dignity in the Constitution, which the Constitutional Justices (on the recommendation of Sólyom as the presenting Justice in the case) declared to be an expression of "the general rights of individuals." This right, which does not appear in the Constitution, is according to Sólyom's view, "carved out" from the right to human dignity, a "birthright;" namely, it is a subsidiary of such a fundamental right that the Constitutional Court as well as all the courts in every instance can cite it in defense of individual autonomy if none of the specifically named fundamental laws apply to the case in question. Next, the Justices determined in ruling 57/1991.(XI.8.) AB that "the right to self-identity and self-determination is part of the 'gene-

---

titutional Justice in Post-Communist Europe. Chicago, 2000), dealing with Poland, Hungary, Russia, Bulgaria and Slovakia), Radoslav Procházka (*Mission Accomplished on Founding Constitutional Adjudication in Central Europe.* Budapest, New York, 2002), discussing Poland, Hungary, the Czech and the Slovak Republic, and the volume edited by Wojciech Sadurski (*Constitutional Justice, East and West.* The Hague – London – New York. 2003) containing contributions on the US, Canada, Germany, France, Italy on the one, and Hungary, Slovenia, Bulgaria, Poland, Romania, Russia, Ukraine, Slovakia, the Czech Republic and Lithuania on the other. The Hungarian Constitutional Court alone has been the subject of two English-language books, one edited by László Sólyom and Georg Brunner (*Constitutional Judiciary in a New Democracy: the Hungarian Constitutional Court.* Ann Arbor, 2000), and another by this author (*Constitution Found? The First Decade of Hungarian Constitutional Review on Fundamental Rights.* The Netherlands, 2002) ral rights of individuals.'" Further, this right includes everyone's most personal right to discover their parentage. The following year, decision 22/1992. (IV.10) AB declared unconstitutional the requirement that enlisted officers request permission from their superiors to marry, on the basis that the right to marry, as part of the right to self-determination, is such a fundamental right that it stands under Constitutional guardianship.

Relying on law importation to develop its case law in the transitional period the Hungarian Constitutional Court discovered new rights in the wake of human dignity and the general personality rights. The main characteristic of this imported law is that it is between natural law and globalization, or more precisely "not global but German" as one could characterize the particular nature of Hungarian law importation. The discourse on law importation can be likened to a modern form of natural law.

In her book on importing the law, Catherine Dupré tries to answer the question: does law importation work? Her short answer is yes, because it has enabled the Hungarian Court

a) to lay down the foundations of the constitutional order on liberal principles,
b) to add a number of important constitutional rights to the existing constitution in order to protect individual autonomy,
c) to filter out from the legal order some of the most significant characteristics of communist law.

In less than 10 years, the Hungarian Constitutional Court has achieved a standard protection of rights similar to that existing in the older democracies.

Catherine Dupré's long answer however is: caution and vulnerability. As regards to the general social situation she rightly observes waning enthusiasm for the West, and wide-spread disillusionment with the transition, which led also in Hungary to the election of successors of the communist party. This proves that law importation's success depends on a number of factors over which the elite importers have little control, such as economic prosperity, the renewal of élites, and wide-spread retraining of the legal community. In Germany the general courts are quite sensitive to constitutional issues, this is still not the case in Hungary, and other East-Central European countries. This means that the importation of a particular right into constitutional case law can only be the first step, the second one would be to bring the ordinary judiciary into the line with the constitutional courts.

As we have seen, the Constitutional Court of Hungary has exceptionally broad scope for declaring laws unconstitutional. This is the Kelsenian approach of negative legislation by a constitutional court. In contrast with this broad power, however, it has almost no power to review and annul court decisions or other specific interpretations of law in the context of concrete decisions. The activity of the Hungarian Constitutional Court centers not so much around the review of cases and controversies but rather around the abstract review of legislative provisions. This is why the Hungarian Constitutional Court cannot really be characterized as part of the judiciary, and could not influence the jurisprudence of the ordinary courts.

According to the original law that outlined the Court's jurisdiction, the most important competence of the Court is regressive abstract norm control. The need to systematically review the constitutionality of the surviving elements of the old legal system existing parallel with the renewed constitution has made this the main function of the Hungarian Constitutional Court in its first decade. But in my view, after almost seventeen years since the beginning of the transition, it is high time to reconstruct the Court to be more like an ordinary court than an upper chamber of the Parliament, which it currently resembles. One could prefer real German model of constitutional review, whereby the vast majority of cases that the Court deals with are about unconstitutional applications of laws, as opposed to unconstitutional laws seen in the abstract. Now that the work of building a new legal system, through the importation from the German law by the Constitutional Court, is largely completed, the Court should move away from its initial task of harmonizing laws with a new constitution and proceed to the business common in other established constitutional democracies of ensuring that those who make decisions about the lives of citizens also follow constitutional principles in their exercise of official power.

But another alternative to the Constitutional Court's decision making in the sphere of fundamental human rights is that these cases should be tried by the ordinary courts as stipulated by Article 70/K of the constitution, instead of coming to a revised Constitutional Court. This would require extensive new training of the judges in the ordinary courts. Even though the new constitution has been in effect for more than 16 years now, it is still the case that most ordinary court judges see no relationship between the constitution and their everyday practices of deciding cases. The problem with this latter suggestion is that Hungarian ordinary courts have not exercised judicial review even though they are authorized to do so in limited ways.

In my opinion, it would, therefore, be the best solution to invest the Constitutional Court with jurisdiction as regards the real constitutional complaint. In those cases, the decisions would not be limited to cases where the regulations forming the basis of the challenged administrative or judicial decisions are deemed unconstitutional, and the activity of the Constitutional Court would come closer to the activity of the regular courts because the Constitutional Court would be able to ensure that the constitution is followed in concrete cases.

Such a change would be justified not only by the need to strengthen jurisdiction in the field of fundamental rights but also by the fact that a Constitutional Court based primarily on abstract review will not stand the test of time. When reviewing an old legal system that existed in parallel with the new constitution, it was justified to set up a system like that and even complement it with the institution of popular action. However, once the old legal system is reconciled with the new constitutional regulations and principles the Hungarian system can also change over to a norm control based on cases and controversies. Such a change would mean that the Hungarian legal "transition" is over and the period of a consolidated constitutional democracy has begun.

Rights-restrictions in transition

The Court with its jurisdiction very clearly answered the general question, whether there exists a special, lower standard of freedom allowing for more restriction in transition countries. One theoretical answer to this question was given by Richard A. Posner, judge of the US Court Appeals for the Seventh Circuit, and Professor at the University of Chicago Law School at a conference on economic perspectives with regard to basic rights held in Budapest in 1995.[6] Posner warns the East European new democracies to proceed in a very cautious way with liberal rights. It may be counterproductive, he intimates, for post-communist societies in transition to "accord a high priority to securing all the negative liberties. Perhaps those liberties differ greatly in their value to a poor society". More specifically, while "the protection of property rights and of basic political rights is very important", it would be bad strategy to "attach similar importance to the following rights: to protection from

---

[6] See, Richard A. POSNER, *The Cost of Enforcing Legal Rights*. East European Constitutional Review, Vol. 4, No 3, (Summer 1995), pp. 71-83.

police brutality in pre-trial detention, to protection from custodial abuse in public psychiatric hospitals, and to the provision of competent defence attorneys to indigent criminal defendants". János Kis, in his critique, calls this Judge Posner's priority thesis.[7] One of the arguments Judge Posner marshals in support of his priority thesis is his well-known cost-benefit analysis, but he also offers another argument that is based on historical observations. It would not be wise for the new democracies of Eastern Europe to copy the system of rights recognized today in the United States, he says, because these are not "rights semper et ubique, but are rather the culmination of a specific historical process".

The sign of a similar general regularity in the sequencing of legal evolution can be detected in the measures, which the Czech legislature took immediately after the collapse of Communism to criminalize the support or propagation of totalitarian (or exclusive) ideologies. The law was directed against movements that advocated the suppression of citizens' rights and freedoms; Nazism and Communism were named in brackets in the text of the law. This approach was presumably justified in view of the Communist legacy. The Act on the Era of Non-freedom declared that, "in the years from 1948 to 1989, the communist regime violated human rights as well as its own laws".[8] The Czech Constitutional Court found that "under these circumstances, it is justifiable to prevent by means of criminal law the support and propagation of movements that would seek once again to suppress citizens' rights and freedoms".[9] The Czech Constitutional Court upheld the law, which was found to serve pluralism.

Another basic question confronting all transitional governments is whether to undertake the prosecution of the leaders of the ousted regime for the abuses they inflicted upon the nation. When a decision is made to prosecute, the desire to use criminal sanctions may run directly counter to principles of a democratic legal order, such as ex post facto and nulla poena sine lege, barring the prosecution of anyone for an act which was not criminal at the time it was committed. Some of the worst violations of human rights were crimes under the old system, but they obviously were not prosecuted. If the statute of limitations for these crimes has already elapsed by the time of the transition,

---

[7] See Janos KIS, *From Costs and Benefits to Fairness: A Response to Richard Posner*. Ibidem, pp. 84-87.

[8] Act No. 480/1991 Sb.

[9] E.g. ÚS 5/92.

can the new authorities still hold the perpetrators accountable for their deeds? In both Hungary and the Czech Republic, post-communist legislators argued that since these crimes, particularly those committed to suppress dissent, in 1956 and 1968 respectively, had not been prosecuted for entirely political reasons, it was legitimate to hold that the statute of limitations had not been in effect during the earlier period. Now, freed of political obstacles to justice, the statutory period for these crimes could begin anew, enabling the new authorities to prosecute these decades-old crimes. Legislation was adopted accordingly. In both countries, the matter was put to the newly created constitutional court for review. Each court handed down a decision, which eloquently addressed the need to view the question of legacy and accountability in the context of the new democracy's commitment to the rule of law. On the basis – with plainly similar fact patterns – the Czech constitutional court upheld the re-running of the statute of limitations for the crimes of the old regime as a requirement of justice, while the Hungarian court struck down the measure for violating the principle of the rule of law.

In Hungary the first elected parliament passed a law concerning the prosecution of criminal offences committed between December 21st, 1944 and May 2nd, 1990. The law provided that the statute of limitations start over again as of May 2, 1990 (the date that the first elected parliament took office) for the crimes of treason, voluntary manslaughter, and the infliction of bodily harm resulting in death – but only in those cases where the "state's failure to prosecute said offences was based on political reasons". The President of Hungary, Árpád Göncz, did not sign the bill but instead referred it to the Constitutional Court.

The Constitutional Court in its unanimous decision, 11/1992. (III. 5.) AB, struck down the parliament's attempt at retroactive justice as unconstitutional for most of the reasons that Göncz's petition identified. The court said that the proposed law violated legal security, a principle that should be guaranteed as fundamental in a constitutional rule-of-law state. In addition, the language of the law was vague (because, among other things, "political reasons" had changed so much over the long time frame covered by the law and the crimes themselves had changed definition during that time as well). The basic principles of criminal law – that there shall be no punishment without a crime and no crime without a law – were clearly violated by retroactively changing the statute of limitations; the only sorts of changes in the law that may apply retroactively, the court said, are those changes that work to the benefit of the defendants. Citing the constitutional provisions that Hungary is a constitutional rule-of-law state and that there can be no punishment without a valid law in effect at the time, the court declared the law to be unconstitutional.[10]

The Constitutional Court of the Czech Republic in its decision of December 21st, 1993 on the Act on the Illegality of the Communist Regime rejecting the challenge filed by a group of deputies in the Czech Parliament upheld a statute suspending limitations periods between 1948 and 1989 for criminal acts not prosecuted for "political reasons incompatible with the basic principles of the legal order of a democratic State".[11] The Czech decision permitting suspension of the limitations period relied, in part, on the decision of the German Federal Constitutional Court from November 12, 1996, in which the Court upheld the convictions of former German Democratic Republic (GDR) officials who had helped hand down the shoot-on-sight policy that resulted in the death of 260 people trying to cross the border between East and West Germany, or East and West Berlin, between 1949 and 1989. It rejected the defence argument that the German constitution's provision that "[a]n act may be punishable only if it constituted a criminal offence under the law before the act was committed", Basic Law article 103, para. 2, prohibited such prosecutions. This article, the Court found, did not apply to a case such as this where a state (the GDR) had used its law to try to authorize clear violations of generally recognized human rights.

In the newly unified Germany, the trial of the border guards for shootings at the Berlin Wall offers another illustration of the question, formulated by the Hungarian constitutional judges, as to whether "the certainty of the law based on formal and objective principles is more important than necessarily partial and subjective justice". The Border Protections Law of the former GDR authorized soldiers to shoot in response to "acts[s] of unlawful border crossing". Such acts were very broadly defined and included border crossings attempted by two people together or those committed with "particular intensity". The custom at the border was to enforce the law strictly: supervisors emphasized that "breach of the border should be prevented at all costs". The German trial

---

[10] The English language translation of the decision has been published in László SÓLYOM – Georg BRUNNER, *Constitutional Judiciary in a New Democracy: The Hungarian Constitutional Court*, Ann Arbor: The University of Michigan Press, 2000, pp. 214-228. (Hereafter, this book will be abreviated as SÓLYOM/BRUNNER.)

[11] English translation is in *The Dilemmas of Transitional Justice: How Emerging Democracies Reckon with Former Regimes. Vol. III. Laws, Rulings, and Reports* (ed. Neil J. KRITZ). Washington, DC.: US Institute of Peace Press, pp. 620-627.

courts relied on precedents of the Federal Constitutional Court elevating the principle of material justice over the principle of the certainty of the law in special circumstances.

Thus, the Hungarian court, on the one hand, and the Czech and German courts, on the other, formulated the dilemma in a similar manner, but came down on opposite sides: the Hungarian court interpreted the rule of law to require certainty, whereas the Czech and German courts interpreted it to require substantive justice.[12]

The rights-restrictive attitude of the Czech Constitutional Court was confirmed in the Rekvényi decision[13] of the European Court of Human Rights (ECt.HR) in the context of the restriction of the right of association and freedom of speech. The origins of this position stem from a minority position of some of the members of the European Commission of Human Rights, which, at that time, was responsible for referring complaints to the ECtHR. In the Castells case,[14] the commissioners considered Spain, in 1979, to be undergoing a period of "transition to democracy". The dissenters, who called Senator Castells "a known political representative of Basque extremism", believed that the criminalization of the speech in question would have served to prevent disorder in 1979, which was a couple of years after the end of the dictatorship.

Contrary to the majority opinion in the Rekvényi and to the dissenters' assumptions in Castells, the Hungarian Constitutional Court explained in its decision 30/1992, which declared the defamation provision of the Criminal Code to be unconstitutional, that although the "unavoidable social tensions of system-change" (i.e. the post-1989 political-economic transition) notably

---

[12] The dilemma of successor justice faced by these courts forms part of a rich dialogue on the nature of law; H.L.A. Hart and Lon Fuller's debate on transitional justice wrestles with the relationship between law and morality, between positivism and natural law. Defending positivism see H.L.A. HART, "Positivism and the Separation of Law and Morals." *Harvard Law Review* 71, 1958, p. 593. Fuller rejected Hart's abstract formulation of the problem, and instead focused on post-war Germany. Arguing that Hart's opposition to selective tampering elevates rule-of-law considerations over those of substantive criminal justice, Fuller justified tampering to preserve the morality of law. See, Lon L. FULLER, "Positivism and Fidelity to Law: A Reply to Professor Hart." *Harvard Law Review* 71, 1958, p. 630. About the debate see Ruti G. TEITEL, *Transitional Justice*. Oxford: Oxford University Press, 2000, pp. 12-14.
[13] Rekvényi v. Hungary, May 20, 1999. Application No. 25390/94.
[14] Castells v. Spain, April 23, 1992. Application No. 11798/85.

increase the danger of inciting large public audiences to hate certain groups, the particular circumstances of Hungary's recent past does not justify limitation but, rather, more rigorous protection of the freedom of expression: "Political culture and healthy public opinion can be formed only through self-cleansing. [...] Disparagement shall be countered by criticism."

RIGHTS-RESTRICTIONS IN EMERGENCY

Another kind of citing of the historical circumstances of the change of system represents the concept of the German Federal Constitutional Court, which likewise cites historical reasons in reacting to militant threats to democracy by limiting the freedom of expression – namely, Germany's interest in avoiding a repeat of the scenario that followed the collapse of the Weimar Republic. In a 1994 decision concerning a public presentation in which the speaker denied the Holocaust Germany's Federal Constitutional Court declared that while the German Constitution protects opinions without regard to their content and their manner of expression, the protection of publicly delivered assertions of fact hits a dead end at the point where such assertions are incapable of contributing to the formation of democratic opinion and will.[15]

If we reject a rights-restrictive attitude that is based on historical circumstances, or, alternatively, if we argue that after about 15 years of the beginning of the transition these circumstances are no longer relevant, countries in Central and Eastern Europe face the same question as other "old democracies" do: On what basis can fundamental rights be restricted? The most interesting aspect of the question is, whether, in the case of the allowing the shoot-down of a civil aircraft being used by terrorists as a weapon, the right to life of suspected terrorists or of the innocent passengers can also be subject of restriction. While the Hungarian statutory regulation allows the shoot-down of these aircrafts, and the there happened no constitutional review of this statute, the German Federal Constitutional Court in its decision from February 15, 2006 declared a similar law as unconstitutional and null, because it was not compatible with the right to life (Article 2.2 sentence 1 of the Basic Law) in

---

[15] On these grounds, the Constitution does not protect assertions of fact known by the one making the assertion to be false or which can be proven false. Germany's Federal Constitutional Court considers the so-called "Auschwitz lie" to be an assertion of this sort, which, in the judgement of the Court, has been proven false. *Beschluss des Ersten Senats vom* 13.4. 1994. *Europäische Grundrechte Zeitschrift*, 17-18/1994, pp. 448-452.

conjunction with the guarantee of human dignity (Article 1.1 of the Basic Law) to the extent that the use of armed force affects persons on board the aircraft who are not participants in the crime.

Another relevant question that is not dealt with here has to do with whether or not constitutional democracies can accept any exception for the prohibition of torture – in order to force terrorists to reveal plans that threaten the lives of others for example.[16] In this respect, too, German courts seems not to allow any exeption.[17]

With regard to the basis of the legitimate restriction of rights, one can explore the notion of what Sanford Levinson termed a "right to security" that serves as the predicate for the State's limiting a variety of traditional rights, especially during times of perceived "emergencies". According to Levinson, such "right" would be drawn from some Hobbesian notion that the basic duty of the state is to protect its citizens against the threat of attack or a general economic collapse.[18] Giorgio Agamben mentions another means of justification in his book on State of Exception – referring to Santo Romano – where he defines emergency as a subjective right of the State.[19]

The other question is whether the most important fundamental rights, such as the right to life and the right to human dignity, which are treated in most of the modern constitutions, including those of Central and East European states as absolute rights, can be limited in emergency situations in order to guarantee public order and security. One of the characteristics of this region is that all of the constitutional courts have dealt with the "hard cases" of the right to life and to human dignity, and in four of these countries (Hungary, Lithuania, Ukraine, and Albania) the death penalty was abolished by the national constitutional courts.

---

[16] In the legal literature see Alan M. DERSHOWITZ, *Why Terrorism Works – Understanding the Threat, Responding to the Challenge*. New Haven – London: Yale University Press, 2002; Winfried BRUGGER, "May Government Ever Use Torture? Two Responses From German Law." *American Journal of Comparative Law* 48 (2000).

[17] See the case of Wolfgang Daschner decided by the Frankfurter Landgericht in 20 December, 2004.

[18] See Sanford LEVINSON, *Constitutional Norms in a State of Permanent Emergency*. Paper delivered on 28 March, 2005 as the Sibley Lecture at the University of Georgia Law School, p. 1. The Hungarian translation was published in *Fundamentum*, 3/2005.

[19] See Giorgio AGAMBEN, *Ausnahmezustand*. Frankfurt am Main: Suhrkamp, 2004, p. 40.

The Hungarian Constitutional Court took the lead with its decision 23/1990, which abolished the death penalty.[20] In this decision, the justices defined human dignity as an absolute concept that constitutes a unity with the right to life. With regard to the absolute nature of these two rights, the justices of the Court undeniably went further than their German masters. In claiming that the justices focused exclusively on human dignity and failed to pay due regard to the need of the society to retaliate, one can raise a communitarian argument against the liberal decision.[21] In addition, protecting the right to life and to human dignity were the reasons that the Lithuanian Constitutional Court abolished the death penalty in 1998, and that their Ukrainian and Albanian colleagues did so in 1999. The Lithuanian decision emphasized the protection of the absolute character of the right to life, as well as the constitutional provisions on prohibition of torture, and cruel treatment and punishment degrading human dignity.[22] The Ukrainian Constitutional Court stated that, "the right to life as inalienable right is an inseparable part of human dignity".[23] The Albanian constitutional judges did not treat the right to life as an absolute right, but declared the use of capital punishment in peacetime as an arbitrary restriction.[24]

The Hungarian Constitutional Court, during its one and half decade long jurisprudence, has come a long way in the interpretation of the right to life and human dignity. As we have seen, this jurisprudence began with the concept of the indivisibility and absolute nature of these two rights in decision on the unconstitutionality of capital punishment. The jurisprudence continued when the state acknowledged that the state's acceptance of the deprivation of life can be justified only when a choice has to be made between human lives in the abortion cases; in other cases the institutional duty of the state to pro-

---

[20] See English translation of the decision in SÓLYOM/BRUNNER, pp. 118-138.

[21] At the same time, if we examine the opinions of the justices voting with the majority for the abolishing of death penalty, we can observe that several of them dealt with the consequences of the different criminal theories on death penalty. These arguments were left out of the extremely short and concise majority decision and were put into the concurring opinions, because the justices followed different approaches. Justice András Szabó, for example, represented the retributive criminal theory, while Justice János Zlinszky stressed the importance of prevention that cannot be proved in case of death penalty on the basis of scientific achievements.

[22] Case No. 2/98. Judgment of 9 December 1998.

[23] Case No. 11-rp/99. Judgment of 29 December 1999. The Court declared the death penalty as unconstitutional, after which the Ukrainian Parliament annulled it.

[24] Case No. 65. Judgment of 10 December 1999.

tect life can be limited by the mother's right to self-determination, which forms a part of her human dignity. In a decision concerning euthanasia, the Court admitted that deciding on euthanasia is a manifestation of self-determination. At the same time, however, because of the state's institutional duty to protect life, the justices did not consider it as a constitutional requirement to be guaranteed by the legislature.

The Hungarian constitutional judges' latest decision on the policemen's use of firearms delivered in spring 2004 represented a regrettable setback, as the Court found constitutionally permissible the state consent on the deprivation of life in cases where there is no choice between lives.[25] The justices did not consider unconstitutional those cases of using firearms where it is permissible to fire intentionally a shot in order to catch or to prevent the escape of a person who intentionally killed another human. Thus, in these situations the justices made an exception under their rule, namely the earlier commission of a crime does not itself mean a direct threat to lives, and that is why it is not reasonable to endanger the life of the perpetrator.

It seems that in taking this decision, the majority of justices revised the concept of their predecessors on the indivisibility and absolute nature of the right to life and human dignity. This is a bad message to deliver in a world, which is inundated by claims of vendetta between state terror and private terror.[26]

---

[25] 9/2004. (III. 30.) AB

[26] We all remember Jean Charles de Menezes, the 27-year-old Brazilian man, living and working as an electrician, who as an innocent victim was shot dead on July 23, 2005 by the London police in their hunt for the failed suicide bombers targeting the capital two days earlier. See Man shot in terror hunt was innocent young Brazilian. *Observer*, Sunday July 24, 2005.

"CONCRETEZZA" E "ASTRATTEZZA" NEL SISTEMA ITALIANO E NEL SISTEMA PORTOGHESE DI CONTROLLO DI COSTITUZIONALITÀ DELLE LEGGI[1]

ALESSANDRO PIZZORUSSO*

> SOMMARIO: 1. La classificazione dei modelli di controllo della costituzionalità delle leggi: controlli concentrati e diffusi, astratti, concreti e "misti". – 2. I modelli impiegati in Italia e in Portogallo. – 3. Rapporto di pregiudizialità tra questione di costituzionalità e questione e di merito e ricorso al Tribunal constitucional contro le decisioni dei giudici comuni. – 4. Il ruolo del "fatto" rispetto ai limiti di efficacia delle decisioni di incostituzionalità.

1. I giuristi che per primi affrontarono il problema della comparazione dei sistemi di controllo di costituzionalità delle leggi furono soprattutto colpiti dalle differenze che consentivano di contrapporre il sistema "americano", ispirato al celebre paragrafo 78 del *Federalist* ed alla sentenza *Marbury*, al sistema "austriaco" o "europeo", elaborato sulla base dell'analisi di Kelsen e della scuola viennese. Ne derivò la contrapposizione dei sistemi in cui questa funzione era svolta dagli stessi organi che esercitavano le altre funzioni giurisdizionali e l'esame della costituzionalità della legge era compiuta con riferimento ad un concreto "caso" con riferimento al quale essa doveva trovare applicazione a quelli in cui la stessa funzione era affidata ad un organo *ad hoc*, il cui carattere "giurisdizionale" era meno evidente e il controllo di costituzionalità della legge avveniva per lo più in modo indipendente dalla sua applicazione ai casi concreti[2]. Nel casi in cui il controllo aveva carattere "preventivo" (o *a priori*), questa eventualità era anzi addirittura impossibile a verificarsi.

A mano a mano che le esperienze di applicazione pratica di queste tecniche cominciarono a diffondersi e che i materiali giurisprudenziali da analizzare si fecero più abbondanti e complessi, apparve però chiaro come la des-

---

* Professor da Faculdade de Direito da Universidade de Pisa.

[1] Questo studio è destinato alla raccolta di scritti in onore di Giovanni Grottanelli de Santi, titolare della cattedra di Diritto Costituzionale nell'Università di Siena.

[2] M. CAPPELLETTI, *Il controllo giudiziario di costituzionalità delle leggi nel diritto comparato*, Milano, Giuffrè, 1968, p.49 ss.

crizione dei due modelli sopra menzionati, per quanto importante, non poteva risultare sufficiente a inquadrare tutte le forme di controllo di costituzionalità delle leggi che ormai erano all'opera in Europa e nel mondo. Soprattutto a partire dal secondo dopoguerra, quando l'ipotesi di controllo "incidentale" divenne una delle competenze più importanti delle corti costituzionali italiana e tedesca, e successivamente anche di quella spagnola, la possibilità di realizzare forme di commistione fra i due modelli dettero luogo all'inserimento nel catalogo di quelli praticamente funzionanti di alcuni tipi che vennero spesso denominati "misti", in quanto presentavano talune caratteristiche proprie dell'uno e talune proprie dell'altro dei due che fino a quel momento avevano polarizzato l'attenzione degli studiosi.

Ciò portò a mettere in primo piano, più che sull'alternativa fra sistema "diffusi" e sistemi "concentrati", nel senso già indicato, sull'alternativa fra sistemi "concreti" e sistemi "astratti", cioè tra i sistemi che, pur assegnando un ruolo determinante ad un'unica corte operante a livello nazionale, riconducevano il controllo di costituzionalità delle legge al momento della sua applicazione ad una fattispecie portata all'esame di qualunque giudice, anche diverso dal giudice costituzionale (al pari del modello americano), e i sistemi che invece prescindevano da tale rapporto ed esaminavano la legge, o una parte della legge, nella sua portata di documento legislativo applicabile ad una generalità di casi concreti.

L'importanza di questo spostamento deriva dal fatto che l'alternativa fra controllo concreto e controllo astratto mette in evidenza, molto più di quella fra controllo diffuso e controllo concentrato, la differenza che sussiste fra il ruolo che viene ad assumere un giudice – sia esso una corte costituzionale o un giudice "ordinario" – il quale decide una questione di costituzionalità di una legge individuata ai fini della sua applicazione ad una fattispecie già individuata, per lo meno in via ipotetica, e quello che è proprio di un giudice che invece decide la questione con riferimento a qualunque possibile applicazione che la legge possa ricevere (o quanto meno ad una parte di tali applicazioni determinata in via astratta, con riferimento, ad esempio, ad una parte del testo della legge, o a singole "disposizioni" in essa contenute).

Come è ovvio, il primo tipo di compito è strettamente connaturato alla funzione propria del giudice e la decisione che viene adottata nell'esercizio di esso si presta ad essere configurata, oltre che come il contenuto di un effetto di giudicato – con i relativi limiti oggettivi e soggettivi – anche come effetto di precedente, nel senso in cui questo istituto è utilizzato soprattutto nell'ambito della tradizione di *common law*, mentre la decisione che viene adottata nell'ambito di un controllo astratto è molto più vicina alla funzione del legislatore, quale si presenta nell'ambito della tradizione di *civil law*, e, se lo si attribuisce ad un giudice costituzionale, implica sempre qualche non facile problema di adattamento della relativa tecnica.

2. In realtà, la possibilità che si avessero ipotesi di controllo "incidentale", accanto a quella di controllo "principale" anche nell'ambito di un controllo di costituzionalità di tipo austriaco era già stata ammessa negli scritti di Kelsen[3] ed era stata prevista fin dall'inizio dalla Costituzione austriaca quando essa, attribuendo al *Verfassungsgerichtshof* competenze che comportavano il controllo della legalità di regolamenti dei quali occorreva vagliare la conformità non solo alla Costituzione, ma anche alla legge, aveva reso logicamente inevitabile consentire al giudice costituzionale "accentrato" di controllare preliminarmente la costituzionalità della legge che doveva essere usata come parametro della legittimità del regolamento e di qui era sorto appunto un controllo di tipo "incidentale", seppur esercitato da una corte distinta dal sistema dei giudici "ordinari" e non come oggetto principale del giudizio, ma come passaggio logico necessario per arrivare alla decisione di una questione diversa dalla questione di costituzionalità.

Con le costituzioni italiana e tedesca (questa preceduta dalla costituzione del *Land* Baviera) e con la progressiva evoluzione della costituzione austriaca, questa tecnica si era sviluppata e, nel caso italiano (ove l'impiego del ricorso diretto era limitato alle controversie fra Stato e regioni e fra regioni e a pochi altri casi ad esse assimilati) aveva anzi assunto prevalente importanza pratica, assorbendo la maggior parte del lavoro della Corte costituzionale[4] e svolgendo un ruolo determinante soprattutto per l'eliminazione delle leggi anteriori alla Costituzione ed incompatibili con essa che il Parlamento non era capace di correggere o eliminare.

Ciò aveva comportato un grande impegno della dottrina italiana e della stessa Corte costituzionale nel determinare rigorosamente la nozione di "rilevanza" della questione di costituzionalità rispetto al giudizio *a quo*, e questo sforzo interpretativo aveva portato a configurare la rilevanza stessa in base alla nozione di "pregiudizialità"[5] della questione di costituzionalità rispetto ad un'altra questione che dovesse essere affrontata dal giudice *a quo*, anche se tale

---

[3] H. KELSEN, *La garantie juridictionnelle de la Constitution* [in *Revue dr.publ. et sc.pol.*, 1928], trad. it. in *La giustizia costituzionale*, Milano, Giuffrè, 1981, p.p.143 ss., spec.194-195.

[4] Soltanto in quest'ultimo anno, per effetto dell'aumento delle controversie fra Stato e Regioni, il numero delle decisioni della Corte costituzionale italiana pronunciate su ricorsi "in via principale" ha superato quello della decisioni pronunciate a seguito di ordinanze di rimessione "in via incidentale".

[5] M. CAPPELLETTI, *La pregiudizialità costituzionale nel processo civile*, Milano, Giuffrè, 1957, p.4 ss.

valutazione si presentava essenzialmente come una mera previsione, non essendo – nel caso italiano – il giudice *a quo* obbligato a pronunciarsi preliminarmente (né con forza di giudicato, né altrimenti) sulla questione pregiudicata, ma essendo tenuto soltanto a dimostrare l'impossibilità di evitare la questione di costituzionalità ricorrendo ad una "interpretazione adeguatrice" della disposizione cui essa avrebbe dovuto riferirsi, o in altri modi che, secondo le circostanze, apparivano possibili[6].

Dall'accertamento della rilevanza la Corte italiana fece d'altronde dipendere l'ammissibilità della questione, nonostante che essa avesse inizialmente riconosciuto che questa valutazione spettava dal giudice *a quo*, dato che poteva influire sulla decisione della causa pregiudicata, ma l'evoluzione giurisprudenziale in questo senso fu nel complesso irreversibile, nonostante qualche momentanea incertezza (e nonostante le proteste di una parte della dottrina), e questa valutazione fu altresì ritenuta decisiva per determinare l'ambito di vincolatività delle decisioni di accoglimento in giudizi diversi da quello *a quo*, ritenendo cioè vincolante ex art.136, Cost. it., una pronuncia d'incostituzionalità intervenuta su una questione che il giudice *a quo* potrebbe ancora rimettere alla decisione della Corte se questa non l'avesse già decisa (perché non riguardante un "rapporto esaurito", secondo la formula adottata dai giuristi italiani).

L'art.136, Cost. it., comma 1 (per il quale "quando la Corte dichiara l'illegittimità costituzionale di una norma di legge o di un atto avente forza di legge, la norma cessa di avere efficacia dal giorno successivo alla pubblicazione della decisione"), aggiunge infatti, all'efficacia che la decisione d'incostituzionalità naturalmente svolge nell'ambito del giudizio *a quo,* un'efficacia *erga omnes* che corrisponde a quella che, indipendentemente da questa disposizione, costituirebbe l'efficacia di precedente della sentenza d'incostituzionalità e che, in virtù di essa, viene invece trasformata in un'efficacia normativa generale (grosso simile a quella di una legge abrogativa capace di influire su tutti i rapporti non esauriti – e quindi dotata di un corrispondente grado di retroattività) che si aggiunge all'efficacia che il giudicato costituzionale ha nel processo *a quo*[7].

Il complesso di caratteristiche del sistema italiano di controllo incidentale di costituzionalità delle leggi che ho cercato di descrivere sommariamente

---

[6] Cfr. Th. Di Manno, *Le juge constitutionnel et la technique des décisions "interprétatives" en France et en Italie*, Paris-Aix en Provence, Economica-PUAM, 1997; F.J. Diaz Revorio, *Las sentencias interpretativas del Tribunal constitucional*, Editorial Lex Nova, Valladolid, 2001; G. Sorrenti, *L'interpretazione conforme a Costituzione*, Milano, Giuffrè, 2006, ed ivi ulteriori riferimenti.

[7] F. Dal Canto, *Il giudicato costituzionale nel giudizio sulle leggi*, Torino, Giappichelli, 2002.

mediante le osservazioni svolte fin qui sono quelle che hanno indotto i comparatisti a qualificarlo come un sistema "misto" onde distinguerlo dai due sistema originari, americano ed austriaco. Esso si presenta dunque come un sistema che attribuisce la funzione di decidere le questioni di costituzionalità delle leggi ad un organo *ad hoc*, cioè ad una "corte costituzionale" e non ad un giudice ordinario, al quale ultimo consente soltanto il potere di valutare se le relative iniziative, sollevate dalle parti o dallo stesso giudice d'ufficio, siano rilevanti e non manifestamente infondate, e come un sistema che conferisce alle decisioni di accoglimento della corte efficacia *erga omnes*, anziché quella di un semplice giudicato con effetti *inter partes* (sia pur integrata *ultra partes* dalla normale efficacia di precedente), come avverrebbe in mancanza di una espressa disposizione che lo stabilisca.

E' di particolare interesse confrontare tale sistema con quello impiegato nell'ordinamento portoghese, che si presenta anch'esso, nella parte corrispondente, come un sistema "misto", ma che utilizza un meccanismo completamente diverso per collegare il giudizio del *Tribunal constitucional* al giudizio "ordinario" nel quale la questione è sorta e per determinare in base a quali presupposti la relativa sentenza assume efficacia *erga omnes*[8].

3. L'ordinamento portoghese esprime con una disposizione esplicita (cioè l'art.204, già 207, Cost. port.) il principio, che l'ordinamento italiano presuppone implicitamente (soprattutto negli artt. 134 e 136, Cost. it., e nell'art.1 della legge cost. 9 febbraio 1948, n.1), secondo il quale nessun giudice può applicare disposizioni di legge le quali risultino incostituzionali, ossia il principio di rigidità della Costituzione. Anch'esso riserva ad un giudice non appartenente alla Magistratura ordinaria, il *Tribunal constitucional*, il compito di decidere in modo generalmente obbligatorio le questioni di costituzionalità delle leggi (art.223, Cost. port., e altre disposizioni più specifiche) e anch'esso demanda tuttavia al giudice ordinario il compito di esprimere la sua valutazione circa le questioni che gli siano sottoposte nel corso di un processo in corso dinanzi a lui (come si deduce dall'art.280, Cost. port.).

La differenza fra i due ordinamenti consiste nel fatto che l'ordinamento italiano demanda al giudice ordinario soltanto il compito di rimettere alla Corte costituzionale la questione sollevata nel corso di un giudizio pendente dinanzi a lui, limitandosi a "delibarla" (cioè ad esaminarla sommariamente e provvisoriamente) senza deciderla, mentre l'ordinamento portoghese gli consente di pronunciarsi sulla questione, determinando l'applicazione o la disap-

---

[8] Ai fini di questa analisi si è utilizzata soprattutto la trattazione che del tema compie J. MIRANDA, *Manual de direito constitucional*, volume VI, 2.ª edizione, Coimbra, 2005.

plicazione della norma sospettata d'incostituzionalità con l'efficacia normalmente propria delle sue pronunce. Tali pronunce sono capaci di assumere *inter partes* carattere definitivo, ove non costituiscano oggetto di un ricorso al *Tribunal constitucional* e questo decida diversamente. Inoltre, a differenza di quanto avviene in Italia, neppure la decisione adottata in via incidentale dal *Tribunal constitucional* avrà di per sé effetto *erga omnes*, ma ciò si verificherà invece qualora la stessa decisione sia ripetuta con riferimento a tre casi concreti (art.281, comma 3, Cost.port.).

Questa differenza si può esprimere dicendo che mentre il sistema incidentale italiano si avvale del meccanismo della pregiudizialità, in virtù del quale la decisione su una questione pregiudiziale ha normalmente effetto nel giudizio pregiudicato, e la sua portata si distingue da quella che, secondo le leggi processuali, è normalmente propria di una sentenza che decide una tale questione soltanto nel senso di attribuire efficacia *erga omnes* (anziché semplice efficacia di precedente) alle decisioni di incostituzionalità delle leggi pronunciate dalla Corte costituzionale nell'esercizio di questa competenza, il sistema incidentale portoghese prevede, sia che una questione di costituzionalità di una legge possa costituire oggetto di un giudicato ordinario, dotato di normali effetti *inter partes*, derivante da una decisione di un giudice diverso dal *Tribunal constitucional*, o da una decisione del *Tribunal constitucional* che confermi una decisione di giudice ordinario che contenga una decisione di una tale questione, ma che quest'ultima decisione possa assumere invece efficacia *erga omnes* ove essa sia ripetuta per tre volte con riferimento a distinti casi giudiziari i quali comportassero l'esame di una stessa questione di costituzionalità.

Anche nel caso portoghese, come nel caso italiano, quindi, l'attribuzione dell'efficacia *erga omnes* alla decisione di incostituzionalità implica l'aggiunta di un *quid pluris* alla normale efficacia della sentenza del giudice costituzionale accentrato (risultante dall'efficacia di giudicato nel giudizio *a quo* più l'efficacia di precedente nei confronti di altri eventuali giudizi pendenti o futuri) ma, mentre nel caso italiano questa "aggiunta" avviene ogni qual volta la Corte costituzionale si pronuncia nel senso dell'incostituzionalità della legge impugnata, nel caso portoghese essa si verifica soltanto ove la decisione sia reiterata con riferimento a tre casi concreti diversi e, per contro, un giudicato costituzionale efficace soltanto *inter partes* può risultare anche da una pronuncia di un giudice ordinario che non sia stata impugnata, o da una pronuncia del *Tribunal constitucional* che non sia stata ripetuta tre volte con riferimento a distinti casi concreti e che decida, sia nel senso dell'applicabilità di una norma legislativa sospettata di incostituzionalità, sia nel senso della disapplicazione di una norma legislativa ritenuta incostituzionale (art.280, comma 1, Cost. port.).

Questa differenza comporta che la soluzione portoghese sia più vicina di quella italiana alla disciplina del *certiorari* propria dell'ordinamento americano, ma non esclude affatto che anche la soluzione italiana possa essere considerata come un adattamento di tale disciplina alla tradizione di *civil law*, cui l'ordinamento italiano appartiene, così come del resto l'ordinamento portoghese.

Analoghe considerazioni possono farsi con riferimento al regime degli effetti che le pronunce incidentali d'incostituzionalità delle leggi sono suscettibili di assumere in diritto portoghese e in diritto italiano, le quali introducono entrambe una variazione rispetto alla soluzione che deriverebbe dall'applicazione dei principi propri della tradizione di *civil law*, la quale si risolve nel convertire l'efficacia di precedente che risulterebbe propria delle decisioni incidentali d'incostituzionalità delle leggi in un'efficacia di giudicato *erga omnes* (ossia, se si vuole, in un'efficacia di tipo legislativo dotata di un certo grado di retroattività). Nei due casi la modifica introdotta non è identica, ma sicuramente in entrambi essa vale ad adattare la soluzione di *common law* fondata sul principio *stare decisis* alle esigenze della tradizione di *civil law* secondo la quale gli effetti di tale principio sono insufficienti ad assicurare il grado di stabilità che si ritiene necessario attribuire a queste decisioni.

4. E, infine, ciò comporta una qualche differenza nel ruolo che svolge il "fatto" cui si riferiscono le decisioni che, nei casi in esame, sono destinate ad assumere forza di giudicato sulla questione di costituzionalità della legge (un giudicato, il cui contenuto – non dimentichiamo – consiste nella creazione o modificazione o soppressione di una disposizione o norma giuridica), dato che, nel caso italiano, tale fatto può essere soltanto quello cui si riferisce una sola decisione, mentre, nel caso portoghese, deve essere quello cui si riferiscono almeno tre decisioni, fondamentalmente identiche, quanto meno sotto questo punto di vista.

E' evidente, infatti, che ai fini della delimitazione di un giudicato che risulta dalla decisione adottata in relazione ad una controversia riguardante un conflitto fra una disposizione o norma legislativa ed una disposizione o norma costituzionale (o da più di una decisione riguardanti una stessa disposizione o norma legislativa) le eventuali differenze che sussistano fra le circostanze di fatto che rendono la corrispondente questione di costituzionalità "rilevante" per la decisione del caso concreto o dei casi concreti cui la sentenza o le sentenza si riferiscono possono anche non influire sulla determinazione della portata del giudicato stesso, ma sembra peraltro indiscutibile che l'eventualità che tale influenza sussista non può essere esclusa, ad esempio, nel caso in cui la decisione assuma i caratteri propri delle sentenze così dette "interpretative di accoglimento" (cioè di sentenze le quali condizionino la propria efficacia normativa al fatto che la disposizione cui si riferiscono sia ritenuta applicabile anche a certe ipotesi oltre che ad altre, ovvero sia interpretata in un certo modo invece che in un altro, ecc.).

Chi scrive non ha una conoscenza della dottrina e della giurisprudenza portoghese sufficiente per stabilire se questo problema si sia posto anche in Portogallo e con quali risposte[9], ma mi sembra che esso potrebbe porsi qui, più o meno nella stesso modo in cui esso si è posto in Italia. Con specifico riferimento alle decisioni pronunciate in via incidentale, tuttavia, mi sembra non possa escludersi che la necessità che gli effetti *erga omnes* – ossia gli effetti normativi – si producano soltanto in seguito all'intervento di tre decisioni conformi comporti che anche le circostanze di fatto cui le tre decisioni hanno riferimento siano conformi (se tali circostanze sono quelle sulle quali influisce la disposizione o norma colpita dalla dichiarazione d'incostituzionalità). E' chiaro quindi che, sotto questo profilo, il carattere di "concretezza"[10] della giurisdizione costituzionale incidentale portoghese presenta caratteri più spiccati di quanto avvenga nel caso della giurisdizione costituzionale incidentale italiana.

E' vero infatti che, anche nel caso italiano, non può escludersi che alla produzione di un effetto normativo di questo genere concorrano più decisioni (le quali, nel loro complesso, diano luogo ad un "indirizzo giurisprudenziale" risultante da una serie di pronunce non perfettamente identiche in tutti i loro aspetti, anziché ad un singolo precedente-giudicato), ma è innegabile che, nel caso italiano, l'effetto stabilito dall'art.136, Cost.it., può conseguire anche ad una sola pronuncia perché la disposizione costituzionale comporta che il precedente che risulterebbe dalla pronuncia stessa si trasformi automaticamente in un giudicato, come tale irreversibile, mentre nel caso portoghese la produzione di questo effetto avviene soltanto a seguito di un pluralità di decisioni del *Tribunal constitucional* e bisogna quindi valutare la loro conformità, quanto al punto della decisione che dovrebbe determinare un'efficace di precedente e, se del caso, anche un'efficacia di giudicato, cioè forza normativa *erga omnes*.

---

[9] U cenno nel senso di escludere la rilevanza del fatto nel sistema portoghese sembra tuttavia desumibile da MIRANDA, *op.cit.*, p.217 e nota 3.

[10] Sulla nozione di "concretezza", quale riferita al controllo di costituzionalità delle leggi, cfr. A. PIZZORUSSO, *I sistemi di giustizia costituzionale: dai modelli alla prassi*, in *Quaderni costituzionali*, 1982, p.521 ss.; ID., *Relazione conclusiva*, in E. MALFATTI, R. ROMBOLI, E. ROSSI (a cura di), *Il giudizio sulle leggi e la sua "diffusione"*, Torino, Giappichelli, 2002, p.748 ss.; ID., *La giustizia costituzionale italiana fra modello "diffuso" e modello "concreto"*, in corso di pubblicazione in *Fundamentos*, Madrid.

A REFORMA DA JUSTIÇA CONSTITUCIONAL ESPANHOLA[*]

Pedro Cruz Villalón[**]

O projecto de lei de revisão da Lei Orgânica do Tribunal Constitucional (LOTC), apresentado às Cortes Gerais em finais de 2005[1], surge como a primeira restruturação do sistema de justiça constitucional, instaurado há mais de um quarto de século pela Constituição de 1978 e pela Lei de 1979, o qual cedo chamou a atenção de Christian Starck[2]. Com efeito, é necessário salientar que as várias alterações da LOTC desde 1979 têm sido, até ao momento, sempre pontuais, constituindo respostas a necessidades específicas[3]. Em contrapartida, desta vez, a revisão tem por objecto não só todas as competências relevantes do Tribunal Constitucional (TC), como também, pela primeira vez, os seus aspectos orgânicos. No entanto, convém sublinhar que o projecto não abrange nenhum elemento basilar do sistema, que continua a ser essencialmente o mesmo, tal como confirma a manutenção de todas as prescrições que a Constituição de 1978 consagra ao TC, nomeadamente no seu Título IX. Deste modo, a actual revisão não inclui nenhuma alteração do estatuto da jurisdição constitucional a nível constitucional.

A inspiração última desta reforma deve ser procurada em diversas iniciativas informais provenientes do TC durante os anos 90, cuja preocupação prin-

---

[*] Artigo em homenagem ao Professor Christian Starck no seu 65.º aniversário.
[**] Professor da Faculdade de Direito da Universidade Autónoma de Madrid.

[1] BOCG de 25 de Novembro de 2005, Série A, n.º 60-1, bem como o artigo 241.º, alínea 1) da Lei Orgânica do Poder Judicial (Lei Orgânica 6/1985, de 1 de Julho).

[2] Christian Starck/Albrecht Weber (Hrsg.). *Verfassungsgerichtsbarkeit in Westeuropa*, Baden-Baden, 1986. Para um comentário da LOTC, J. L. Requejo (coord.), «*Comentarios a la Ley Orgánica del Tribunal Constitucional*», Madrid, 2000. Apesar de não ter sido actualizada, ver também no que diz respeito à doutrina do TC relativamente à LOTC, M. Pulido Quecedo, "*Ley orgánica del Tribunal Constitucional anotada con jurisprudencia*", Madrid, 1995.

[3] Foi assim, nomeadamente, ab-rogado em 1985 o controlo prévio das leis orgânicas, incluindo os estatutos de autonomia das Comunidades Autónomas; em 1988, foi o procedimento para a declaração de não admissibilidade dos recursos de amparo que foi simplificado; em 1999, introduziu-se um novo procedimento para a garantia da autonomia das entidades locais (L. O. 7/1999). O número dos recursos de amparo já preocupava o Presidente Tomás y Valiente por ocasião do seu discurso de 1 de Outubro de 1986 perante Suas Majestades os Reis: «*Escritos sobre y desde el Tribunal Constitucional*», pp. 211 e seg., 217. Madrid, 1993.

cipal era o crescimento, intolerável em termos funcionais, do número anual dos recursos de amparo[4]. Todavia, é necessário acrescentar a profunda inquietação provocada pelo acórdão da Secção Cível do Tribunal Supremo (TS), de 23 de Janeiro de 2004, como sendo a causa directa da apresentação do projecto de lei[5]. Todavia, o objectivo apresentado para a revisão, de acordo com a exposição de motivos do projecto, é a optimização dos recursos do TC[6].

I. A LETRA DO PROJECTO

O projecto de lei contém numerosas emendas ao longo da LOTC, dispensáveis de tratamento no contexto do presente comentário. As principais novidades dizem respeito ao estatuto dos juízes, às diferentes composições do Tribunal, ao controlo da lei e ao recurso de amparo.

a. O estatuto do TC e dos seus juízes. Apesar de este aspecto da revisão da justiça constitucional espanhola se revelar, aparentemente, como o menos interessante do ponto de vista comparado, é necessário tratá-lo desde logo, não apenas porque se situa em primeiro lugar do ponto de vista sistemático, mas também porque responde ao mais premente dos problemas que o TC enfrenta actualmente. É até mesmo bastante provável que, sem a sentença de Janeiro de 2004, a LOTC ainda estivesse à espera da revisão. Por outro lado, convém referir que nenhuma jurisdição constitucional consegue cumprir a

---

[4] Tal como já se reflectia em 1994, por ocasião da comemoração dos quinze anos da LOTC (Miguel Rodríguez-Piñero e outros, *La jurisdicción constitucional en España. La Ley orgánica del Tribunal Constitucional.* Madrid, 1995. *Apéndice estadístico*, pp. 299-339). As sugestões de revisão da LOTC informalmente transmitidas ao Governo foram objecto de publicação por *Teoría y realidad constitucional* 4 (1999), 395-435. Não se deve menosprezar a presença no Governo formado em 2004, e, em particular, no Ministério da Justiça, de professores de Direito Constitucional, entre os quais J. F. López Aguilar e L. Lopez Guerra, tendo sido este último Vice-presidente do TC durante os anos 1992-1995.

[5] M. Rodriguez-Piñero, A. Rodríguez Bereijo, P. Cruz Villalón, "*Una crisis constitucional*", *El País*, 26.2.2004, solicitando a intervenção do legislador. O acórdão, à excepção de uma opinião divergente, declarou a responsabilidade civil dos juízes do TC, passíveis de negligência e ignorância inescusáveis aquando da declaração de não admissibilidade de um recurso de amparo, impondo-lhes uma multa de 500 euros a cada um. O acórdão foi objecto de um recurso de amparo por parte dos juízes condenados, que ainda não foi julgado no momento em que estas páginas estão a ser escritas.

[6] "*La presente reforma pretende reordenar la dedicación que el Tribunal Constitucional otorga a cada una de sus funciones para cumplir adecuadamente con su misión constitucional*". A exposição não refere uma única palavra sobre o conflito que opõe o TS ao TC.

sua tarefa se a sua posição e a sua dignidade não forem minimamente respeitadas. A situação espanhola, por ser extrema, não é isenta de interesse para além das nossas fronteiras.

Desde logo, o projecto de lei visa a imunidade civil e penal dos juízes constitucionais no exercício das suas funções. Actualmente, esta imunidade não se encontra expressamente mencionada na LOTC, apesar de esse facto não ter levantado qualquer problema durante o primeiro quarto de século da sua vigência até à citada decisão do TS. A este respeito, o projecto procura reforçar os meios colocados à disposição do Tribunal para fazer face a entraves à sua posição dentro do sistema. Apesar de a própria Constituição proclamar constantemente a primazia do TC em relação ao TS através da expressão elíptica «garantias constitucionais» (art. 123.1 CE), é o artigo 4.º da LOTC que deve doravante proclamar a última palavra do TC no que diz respeito à interpretação do alcance das citadas garantias[7]. Para o efeito, é-lhe atribuída a competência para anular, por sua própria iniciativa, qualquer decisão que afecte essa primazia (art. 4.3). Por outro lado, nenhuma jurisdição do Estado poderá, em caso algum, julgar as decisões do TC (art. 4.2). Para além disso, no tocante ao estatuto dos juízes do TC, o novo artigo 22.º deverá impedir qualquer tipo de processo contra os juízes do TC, os quais não podem ser responsabilizados pelas suas opiniões, tal como tem sido a regra até ao presente, nem pelas «declarações de voto» emitidas durante o exercício das suas funções. Tendo em conta que a imunidade relativa às opiniões poderia ser entendida como uma espécie de inviolabilidade, a inclusão das declarações de voto deverá transformá-la numa imunidade no sentido pleno do termo, em relação ao conjunto das funções jurisdicionais dos juízes do TC. O Conselho Geral do Poder Judicial elaborou um relatório sobre o projecto, no qual se mostra muito crítico em relação a este reforço do estatuto dos juízes do TC[8].

Finalmente, o art. 80.º, alínea 2) da LOTC deve proibir a impugnação dos membros do TC nos casos em que esta possa impedir o exercício da jurisdição ou o perturbe de forma grave. Trata-se, uma vez mais, de uma reacção à petição individual que está na origem da condenação por via cível dos juízes constitucionais.

---

[7] «O TC delimitará a extensão da sua jurisdição e adoptará todas as medidas necessárias para preservá-la...»
[8] Relatório de 13 de Outubro de 2005. www.poderjudicial.es. Sete membros em vinte do CGPJ subscrevem uma opinião divergente minoritária redigida por Luis Aguiar de Luque.

b. O desdobramento do Tribunal Constitucional. À excepção dos recursos de amparo que são julgados por uma das duas Câmaras[NT], o TC adopta as suas decisões em sessão plenária. A opinião mais difundida é que estas deliberações são excessivamente lentas, em comparação com o que ocorre nas Câmaras. O desdobramento constitui, assim, um dos elementos essenciais da revisão. De igual forma, o desdobramento das Câmaras também está previsto, abrindo às secções de três juízes a possibilidade de proferir sentenças sobre recursos de amparo sem especial dificuldade (art. 8.º, alínea 3), como há muito tempo é a prática em Karlsruhe. O projecto não limita, de modo algum, esta faculdade de delegação, mas é de esperar que os recursos de amparo com carácter repetitivo passem a representar a maior parte, senão a totalidade, das sentenças da Secção[9].

Mais relevante parece ser a abertura às Câmaras das decisões de controlo da lei. É preciso ter em consideração que a Constituição não prevê nenhuma divisão interna do TC, razão pela qual a LOTC reservou, até ao momento, toda e qualquer declaração sobre a constitucionalidade da lei ao TC em sessão plenária, deixando apenas às Câmaras o recurso de amparo. No entanto, o projecto estabelece uma diferença consoante as várias vias de recurso. Quando estiver em causa o controlo abstracto ou directo (*recurso de inconstitucionalidad*), a delegação só poderá ocorrer nos casos em que o problema colocado já tenha sido objecto de uma decisão do Tribunal, ou seja, nos casos em que a doutrina de aplicação já tenha sido determinada, a qual

deverá expressamente ser comunicada à Câmara (art. 10.º, alínea 1, letra b). Em contrapartida, se se tratar do controlo concreto ou por via incidente (*cuestión de inconstitucionalidad*), a delegação será a regra (letra c)[10], sendo apenas julgadas em sessão plenária as questões de inconstitucionalidade expressamente conservadas pelo plenário do TC. Esta também será a regra para os conflitos territoriais previstos nos parágrafos letras d), e) e f) do artigo 10.º, alínea 1)[11].

[NT] O Tribunal Constitucional Espanhol é composto por: *La Sala de seis miembros e la Sección de tres miembros*. Na tradução, optámos pelo termo *Câmara* para referir *la Sala de seis miembros*; pelo termo *Secção* para referir *la Sección de três miembros*.

[9] Os quais só poderão ser declarados admissíveis, inclusivamente no futuro.

[10] «deverão ser atribuídas às Câmaras segundo uma volta objectiva». Apesar de o critério de distribuição não ser puramente cronológico, é necessário sublinhar que o TC espanhol não tem uma tradição de distribuição por matéria, semelhante aos *«Dezernate»* alemães.

[11] As Câmaras somente poderão julgar os recursos directos quando se tratar de simples aplicação da doutrina do TC. Para o efeito, o TC em sessão plenária deverá instruir a Câmara sobre a doutrina a aplicar. Todavia, é de temer que a identificação desta doutrina por parte do

Só dificilmente se entende como é que uma função, que é essencialmente a mesma, o controlo das leis, pode ser atribuída segundo regras tão díspares, conforme se trate de um controlo por via directa ou por via incidente. Em todo o caso, o projecto torna possível uma forte aproximação do TC espanhol ao modelo dos «tribunais gémeos», tão característico de Karlsruhe, mas sem qualquer tradição em Espanha. A consequência imediata será que a composição ou a integração pessoal de cada Câmara deixará de ser uma questão puramente interna. Na realidade, ela nunca o foi totalmente, mas doravante isto deverá interessar muito aos actores políticos. Todavia, nenhuma alteração está prevista para a alínea 1) do art. 7.º, segundo a qual é o TC em sessão plenária que decide a integração pessoal de cada uma das Câmaras.

c. A flexibilização das declarações de inconstitucionalidade das leis. A LOTC ordenou até aqui ao TC a declaração de «nulidade» da lei sempre que tivesse sido declarada a sua «inconstitucionalidade»[12]. O projecto de lei pretende pôr termo ao carácter inelutável desta nulidade, seguindo neste caso, uma vez mais, o seu precursor alemão (*Unvereinbarkeit*). Apesar de, até agora, o TC só muito raramente ter quebrado esta sequência[13], o legislador quer abrir esta possibilidade «de forma motivada e tendo em vista os interesses protegidos pela Constituição» (art. 39.º, alínea 2). Trata-se de uma antiga aspiração do TC, o qual poderá, no futuro, proceder mais facilmente a declarações de inconstitucionalidade acompanhadas de um apelo ao legislador para colaborar activamente no «restauro da constitucionalidade»[14]. A única objecção a fazer é a questão do prazo, visivelmente demasiado generoso, de três anos, de que o legislador deverá dispor para levar a cabo esta reintegração no sentido constitucional da lei declarada «simplesmente» inconstitucional.

A alínea 3) do art. 39.º faz referência a uma inconstitucionalidade «por insuficiência normativa». Neste caso de inconstitucionalidade, sobre a qual o projecto não dá qualquer esclarecimento, o TC poderá conceder ao legislador um prazo para resolver a situação («agir em consequência»). Se, no termo do prazo, nenhuma solução for apontada, o TC deverá adoptar as medidas neces-

---

TC em sessão plenária exija as mesmas energias que se ele mantivesse a sua competência sobre estes recursos.

[12] Art. 39.º, alínea 1) da LOTC: "*Cuando la sentencia declare la inconstitucionalidad, declarará igualmente la nulidad de los preceptos impugnados...*"

[13] SSTC 222/1992; 96/1996, 235/1999; 138/2005; 273/2005.

[14] P. Cruz Villalón, "*Control de la calidad de la ley y calidad del control de la ley*". A. Menéndez (dir.), "*La proliferación legislativa: Un desafío para el Estado de Derecho*". Madrid, 2004, pp. 113-133.

sárias para remediar tal «insuficiência». A este respeito, há que ter em conta que a expressão «inconstitucionalidade por insuficiência normativa» não é óbvia para a doutrina constitucionalista nacional. Esta expressão pode visar os casos em que o texto da norma não é só, em si mesmo, irrepreensível, como também responde nitidamente a interesses constitucionais; o mal advém sobretudo de não ter sido cumprido todo o percurso que se espera da lei. Trata-se, deste modo, de um alargamento do alcance da lei que somente o legislador será chamado a levar a cabo. Questiona-se como é que o TC, em caso de falta de resposta do legislador, poderá agir positivamente.

A transparência é também um dos objectivos do projecto. Este último vem, assim, permitir o acesso das partes no processo *a quo* ao TC relativamente às questões de inconstitucionalidade, do qual estavam excluídas em qualquer circunstância. Este facto esteve na origem de uma condenação de Espanha no Tribunal Europeu dos Direitos Humanos (*caso Rumasa*). Por outro lado, o projecto generaliza a possibilidade de se realizar uma sessão pública em todos os domínios de competência, a qual está actualmente reservada aos recursos de amparo, embora muito raramente se concretize.

d. A objectivação do recurso de amparo. A «objectivação», termo bastante apreciado em Espanha[15], do recurso de amparo é uma das grandes novidades do projecto. Seguindo de perto o exemplo do legislador alemão de 1993[16], o projecto introduz como condição para qualquer decisão sobre o mérito do recurso de amparo, uma decisão positiva sobre a admissibilidade de cada petição individual. Esta declaração de admissibilidade (*admisión a trámite*) só é outorgada quando o caso se reveste de «especial transcendência constitucional». O novo artigo 50.º da LOTC vem ajudar o intérprete ao determinar que esta «especial transcendência constitucional» é apreciada «em função da sua importância para a interpretação da Constituição, para a sua aplicação ou a sua eficácia geral, bem como para a determinação do conteúdo e do alcance dos direitos fundamentais». Uma ajuda bastante relativa, pelo que se pode ver, que não limita em demasia o poder discricionário do Tribunal na decisão de admissibilidade de um recurso de amparo.

---

[15] L. M. Diez-Picazo, "*Posibilidades prácticas y significado constitucional del recurso de amparo*", *REDC* 40 (1994), 9-37.

[16] O artigo de Rainer Wahl e Joachim Wieland «*Verfassungsrechtsprechung als knappes Gut*» (*JZ* 23, 1996, 1137-45) foi publicado no ano seguinte na *REDC* com o título «*La jurisdicción constitucional como bien escaso. El acceso al Bundesverfassungsgericht*» (51, 11-35). P. López Pietsch, "*Objetivar el recurso de amparo: las recomendaciones de la Comisión Benda y el debate español*", *REDC* 53 (1998) 115-151.

Deste modo, o projecto entra sem reservas na via da objectividade quando determina o critério para a admissibilidade de uma petição individual. Não são tomadas em consideração quaisquer outras circunstâncias, como por exemplo, a entidade do dano causado, ou então a existência ou não de uma decisão prévia sobre o mérito do recurso.

São numerosas as questões levantadas por esta drástica objectivação do recurso de amparo. Em primeiro lugar, é necessário questionar como é que os advogados não especializados poderão, no prazo de vinte dias, argumentar a *especial relevância constitucional* dos seus casos. Por outro lado, será necessário explicar aos requerentes por que razão as suas petições, sem terem falta de fundamento, não poderão ser examinados quanto ao mérito da causa pelo TC, unicamente porque lhes falta *qualidade constitucional*. Apenas lhes restará a via aberta pelo Tribunal Europeu dos Direitos Humanos e isto, possivelmente, já nas condições previstas no Protocolo n.º 14.

Por outro lado, seria eventualmente necessário colocar a questão do «poder de selecção». A objectivação do recurso de amparo coloca, de facto, uma questão de política jurisdicional, que não pode, de forma alguma, ser descurada. Caberá ao Tribunal decidir com total liberdade quais os casos que merecem um julgamento no que respeita ao mérito da causa (declarados admissíveis). Seria então razoável separar a competência para seleccionar («poder de selecção») da competência para julgar, porque, efectivamente, quem selecciona, pelo menos, tomou «contacto» com o caso. É de admitir que teve a oportunidade de formar um juízo sobre o mérito da causa antes que todas as partes chamadas a pronunciar-se tenham apresentado os seus pontos de vista. Poderia considerar-se a possibilidade de *cruzar*, entre as duas Câmaras, as competências de selecção e de julgamento de um petição individual, por forma a que as petições declaradas admissíveis por uma Câmara fossem julgadas pela outra.

O projecto de lei contém, finalmente, uma nova alteração do incidente processual conhecido por «*nulidad de actuaciones*». O futuro enunciado do artigo 241.1 da Lei Orgânica do Poder Judicial avança mais um passo na reorientação progressiva deste incidente para a reparação das violações dos direitos constitucionais processuais antes do recurso de amparo: permitirá fazer prevalecer qualquer tipo de eventuais infracções aos direitos fundamentais imputadas às sentenças de última instância. Isto deverá impedir a chegada ao TC de um significativo número de recursos de amparo.

II. O ESPÍRITO DO PROJECTO

Com efeito, pode acontecer que a intervenção do legislador seja apenas a *conditio sine qua non*, mas não condição suficiente. Os termos da lei, por si só, não serão necessariamente suficientes para uma reconversão dos juízos no seio do TC, que o projecto, indubitavelmente, exige. A análise do projecto de lei, tal como acaba de ser descrito, deve concentrar-se nos seus elementos mais significativos do ponto de vista comparado. Efectivamente, a patologia espanhola é em parte comum e, em parte, especial. Comum, não a todas, mas certamente a um conjunto de ordens constitucionais nacionais, é a dificuldade em proferir sentenças dentro de prazos razoáveis, o que equivale a dizer, dentro de prazos plenamente operacionais. Esta dificuldade pode ser maior em Espanha, mas não é qualitativamente diferente. Especial é a combinação de hegemonia e de fraqueza do TC em relação ao TS, num domínio onde a lógica do *checks and balances* se revela extravagante. Esta abordagem permite restringirmo-nos à dimensão funcional da revisão, ou seja, ao objectivo da lei em tornar o trabalho do Tribunal mais eficiente.

a. Os meios colocados à disposição do TC. Como tivemos oportunidade de ver, o projecto de lei vem dotar o Tribunal de dois tipos de instrumentos: o desdobramento do Tribunal e a objectivação do recurso de amparo. Em primeiro lugar, o projecto torna, efectivamente, possível a generalização do desdobramento do Tribunal. O TC que, até agora, apenas se dividia em dois para julgar as petições individuais irá, assim, perder um pouco a sua aparência de tribunal único. Salvo algumas excepções, os domínios de competência que pertenciam ao plenário do TC poderão doravante ser delegados, caso a caso, numa das duas Câmaras. Desta forma, o TC espanhol aproximar-se-á do Tribunal Constitucional Federal Alemão, apesar de se manterem algumas distâncias. Para além disso, trata-se de um instrumento colocado à disposição do Tribunal porque será ele próprio a decidir em cada caso este desdobramento.

O segundo instrumento é a objectivação do recurso de amparo. A objectivação resultará da introdução das seguintes regras: a) todo e qualquer petição individual deve ser declarado admissível, como condição para um exame pelo TC quanto ao mérito da causa; mais especificamente, como condição para o completo desenvolvimento do processo, bem como para uma decisão sob forma de sentença, eventualmente positiva; b) a declaração de admissibilidade resulta de uma apreciação, por uma das Câmaras, da qualidade de um determinado recurso de amparo, no sentido de avaliar se o mesmo possui uma «especial transcendência constitucional»; c) finalmente, numa lógica circular, esta especial transcendência constitucional só pode ser definida como a qualidade que um recurso de amparo necessita de ter para que uma das Câmaras declare a sua admissibilidade (poder de selecção). Em princípio, a não admissibilidade não é explicada (excepto quando esta decisão assume a forma de um auto), o que dificulta uma doutrina sobre a admissibilidade.

b. Avaliação da reforma. O desdobramento do TC irá provavelmente aumentar a produtividade da justiça constitucional espanhola nos domínios de competência que pertencem actualmente ao Tribunal em sessão plenária, a qual é extremamente baixa[17], pelo menos no que diz respeito aos processos pendentes. Se o Tribunal aproveitar plenamente esta possibilidade, os cerca de doze anos de que necessitaria para julgar todos os processos desta natureza, e que estão neste momento à espera de uma decisão, podem ser reduzidos, na melhor das hipóteses, para cinco ou seis anos. Com efeito, é necessário ter em conta o facto de a deliberação com seis membros nas Câmaras é nitidamente mais ágil do que a deliberação com doze membros nas sessões plenárias.

Constitui seguramente uma melhoria notável, com a qual muitos estão tentados a ficar satisfeitos. Todavia, não é possível considerar «normal» que um processo fique parado durante cinco anos devido a uma questão de inconstitucionalidade ou, então, que uma lei denunciada como inconstitucional por um grupo parlamentar seja aplicada ao longo deste espaço de tempo até se realizar um julgamento sobre a sua constitucionalidade.

Em todo o caso, há um certo preço a pagar por esta produtividade acrescida. Com efeito, de acordo com a opinião predominante em Espanha, pode afirmar-se que, em princípio, o TC em sessão plenária julga os casos «que devem» ser julgados pelo Tribunal, enquanto tal, no seu conjunto. Muito embora a comparação possa parecer arriscada ou exagerada, é como se o Parlamento delegasse nas comissões com competência legislativa plena a deliberação de leis com uma certa relevância. Apenas os conflitos territoriais de competência sem incidência sobre a distribuição do poder legislativo («conflitos positivos de competência») escapam possivelmente a esta objecção: estes últimos poderiam inclusivamente ter sido todos delegados nas Câmaras por disposição directa da lei.

Quanto à objectivação do recurso de amparo, sem dúvida que há uma primeira vantagem em que a letra da lei se ajuste à prática consagrada do Tribu-

---

[17] P. Cruz Villalón, cit. n. 14.

nal. Sabemos que apenas quatro por cento dos recursos de amparo interpostos não são actualmente declarados não admissíveis por um motivo ou por outro[18]. Uma declaração de não admissibilidade por falta de especial transcendência constitucional, mesmo que não aceite, ficará, deste modo, melhor justificada do que uma declaração por manifesta falta de fundamento na alegação de violação de um determinado direito ou liberdade.

Ademais, a introdução da declaração em positivo de admissibilidade poderá reduzir ainda mais o número das petições individuais que merecem uma sentença: de três por cento, actualmente, para referir um número, poderá passar-se para um por cento. Isto porque não se terá necessariamente de proceder à admissão das petições com algum fundamento, mas tão só dos que, para além disso, sejam susceptíveis de fazer progredir a interpretação da Constituição.

No entanto, podemos questionar-nos se esta reorganização da jurisdição de amparo, com um número menor de sentenças, irá tornar o trabalho do Tribunal mais eficaz em termos de produtividade. Isto porque os cerca de dez mil recursos de amparo interpostos em 2005 deverão ser todos «processados» de uma forma ou de outra. A discussão sobre a admissibilidade de uma determinada percentagem de recursos de amparo irá exigir algum trabalho, mesmo que acabem por não ser «admitidos». Mais ainda, os cerca de cinquenta ou cem petições admitidas continuarão a representar um grande volume de trabalho, quer para as Câmaras, quer para o plenário do Tribunal.

Importa, além disso, ter em conta que, ao contrário do que se passa nos Estados Unidos, onde o poder de selecção do Supremo Tribunal é universal, na Europa e em todo o caso em Espanha, o poder discricionário no momento da admissão nunca pode ser total. Tem de coabitar com domínios de competência onde não há alternativa à admissão (controlo da lei por via directa, conflitos de competência, entre outros; em suma, os que são da competência do plenário do TC). Apenas o controlo por via incidente possibilita a existência de um certo poder discricionário quanto à sua admissibilidade.

A objectivação dos recursos de amparo deverá logicamente conduzir, com maior frequência, à condenação de Espanha no Tribunal Europeu dos Direitos Humanos, a não ser, obviamente, que a doutrina de Estrasburgo se torne

---

[18] Em 2004, dos 7814 recursos de amparo interpostos, apenas 318 evitaram a declaração de não admissibilidade. Tribunal Constitucional. Madrid, 2004.

um critério para a apreciação da especial transcendência constitucional, o que pode, aliás, ser considerado bastante razoável.

Se a intenção da objectivação for a de dar mais tempo ao Tribunal nos outros domínios de competências para além da jurisdição de amparo, podemos arriscar a tese de que as petições individuais, no seu conjunto, continuarão a exigir o mesmo dispêndio de energia por parte do Tribunal que até ao presente. A primeira razão é que os juízes sentem maior satisfação ou compensação pessoal em dar uma resposta às alegações de violação dos direitos ou liberdades, enquanto juízes do caso concreto, do que aos processos «abstractos» interpostos pelos poderes públicos, nomeadamente em caso de litígios territoriais. O juiz vê-se, antes de mais, como o protector dos direitos. Sente-se frequentemente mais próximo da lógica dos direitos e considera, apesar de tudo, que a sua intervenção é mais legítima neste domínio.

Em conclusão, é o desdobramento, e não forçosamente a objectivação, que permitirá eventualmente reduzir os processos pendentes nos outros domínios de competência para além do amparo, mas à custa de uma diminuição da legitimidade destas decisões. No que respeita à objectivação, ela poderá singularizar as «grandes decisões», a doutrina dos direitos fundamentais. Em termos quantitativos, o número de sentenças proferidas nos outros domínios de competência para além do amparo poderá equiparar-se ao das sentenças proferidas em recurso de amparo.

c. Uma estratégia a curto prazo. Os meios que estão para ser colocados nas mãos do Tribunal abrem um espaço de política jurisdicional. Deste ponto de vista, o Tribunal deverá decidir a utilização que irá fazer do desdobramento nos outros domínios de competência para além do amparo. Seria conveniente adoptar uma abordagem conjuntural ou de emergência, fazendo um uso exaustivo do desdobramento nos processos pendentes, em particular nos conflitos não legislativos de competência territorial e, tanto quanto possível, nas questões de inconstitucionalidade.

As possibilidades oferecidas pela objectivação deverão conduzir a uma «periodização» dos momentos jurisdicionais da declaração de admissibilidade dos recursos de amparo. Com efeito, somente através de uma acção pontual sobre um grande número dos recursos interpostos é que será possível dar uma certa racionalidade à selecção. Pelo contrário, a «selecção contínua», que tem sido a regra no Tribunal até agora, impede uma política jurisdicional adequada ao domínio do amparo.

A reorientação dos recursos de amparo para o controlo da lei foi, por vezes, proposta como um meio apto a dominar o mais perturbador dos domínios de competência da justiça constitucional espanhola. Tratar-se-ia de limitar a admissibilidade dos recursos de amparo aos casos em que a constitucionalidade de uma lei ou de uma dada interpretação da mesma estivesse em questão. A objectivação do amparo irá provavelmente facilitar uma evolução nesse sentido. É difícil determinar o número de petiçãos individuais que seriam declarados admissíveis de acordo com este critério; para isso, seria necessário decidir quais as aplicações da lei que implicam uma interpretação da lei num determinado sentido. Em todo o caso, estas serão pouco numerosas. A ideia não deixa de ser sedutora. Ela traria uma maior racionalidade ao processo de selecção das petições individuais. Poderia ser adoptada pelo Tribunal durante um primeiro período a partir da entrada em vigor da reforma.

Resta, de qualquer forma, a importante questão da subjectividade perdida: o que será das petições individuais que não podem provar a sua especial transcendência constitucional, mas aos quais não falta fundamento nem a um nível nem a outro? Será necessário assegurar que as vias de protecção dos direitos a nível judicial funcionam efectivamente (as vias de recurso simplificadas definidas no artigo 53.2 CE). Porém, será necessário fazer algo mais, porque, nos últimos trinta anos, se instalou uma cultura constitucional que não se resignará facilmente à *aristocratização* do recurso de amparo no TC. Deste ponto de vista, os Tribunais Superiores de Justiça, que se situam no topo do Poder Judicial em cada Comunidade Autónoma, poderiam assumir a protecção dos direitos individuais sem ter em consideração a sua dimensão objectiva.

d. Um horizonte a longo prazo. Provavelmente, a grande questão a longo prazo que um sistema de justiça constitucional como o espanhol deve colocar-se, não ao nível da política jurisdicional interna mas mais ao nível constituinte, diz respeito à manutenção ou ao abandono da jurisdição de amparo. É certo que existe um problema de quantidade: por um lado, a experiência do último quarto de século revela que o número das petições individuais não pára de aumentar; não existe «limite» a atingir. Por outro lado, é muito provável que os conflitos territoriais aumentem, e não que diminuam, como consequência da opulência textual dos novos Estatutos de Autonomia.

No entanto, o problema é sobretudo de qualidade: porque, quer o recurso de amparo continue a ser subjectivo, quer seja «objectivado», este domínio de competência coloca o TC no topo das instâncias de declaração do direito nacional. Com quarenta decisões de amparo por ano, pode criar-se uma posição hegemónica no interior do próprio sistema de forma ainda mais nítida do que com as duzentas e quarenta sentenças em média dos últimos anos. Isto porque a questão é óbvia: poderia a actual Constituição ser outra coisa que não «*o código dos códigos*» e, por consequência, o TC, com a sua jurisdição de amparo, «*o tribunal dos tribunais*»? Não faltam em Espanha autores que o afirmem[19] face aos defensores impenitentes da estreita linha vermelha que separa a legalidade da constitucionalidade[20].

A partir do presente modelo de justiça constitucional concentrada[21], o abandono da jurisdição de amparo surge, a longo prazo, como a única alternativa à uma justiça constitucional tardia e sempre contestada. Não se deve excluir que, para alguns, a única justiça constitucional *suportável* seria justamente aquela que se pronuncia tardiamente: não corrigindo imediatamente os erros de inconstitucionalidade mas apontando a via recta para o futuro. Trata-se aqui provavelmente de um outro problema. Muitos também partilham da opinião que mais vale uma jurisdição de amparo contestada do que uma situação na qual o TS tivesse a última palavra a nível nacional. Mas por que não imaginar uma situação em que o TC não fosse obrigado a manter a garantia da constitucionalidade do sistema de declaração do direito no seu conjunto? Muito provavelmente, não é fácil a resposta a esta questão.

Conclusão. O legislador está disposto a ajudar o TC e só resta esperar o êxito final do projecto, cuja finalidade pode agora ser rapidamente descrita: um Tribunal ao abrigo das *investidas* do TS, um amparo afastado da microconstitucionalidade. Será que isto irá «normalizar» a jurisdição constitucional em Espanha? Os meios que se pretendem colocar à disposição do TC irão permitir-lhe reorganizar de forma mais eficaz as suas competências. De igual modo, as novas garantias institucionais irão proporcionar-lhe a indispensável tranquilidade de espírito no interior do Tribunal. Resta saber como é que o Tribunal irá administrar estes instrumentos. No entanto, a justiça constitucional espanhola, tal como se encontra configurada, continuará a estar longe de ser operacional devido a razões estruturais que irão exigir um debate em profundidade nos próximos anos.

---

[19] L. M. Diez-Picazo, n.15.

[20] Pedro Cruz Villalón, "*El juez como garante de los derechos fundamentales*". *Constitución y Poder Judicial*. Madrid, 2003.

[21] Tal como se encontra na Constituição de 1978, com uma nítida separação entre o TC e o Poder Judicial, mas não em outras hipóteses. P. Cruz Villalón, «*Juge constitutionnel et fonctions de l'État*». «*La notion de "justice constitutionnelle"*». Sob a direcção de Constante Grewe, Olivier Jouanjan, Eric Maulin, Patrick Wachsmann. Paris, 2005. pp. 173-184.

Quarta Sessão

Constituição e Direitos Fundamentais

Constituição e Androginia: Matrix Reloaded?

Teresa Pizarro Beleza*

"Feminist citizenship theorists face a dual question: whether a concept originally predicated on the very exclusion of women can be reformulated so as satisfactorily to include and not simply append them; and in doing so, whether it can give full recognition to the different and shifting identities women simultaneously hold. In other words, is the very idea of a "woman-friendly citizenship" contradictory both because citizenship is inherently woman-unfriendly and exclusionary, and because the category "woman" itself represents a false universalism which replicates that of traditional constructions of citizenship?"

Ruth Lister, "The Dialectics of Citizenship"[1]

"After almost 40 years of feminist agitation and gender-neutral pronouns, it is still men who are far more likely than women to run for political office, start companies, file for patents, and blow things up. Men continue to tell most of the jokes and write the vast majority of editorials and letters to editors. And – atal to the dreams of feminists who long for social androgyny – men have hardly budged from their unwillingness to do an equal share of housework or childcare."

Christina Hoff Sommers, "Being a Man. Harvey Mansfield ponders the male of the species"[2]

A evolução da participação política das mulheres em Portugal e a correlativa discussão pública provoca-me uma sensação parecida com a do segundo filme da trilogia *Matrix*: muitos efeitos especiais e pouca consistência cinematográfica e democrática; a ausência das mulheres é tão "natural" como a *feminização* da personagem de Trinity, que parecia inicialmente uma *figura andró-*

---

* Professora da Faculdade de Direito da Universidade Nova de Lisboa.

[1] *Hypatia* Volume 12, Number 4. http://www.iupress.indiana.edu/journals/hypatia/hyp12-4.html

[2] *The Weekly Standard* on line, 4/10/2006, Volume 011, Issue 28.

gina – na realidade, fortemente masculinizada na sua aparência e comportamento. A Constituição, moldada sobre a experiência masculina e a naturalização de uma separação entre o público e o privado como experimentada pelos homens, não parece ser capaz de engendrar uma saudável androginia do poder político. Que é como quem diz, uma desmasculinização.

Quando o jornal *Público* interrogou algumas pessoas a propósito da discussão parlamentar da chamada "lei das quotas", notei uma aparente estranheza retrospectiva na resposta da Prof.ª Maria Carrilho, deputada ao Parlamento Europeu. Dizia ela que há trinta anos, quando pensava no séc XXI, imaginava que a realidade política, no que diz respeito à composição por género dos órgãos da democracia, seria muito mais igualitária, muito diferente daquilo que realmente é. Nunca lhe terá passado pela cabeça que a estas horas andaríamos ainda a discutir estas coisas, ou seja, a paridade, ou outra proporção, entre homens e mulheres nos órgãos eleitos.

Embora outros percursos históricos de subordinação e ausência pudessem servir de exemplo ao engano do tempo e da capacidade natural de equilíbrio das coisas no campo da partilha do poder, suponho que a sinceridade da resposta é sinal de razoabilidade da dúvida em relação ao futuro. A sistemática exclusão das mulheres do governo da República parece ser o resultado "natural" do correr do tempo.

A *tradicional noção constitucional de cidadania* é, ao que suponho, assexuada, o que quer dizer falsamente neutra, isto é, masculina. As mulheres foram excluídas da participação na coisa pública ou por lei expressa, quando a exclusão implícita não foi suficiente porque evidente, ou simplesmente tidas como naturalmente e propriamente fora da cogitação do legislador.

As *Declarações Alternativas* de 1791, de Olympe de Gouges[3], em França e de 1848 nos Estados Unidos da América[4] são uma primeira tentativa de preencher essa lacuna intencional dos revolucionários que não aceitaram a presença feminina. Desde então, um longo caminho de contestação de luta levou ao sufrágio das mulheres, quase sempre precedido de movimentos sociais e em alguns casos de alterações profundas no mercado de trabalho que também ajudaram a precipitar as alterações legais. Em Portugal, foi preciso

---

[3] Declaration des droits de la femme et de la citoyenne. É interessante o comentário: "*Rappelez-vous l'impudente Olympe de Gouges qui la première institua des sociétés de femmes et abandonna les soins du ménage pour se mêler de la République et dont la tête est tombée sous le fer vengeur des lois...*". http://www.aidh.org/Biblio/Text_fondat/FR_03.htm

[4] Declaration of Sentiments, Seneca Falls.

esperar pela Revolução democrática de 1974 para que as mulheres fossem finalmente consideradas plenamente capazes em termos políticos, profissionais e sociais. Que longos anos de menoridade continuem a cobrar o seu peso não será talvez de muito admirar.

Apesar de as leis portuguesas em geral terem evoluído de forma significativa no sentido da neutralidade gramatical, o sistema jurídico português continua a pressupor que as pessoas se identificam como homens ou como mulheres, desde logo no nome, que tem de ser sexualmente unívoco. A lei portuguesa pressupõe ainda uma clareza indiscutível na atribuição de sexo a cada indivíduo, relegando para a estranheza estatística qualquer indeterminação e prescindindo de uma definição legal dos conceitos, remetendo a questão para os discursos científicos, designadamente médico.

Esporadicamente, a lei vai buscar de novo a palavra mulher – mais raramente "homem" – quando resolve determinar normativamente em matéria de *protecção*. Fê-lo, por exmplo, em 1991, quando a maior parte dos diplomas legais já quase não distinguiam expressamente em função do sexo das pessoas que visavam ou a quem particularmente se dirigiam. No mesmo ano em que se legislou sobre protecção de vítimas de crimes de violência, legislou-se sobre mulheres vítimas de *violência discriminatória*. Fê-lo ainda em 1997, quando a Assembleia da República investida de poderes reconstituintes entendeu explicitar que

Artigo 109.º
(Participação política dos cidadãos)

A participação directa e activa de **homens e mulheres** *na vida política constitui condição e instrumento fundamental de consolidação do sistema democrático, devendo a lei promover a igualdade no exercício dos direitos cívicos e políticos e a não discriminação em função do sexo no acesso a cargos políticos.*

Fê-lo como o fez, no mesmo ano, o Conselho da Europa, em Istanbul, na Declaração intitulada *DECLARATION ON EQUALITY BETWEEN WOMEN AND MEN AS A FUNDAMENTAL CRITERION OF DEMOCRACY*, produzida pela 4th European Ministerial Conference on equality between women and men (Istanbul, 13-14 November 1997)[5].

---

[5] (…) The strengthening of democracy requires that its principles be deepened and clarified in a never-ending dynamic process of search for and commitment to the full promotion and protection of human rights - civil, political, economic, social and cultural - for all people;
The achievement of equality between women and men is an integral part of the process leading to a genuine democracy. As a prerequisite, the participation of all members of society, women

Continuo profundamente convencida de que um dos mecanismos de desequilíbrio de poder social, político, económico entre homens e mulheres nas variadas formas em que o conhecemos se firma na construção da distinção dos seres humanos em essas duas categorias. O que se poderia descrever como a imponderabilidade em termos de género continua a ser vista e pensada, em geral, como uma anomalia indesejável ou um exotismo incompreensível. A desestabilização causada por todos os fenómentos de indefinição sexual ou de impropriedade de definição de género é tenaz[6]. A lei e o discurso jurídico em geral – na jurisprudência, na doutrina, nas práticas jurídicas – foi importante fonte dessa distinção das pessoas em dois géneros estanques e contrapostos.

Posto isto, lamento que ainda seja necessário acudir à marginalização de boa parte da população através do seu aprisionamento em categorias prédeterminadas. Mas se foi o Direito e a actividade política monopolista do espaço público que em boa parte inventaram a divisão do mundo entre homens e

---

and men, in all walks of life, has to be fully secured. Democracy must become gender aware and gender sensitive;

This includes gender-balanced representation as a demand for justice and a necessity for attaining genuine democracy, which can no longer afford to ignore the competence, skills and creativity of women;

Some of the barriers which women face in connection with their participation and gender-balanced representation in political and public life are due to the structure and functioning of electoral systems and political institutions, mainly political parties. Change in this field can only come about through the empowerment of women and a constructive dialogue with men, leading them to understand the urgency of deep reform in the forms of political representation and decision-making which now show under-representation of women; (…).

[6] "Vem então a androginia e questiona toda esta sociedade de controle. Face ao determinismo, ela nos apresenta a indeterminação, que adquire uma estranha visibilidade a qual nossos olhos não estão acostumados: a da não identidade sexual. Faz as nossas certezas vacilarem diante da fascinação pela incerteza", explica [Lúcia Ozório, psicanalista brasileira].

Independente de qualquer ponto de vista, o que está em jogo é a constante utilização de elementos que confiram ao homem a capacidade de explorar a sua criatividade e suas potencialidades. Quanto mais mistérios e dúvidas encontrarmos pela frente, mais chances de formular novos pensamentos e combinações. "Falar de androginia é falar do devir, este constante vir a ser que tanto nos amedronta e nos enfeitiça. Ser andrógino é parecer homem e mulher e planta e animal e bruxo e flor e sátiro e fauno, compondo uma estética singular, a estética da multiplicidade que vaga, vai por ali e por aqui sem precisar de modelos prévios para se movimentar, para acontecer", completa Lúcia. Assim pensando, o "andrógino", em qualquer esfera de avaliação, só contribui para o aperfeiçoamento de nossa condição humana."

Rio de Janeiro, 27 de novembro de 2000.
http://www.mood.com.br/2911/androginia3.htm
10 de Março de 2006

mulheres, como nós o imaginamos hoje, a responsabilidade em desfazer essa divisão também lhes há-de caber.

Por isso mesmo, o passo de uma inclusão normativa, que parecerá forçada, é o paradoxo que poderá ajudar a normalizar a presença. Tal como a exclusão normativa ajudou a normalizar a ausência.

Apesar de tudo, espanta-me a paixão desencadeada pela proposta de lei das chamadas quotas eleitorais. José Pacheco Pereira (Abrupto, 30.3.06) e José Manuel Fernandes (Público, 30.3.06) soam apocalípticos. É o princípio do fim da democracia. Francisco José Viegas (JN electrónico, 26.3.2006) protesta também, acha 33% ridículo e uma inadmissível injunçao administarativa de felicidade. Não é assim que se faz, segundo afirma, a lei não tem de impor critérios de correcção de vida política:

> "Não sei o que pensará uma mulher que entra no parlamento pela mão de uma fantástica mas discriminatória quota de 33,3% – se isso lhe reconhece o seu mérito como deputada ou se acaba por sentir-se um mero instrumento orgânico nas mãos da oligarquia do seu partido."

António Barreto, na sua crónica (Público) de domingo, dia 2, escreve sobre a humilhação das mulheres em que consistiria a lei aprovada na Assembleia da República – e não a sua ausência.

Parece estranho que a profunda desigualdade na participação política não seja "instintivamente" associada ao peso da tradição e do hábito, mas também a circunstâncias que perduram como a desigualdade de condições sociais e familares de homens e mulheres e às dificuldades de acesso, em geral, a postos de decisão, política ou outra.

Toda a discussão sobre o caminho para a igualdade que seria naturalmente percorrido uma vez retirados os obstáculos legais ("é uma questão de tempo") parece ignorar que os mecanismos de domínio e submissão sociais se conseguem perpetuar enquanto hábitos, costumes, normas de comportamento e portanto de expectativas que têm dimensões de profunda desigualdade. Dessas desigualdades faz parte a conceptualização científica e de senso comum da *natural e desejável* diferença entre os homens e as mulheres. Essa *diferenciação hierarquizada* foi activamente imposta por lei até há muito pouco tempo – há uns escassos trinta, quarenta anos a *privatização das mulheres* e a sua *exclusão da esfera pública* assumia dimensões de vinculação legal estrita que hoje já podem parecer muito distantes. As proibições de acesso a profissões que de alguma forma representavam a imagem de autoridade do Estado (nas carreiras da diplomacia ou da magistratura) ou de autoridade na família (o chefe de família era o marido, a mulher tinha o governo doméstico) ladeavam a ausência de direitos políticos com a naturalidade que um regime autoritário e profundamente patriarcal ia buscar à sua ideia de natureza das coisas ou do bem da família (Constituição de 1933).

Parece-me francamente extraordinário que num mundo cheio de quotas (regionais, de tendência, do Secretário-Geral...) as pessoas se espantem porque uma lei quer ajudar a remover as resistências a uma distribuição mais equitativa nos cargos decisórios. Não há caminho feito, ele faz-se caminhando. A entrada em maior número de mulheres no Parlamento terá espantado as pessoas já nas últimas eleições legislativas, segundo o depoimento de algumas deputadas do Partido Socialista (*Público* de 30.3.2006).

A paródia de Aristófanes[7] tornou-se realidade possível. Já não será preciso o talento de um dramaturgo para ver as mulheres no parlamento. Mas a verdade é que passaram mais de dois mil anos...

Não admira, vendo bem, que a coisa cause estranheza.

---

[7] Refiro-me à sua comédia intitulada "As Mulheres no Parlamento".

Reflexões sobre Jurisdição Constitucional e Direitos Fundamentais nos 30 anos da Constituição da República Portuguesa[*]

Paulo Mota Pinto[**]

> Sumário: 1. Considerações introdutórias. 2. A opção por uma jurisdição constitucional. 3. Os direitos fundamentais entre o Tribunal Constitucional e os poderes legislativo e executivo. 4. Os direitos fundamentais entre o Tribunal Constitucional e os outros tribunais. 5. Problemas de delimitação entre o Tribunal Constitucional e os outros tribunais. 6. Sobre os riscos e os desafios.

1. Estou aqui por uma razão simples: entendi que não podia fugir ao dever de participar num colóquio comemorativo dos 30 anos da Constituição da República Portuguesa. Pertenço a uma geração que viveu mais de dois terços da vida sob esta Constituição, que cresceu para a vida pública e para a cidadania já sob a sua vigência, e que assistiu às vicissitudes por que ela passou, libertando-a dos constrangimentos que a sua *occasio* lhe impusera e adaptando-a ao futuro, por forma a permitir que se tornasse a Constituição de todos os Portugueses. Não ignoro as críticas que se ouvem ainda em muitas áreas – mas não poderia também esquecer que se trata da Constituição que deu ao meu País o *maior período* seguido de liberdade e democracia.

Também de imediato me dei, porém, conta, de uma indisfarçável falta de especialização teórica para vos trazer uma palavra sobre a "teoria da Constituição de 1976", ou em geral sobre a teoria da Constituição. É certo que não posso esconder a atracção pelo problema teórico da *fundamentação da validade* dos direitos fundamentais, e em particular pela questão da posição da Constituição nesse problema, como que mediadora entre a Justiça Natural e o Poder, entre o Direito e a Lei, entre Antígona e Creonte – mas logo me recor-

---

[*] Publica-se o que serviu de base à comunicação apresentada na conferência sobre os *30 anos da Constituição Portuguesa de 1976*, na Universidade Nova de Lisboa, em 5 de Abril de 2006. Manteve-se o estilo coloquial, não tendo sido possível, por falta de tempo, nem desenvolver alguns pontos tocados no texto, nem incluir nas notas de rodapé mais do que escassas referências bibliográficas.

[**] Juiz Conselheiro do Tribunal Constitucional.

dei do belo texto com que, justamente sobre este tema, Gustavo Zagrebelsky nos brindou por ocasião das comemorações dos 20 anos do Tribunal Constitucional[1]. Notarei apenas que se exprime neste problema, com evidente (e por vezes lamentável) actualidade[2], aquela que, podemos dizer, é hoje, porventura, a questão verdadeiramente *decisiva* para o futuro da liberdade e dos direitos fundamentais – a da *universalizabilidade* destes últimos, independentemente das culturas, religiões e "formas de sociedade". São conhecidos os problemas de fundamentação teórica e filosófica de uma resposta a tal problema, bem como os ainda maiores problemas de motivação para a acção ou, até, só para a *adesão à actividade discursiva* cujo início pudesse, numa certa perspectiva, abrir caminho para essa fundamentação. Com um tal "diálogo de surdos", tenho por claro, porém, que, numa sociedade mundial cada vez mais interdependente, não se conseguirá assegurar de forma duradoura a generalização do *ethos* da liberdade e do respeito pela dignidade humana com a mera intensificação da racionalidade em discursos que os visados não aceitam, ou desdobrando-nos em tentativas de nivelação e de "neutralização" da perspectiva de onde partimos, tentando "descentrar-nos" inteiramente (da Europa, do Ocidente, etc.). Confesso, aliás, que não consigo evitar um sinal de alarme interior sempre que ouço fundamentações com base em alegadas "concepções [qualquer adjectivo, como oriental ou confuciana, islâmica ou árabe, socialista, africana, etc.] dos direitos fundamentais". Como notou recentemente Udo di Fabio[3], os valores dos direitos fundamentais põem, histórica e culturalmente, um problema de *universalização* justamente daquilo que não foi e *não é (ainda) universal*, e, nesse sentido, também o problema de *uma certa* concepção do mundo e do ser humano. A perda desta consciência – a que se assiste frequentemente no Ocidente, justamente por força daquela mesma concepção do mundo e do Homem, e que, nesse sentido, paradoxalmente a exaspera – pode ser o primeiro obstáculo que barra o caminho a uma possibilidade de universalização. Talvez pudesse ter sido noutro momento e noutro lugar, mas foi justamente na Antiguidade grega, de onde veio o nome Europa", que começou uma concepção de pessoa que a Humanidade não pode perder, se não quiser tornar-se em algo radicalmente diverso daquilo que tem sido (ainda que a sua fundamentação normativa, com força equiparável à

---

[1] GUSTAVO ZAGREBELSKY, "A Lei, o Direito e a Constituição", in *Anuário Português de Direito Constitucional*, ano III, 2003, pp. 35-49.

[2] Pensemos, por ex., nas recentes polémicas sobre o alcance da liberdade de expressão e de criação cultural (e mesmo da integridade física e do direito à vida), no confronto com a liberdade religiosa, que culminaram na chamada "crise das caricaturas".

[3] UDO DI FABIO, *Die Kultur der Freiheit*, München, Beck, 2005, pp. 277-279.

lógica, possa permanecer uma quimera). E a ideia, ou, se se quiser, a crença ou "fé'" na liberdade do ser humano é parte integral da identidade dessa concepção, que surgiu a partir do Ocidente. Reputo, não a arrogância, mas a autoconsciência deste facto, e a crença no "poder" da ideia de liberdade e de dignidade da pessoa humana, momentos indispensáveis para a possibilidade de se conseguir a generalização da vigência e da realização prática dos direitos fundamentais.

2. Mas não é um tal discurso que vos quero hoje trazer. Pretendo antes satisfazer o dever que assumi suscitando alguns problemas, talvez interessantes para uma reflexão teórica, em particular na área dos direitos fundamentais, a partir da experiência que tenho tido contactando com a aplicação prática da Constituição.

A opção pela *criação de um órgão com competências específicas de administração da justiça em matéria constitucional* foi, como se sabe, seguida maioritariamente pelos países que fizeram a transição para a democracia nas últimas décadas do século XX. Tal modelo, cujo precursor é, como se sabe, o Tribunal Constitucional austríaco, a que ficou ligado o nome ilustre de Kelsen, caracteriza-se, no plano institucional, normalmente, além de pela autonomização em relação aos órgãos judiciários "normais", por uma forma específica de designação dos juízes, que assegure o reflexo da variedade de mundividências presentes no espectro político-ideológico. Como já tem sido notado em estudos comparatísticos[4], um factor chave na determinação do "desenho" dos tribunais constitucionais – da sua composição, posição, e competência – é a configuração política no momento constituinte. Entre nós, tal momento não se deu, para o Tribunal Constitucional, há trinta anos, mas só com a primeira revisão constitucional, terminada a fase de transição caracterizada pela existência do Conselho da Revolução[5].

Julgo que posso consensualmente afirmar – e tem sido notado por muitos outros observadores, bem mais qualificados – que a existência de uma justiça constitucional administrada por um órgão com competência específica para o

---

[4] Alguns até com explicações da actuação dos participantes no processo constituinte à luz de motivações maximizadoras das próprias *chances* políticas. V. TOM GINSBURG, "Economic Analysis and the Design of Constitutional Courts", *Theoretical Inquiries in Law*, Dezembro de 2001, disponível em *www.ssrn.com*.

[5] Seja-me permitida uma recordação sobre o significado do final dessa fase: ainda em 1981, uma enciclopédia generalista norte-americana indicava ainda que em Portugal o regime era, não democrático "parlamentarista", "presidencialista", ou, sequer, "semi-presidencialista", mas antes de *"military junta"*. Recordo-me da impressão que me causou posteriormente tal qualificação, que se devia à existência do "Conselho da Revolução".

controlo concentrado, e cujos membros são objecto de uma designação segundo regras especiais (o Tribunal Constitucional), é hoje um *dado adquirido*, e, talvez mesmo, uma aquisição *irreversível* do nosso modelo institucional. Trata-se, aliás – e não é demais notá-lo – de um modelo que tem passado ao lado da tão propalada "crise da Justiça" e que, a meu ver, tem até, uma vez por outra, contribuído para a atenuar. E isto, seja pelo *conteúdo* das decisões[6], seja, também, *por efeito da própria existência* de um órgão jurisdicional relativamente retirado do debate quotidiano e da discussão política, que representa uma espécie de "garantia última" (no plano nacional).

Aceitando que as questões que são trazidas até ao Tribunal Constitucional continuarão a carecer de ser objecto de uma resposta por órgãos do Estado, pode dizer-se que o problema levantado pelo modelo da jurisdição constitucional é de *"desenho institucional"*, e, ligado com este, teórico e dogmático: quem decide? Ou, a nível constitucional, até: Quem decide quem decide? E como conceber os critérios de distinção? E trata-se, em particular, de saber qual o modelo que assegura uma protecção mais eficaz e justa dos direitos fundamentais.

Trinta anos depois da Constituição, e quase vinte e cinco anos depois da criação do Tribunal Constitucional, não é descabido reflectir brevemente de novo sobre a relação entre este Tribunal e outros órgãos do Estado, no aspecto da sua intervenção para protecção e realização dos direitos fundamentais[7].

3. Um primeiro núcleo de confronto da posição da jurisdição constitucional é o da delimitação e comparação com os fundamentos e a possibilidade de intervenção do *poder executivo* e do *poder legislativo* na protecção dos direitos fundamentais. Tratando-se, no último caso, sobretudo de poder de um órgão, parlamentar, directamente eleito – com legitimidade democrática directa – e, no caso do Governo, de um órgão que, apesar de não ser directamente eleito, é responsável pela sua actuação perante a Assembleia da República (e cujo chefe tem sido sempre candidato a deputado e líder do partido mais votado, que domina, directa ou indirectamente, a Assembleia), a

---

[6] Lembre-se, por ex., em matéria processual penal, a definição dos direitos dos arguidos, e seus limites, no primeiro interrogatório judicial, a garantia do direito ao recurso, ou dos limites à prisão preventiva (acórdãos n.ºs 416/2003 e 607/2003).

[7] Não se propõe, porém, seguidamente, qualquer resenha histórica, ou "balanço", da jurisprudência constitucional em matéria de direitos fundamentais, mas apenas o alinhamento de breves notas de reflexão sobre a referida relação entre a jurisdição constitucional e outros órgãos – numa tarefa que, aliás, penso que não pode ser levada a cabo apenas com um instrumentário jurídico-dogmático, mas, antes, seja num plano teórico, seja nos planos da política legislativa (*rectius*, constitucional) e da "análise institucional comparada" (e cujo desenvolvimento deixarei de parte).

comparação com a posição do Tribunal Constitucional não pode deixar de suscitar o problema da *legitimidade* deste.

É esta, como se sabe, uma crítica retomada no início dos anos 90, para o Tribunal Constitucional alemão, por Habermas, na sua "teoria do discurso do estado de direito democrático"[8]. E é claro que, apesar de (entre nós e na generalidade dos países europeus, em que os juízes dos tribunais comuns não são eleitos) os problemas de legitimação da jurisdição constitucional se apresentarem com menos acuidade do que na jurisdição comum, eles não deixam de existir. Isto, sobretudo em confronto com o poder legislativo, e considerando que está cometido à jurisdição constitucional o controlo directo da actividade deste.

Pode, porém, dizer-se que não se trata aqui do tipo de problemas mais graves suscitados pela jurisdição constitucional. Não só a eleição da maior parte dos juízes do Tribunal Constitucional pelo parlamento permite assegurar a legitimidade democrática indirecta indispensável, como esta resulta, quer indirectamente da própria actividade de aplicação da Constituição, quer dos próprios limites da actividade do Tribunal Constitucional.

Em certo sentido, pode até dizer-se que a existência de um órgão mais "recuado" e retirado do debate político-partidário quotidiano, que apesar de ainda dispor de uma base de legitimação democrática indirecta, conta com uma *estabilidade* e com garantias que lhe permitem agir com independência, supre uma necessidade do sistema[9]. Acresce a referida delimitação pelo exercício da função, que se tem exprimido numa atitude que pode ser designada como de *"minimalismo judiciário"*, analisada e defendida, para a jurisprudência da *Supreme Court* americana, por Cass Sunstein, mostrando as virtudes democráticas desta posição[10]. Em geral, também o nosso Tribunal Constitucional tem considerado que apenas lhe cabe decidir "um caso de cada vez",

---

[8] JÜRGEN HABERMAS, *Faktizität und Geltung. Beiträge zur Diskurstheorie des Staates und des demokratischen Rechtsstaates*, Frankfurt a. M., Suhrkamp, 1992, VI, III, pp. 324 e ss.

[9] É disso mesmo, se não erramos, que tem sido sintoma a própria atribuição repetida ao Tribunal Constitucional de funções típicas de *"terceiro imparcial"* em diversas matérias, mesmo fora do controlo normativo, como a do controlo das contas dos partidos políticos, de contencioso da actuação dos partidos que possa afectar a democracia interna, ou de última instância em contencioso eleitoral. As aparentes dificuldades no estabelecimento de consensos nestas matérias ao nível da "política quotidiana" têm conduzido à abertura de novas vias de intervenção do Tribunal Constitucional, demonstrando que os problemas de legitimação não são sentidos de forma aguda – e sempre o seriam mais, aliás, naquelas decisões em que o debate político está (indirectamente) implicado de modo mais intenso, como na fiscalização preventiva de leis e de iniciativas referendárias.

[10] CASS R. SUNSTEIN, *One Case at a Time. Judicial Minimalism on the Supreme Court*, Cambridge (Mass.), Harvard Un. Press, 1999, esp. pp 259 e ss.

e tem procurado encontrar fórmulas decisórias – e, também (embora em menor medida) fundamentações – *estreitas* e adequadas apenas à dimensão normativa aplicada, sem profundidade e amplitude tais, que, pelo seu alcance, viessem necessariamente, no futuro, a condicionar em larga medida, para além do próprio Tribunal, o debate e a decisão do legislador democrático.

Outro aspecto – mas relacionado ainda com tal "minimalismo" – é, porém, o da necessária imbricação do objecto das decisões relativas a direitos fundamentais com "políticas públicas", para cuja definição o Tribunal Constitucional não está legitimado e para que não é o órgão adequado. O que está em causa não é apenas o conhecido problema do *"custo dos direitos"*[11], isto é, da incontornável dependência de muitos dos direitos fundamentais, na sua possibilidade de concretização – mesmo dos direitos, liberdades e garantias e não só dos direitos económicos, sociais e culturais –, em relação às "políticas públicas"[12]. Mesmo que se considere que é apenas a concretização, e não o próprio direito, que está dependente de prestações públicas, é certo que não compete à jurisdição constitucional definir as políticas públicas necessárias. Perante tal obstáculo, as mais belas proclamações no plano normativo podem reconhecidamente esbarrar com a impossibilidade de concretização.

Mas além desta dimensão da dependência dos direitos das possibilidades financeiras públicas, existem também óbvios problemas de *"custos da decisão"*, da própria decisão da jurisdição constitucional – designadamente, custos da informação necessária para decidir –, relacionados com o aumento da complexidade e da quantidade de casos. Talvez não seja desadequado repetir aqui a conclusão que alguns teóricos da análise institucional comparada põem em evidência a propósito dos "limites do Direito", no sentido de que os tribunais se tornam, com o *aumento da quantidade* de casos e da *complexidade* dos casos – esta presente, nas suas várias implicações, em questões como as do reconhecimento de novas dimensões dos direitos fundamentais[13] – instituições menos capazes para tomar decisões, por comparação com alternativas institucionais[14].

---

[11] V. STEPHEN HOLMES/CASS R. SUNSTEIN, *The Cost of Rights. Why Liberty Depends on Taxes*, New York-London, W. W. Norton & Co, 2000.

[12] Esta relação foi tratada entre nós, também a propósito dos 20 anos do Tribunal Constitucional, por J. J. GOMES CANOTILHO, "Tribunal Constitucional, Jurisprudências e Políticas Públicas", *Anuário Português de Direito Constitucional*, cit., pp. 77-86.

[13] Pense-se, por exemplo, nas implicações de decisões sobre o nível do chamado "mínimo de sobrevivência" no rendimento mínimo garantido, ou sobre o confronto deste (ou do salário mínimo) com pretensões alheias, como as do credor particular ou tributário.

[14] Assim, em termos transponíveis para a realidade portuguesa, NEIL KOMESAR, *Law's Limits. The Rule of Law and the Supply and Demand of Rights*, Cambridge, Cambridge Un. Press, 2001, pp. 41 e ss. Sobre a análise institucional comparada, v. já antes ID., *Imperfect Alternatives. Choosing Institutions in Law, Economics and Public Policy*, Chicago, Un. of Chicago Press, 1994.

A conclusão será, pois, porventura algo decepcionante, para quem esperasse uma visão *exaltadora* do papel da jurisdição constitucional na promoção e realização dos direitos fundamentais na prática. Penso, na verdade, que realisticamente não pode deixar de reconhecer-se que tal realização prática depende também de factores que estão em *larga medida fora do controlo* da jurisdição constitucional. Trata-se, não só do exercício da margem de liberdade de conformação do legislador – pois que esta sempre poderia ser balizada por certa concretização dos direitos fundamentais –, mas de limites que, além dos referidos "custos de informação" necessários para a decisão da jurisdição constitucional, incluem, além do domínio sobre os pressupostos (designadamente financeiros) das políticas públicas para tanto indispensável, o domínio sobre outros instrumentos do poder do Estado. O que, porém, à laia de consolo, confirma, por outro lado, a verificação de que também a jurisdição constitucional integra o *least dangerous branch* dos órgãos do Estado.

Nesta visão, o confronto com as formas e meios de actuação típicos dos poderes legislativo e executivo, o papel que à jurisdição constitucional está reservado, pela via da conhecida ideia do "legislador negativo", será, pois, em grande medida tão-só o de, perante limites que em grande parte não pode dominar, à "oferta e procura de direitos", e perante um determinado contexto jurídico e social, corrigir desvios *excessivos* ou *inadmissíveis*, e fixar balizas suficientemente amplas – mas garantir ainda assim que não são ultrapassados certos limites – à acção do Estado, mais do que uma imposição *positiva* de *standards*, níveis e formas de actuação, e de prestações.

A acumulação de decisões e de uma jurisprudência sedimentada no domínio dos direitos fundamentais pode, porém, pela via da influência sobre o direito vigente, e designadamente sobre as decisões de *outros tribunais*, ter um papel importante na obtenção de um nível mais elevado de concretização.

4. Outro núcleo problemático que importa referir, na delimitação de papéis, diz respeito, justamente, ao interior da função jurisdicional: os direitos fundamentais entre o Tribunal Constitucional e os outros tribunais.

Como já referi, a maioria das novas democracias têm um órgão jurisdicional de fiscalização concentrada da constitucionalidade. Entre nós, a grande maioria das decisões do Tribunal Constitucional é, por outro lado, proferida em recurso de constitucionalidade, isto é, numa fiscalização incidental, suscitada no decurso de um processo judicial.

À primeira vista, dir-se-ia, porém, comparando o modelo português com o de outros países em que existe uma "queixa constitucional", uma acção constitucional de defesa de direitos fundamentais ou "recurso de amparo", que a jurisdição constitucional em Portugal *não é*, na sua concepção, *uma jurisdição de direitos fundamentais* – ou, pelo menos, que não é uma jurisdição precipuamente dedicada aos direitos fundamentais. Desde logo, não é *exclusivamente* uma jurisdição de direitos fundamentais, porque o controlo de constitucionalidade se estende também a vícios formais e competenciais dos diplomas e normas que aprecia. Por outro lado, e sobretudo, o Tribunal Constitucional, quer em fiscalização abstracta, quer na fiscalização concreta e incidental (mediante o recurso de constitucionalidade), só controla *normas* e não actos concretos do poder público, como decisões administrativas e judiciais em si mesmas consideradas. As violações de direitos fundamentais por tais actos concretos, em si mesmos, com independência da aferição da constitucionalidade de uma norma, passam, assim, ao lado da jurisdição constitucional, por não existir um mecanismo de queixa constitucional ou uma acção constitucional de defesa de direitos fundamentais.

Penso, porém, que tal caracterização da jurisdição constitucional em termos de afastar a sua influência sobre a protecção dos direitos fundamentais seria fortemente redutora. É certo que, dentro dos limites das suas competências, o Tribunal Constitucional desenvolveu uma *vasta* e *conhecida jurisprudência "amiga dos direitos fundamentais"*, em vários domínios. E pode dizer-se mesmo que tal jurisprudência constituiu um contributo muito relevante – porventura o mais relevante – para a conformação da ordem jurídica portuguesa durante o último quarto de século, no sentido de a aproximar de um nível mais elevado de protecção dos direitos fundamentais. Sem querer fazer um apanhado geral da jurisprudência, ou um balanço desta, recordem-se apenas, a título de exemplo, as decisões do Tribunal Constitucional: em matéria penal e processual penal[15], com o reforço dos direitos dos arguidos (por exemplo quanto aos direitos do arguido no primeiro interrogatório judicial), as garantias do direito ao recurso (com decisões, por exemplo, sobre a manutenção da utilidade do recurso sobre a prisão preventiva, ou sobre o prazo para recurso e notificação das decisões), as garantias de um processo leal (postas, por vezes, em causa, por exemplo, em casos de contradição entre a primeira e a segunda instância sobre a admissibilidade de recurso ou o respectivo prazo), o direito penal e processual penal militar (desde o controlo de tipos de crime até ao problema da admissibilidade da *reformatio in pejus*), o direito a assistência judiciária, a impossibilidade de rejeição liminar de recursos sem convite para aperfeiçoamento, por razões puramente formais,

---

[15] V. António Rocha Marques, "Jurisprudência do Tribunal Constitucional sobre o Código Penal e o Código de Processo Penal", 1983-31 de Março de 1999, *Revista do Ministério Público*, Lisboa, ano 20, n.º 78, 1999, pp. 159-174.

etc.[16]; em matéria de extradição[17] e expulsão[18]; em matéria civil, com, por exemplo, o afastamento do prazo de dois anos a contar da maioridade, para a acção de investigação de paternidade[19]; a jurisprudência sobre o direito à reparação de danos dos consumidores (por exemplo, sobre a exclusão da indemnização por lucros cessantes nos serviços de correios e nos comboios[20]), sobre a liberdade de associação[21], sobre a preservação do mínimo de sobrevivência, ou de existência, em relação a penhoras[22] (e na reforma do "rendimento mínimo garantido"[23]); a jurisprudência sobre união de facto[24], sobre a protecção da vida privada[25], etc.; a vasta jurispru-

---

[16] Cf., por ex., os acórdãos n.ºs 121/97, 416/2003 e 607/2003. Em matéria de interrupção voluntária da gravidez, v. o acórdão n.º 288/98, que procedeu à fiscalização preventiva da constitucionalidade e legalidade da proposta de referendo sobre a sua despenalização.

[17] Cf. o acórdão n.º 1146/96, que declarou a inconstitucionalidade, com força obrigatória geral, por violação do artigo 33.º, n.º 3, da Constituição, da norma constante do artigo 4.º, n.º 1, alínea a), do Decreto-Lei n.º 437/75, de 16 de Agosto (em vigor no território de Macau), na parte em que permitia a extradição por crimes puníveis no Estado requerente com a pena de morte, havendo garantia da sua substituição, se esta garantia, de acordo com o ordenamento penal e processual penal do Estado requerente, não for juridicamente vinculante para os respectivos tribunais.

[18] V. o acórdão n.º 232/2004, que declarou a inconstitucionalidade, com força obrigatória geral, das normas constantes dos artigos 101.º, n.ºs 1, alíneas a), b) e c), e 2, e 125.º, n.º 2, do Decreto-Lei n.º 244/98, de 8 de Agosto, na sua versão originária, da norma do artigo 68.º, n.º 1, alíneas a), b) e c), do Decreto-Lei n.º 59/93, de 3 de Março, e da norma do artigo 34.º, n.º 1, do Decreto-Lei n.º 15/93, de 22 de Janeiro, enquanto aplicáveis a cidadãos estrangeiros que tenham a seu cargo filhos menores de nacionalidade portuguesa residentes em território nacional.

[19] Acórdão n.º 23/2006 (*DR*, I série-A, n.º 28, de 8 de Fevereiro de 2006).

[20] Acórdão n.º 650/2004 (*DR*, I série-A, n.º 28, de 8 de Fevereiro de 2006).

[21] V., por ex., o Acórdão n.º 589/2004, que declarou a inconstitucionalidade, com força obrigatória geral, da norma do artigo 13.º, n.º 2, do Decreto-Lei n.º 594/74, de 7 de Novembro, que sujeitava a autorização a promoção e constituição de associações internacionais em Portugal.

[22] Acórdãos n.ºs 318/99, 177/2002 e 96/2004 (penhora sobre rendimentos inferiores ao salário mínimo nacional), bem como 62/2002 (afectação, pela penhora, do rendimento mínimo garantido).

[23] Acórdão n.º 509/2002 (para uma análise crítica deste acórdão v. J. C. VIEIRA DE ANDRADE, in *Jurisprudência constitucional*, n.º 1, 2004, pp. 21 e ss; v. tb. JORGE REIS NOVAIS, "O Tribunal Constitucional e os direitos sociais – o direito à segurança social", in *Jur. constitucional*, cit., n.º 6, 2005, pp. 3-14).

[24] Cf. os acórdãos n.º 275/2002 e 88/2004.

[25] V. PAULO MOTA PINTO, "A protecção da vida privada e a Constituição", in *Boletim da Faculdade de Direito*, Coimbra, vol. 76, 2000, pp. 153-204.

dência em matéria de expropriações, relativa ao direito de propriedade (a necessária consideração da parte sobrante, a qualificação do solo como "apto para construção", etc.[26]).

Esta jurisprudência constitui hoje um acervo importante – provavelmente, repito, entre nós o *mais importante* acervo concentrado – de decisões que em Portugal visam a protecção dos direitos fundamentais. E para além das repercussões imediatas de tais decisões, quer nos processos em que foram tiradas, quer afastando certas normas da ordem jurídica, quer como referências a tomar em conta pelos tribunais, a influência do Tribunal Constitucional resulta também logo, como já referi, da própria existência de um órgão jurisdicional relativamente retirado do debate quotidiano e da discussão política, que representa uma espécie de "garantia última" dos recorrentes, de que estes podem lançar mão.

5. E todavia, penso que é também hora de salientar alguns *limites* do sistema, tal como está delineado e como tem funcionado.

Já referi aquela limitação que resulta da falta de um recurso destinado a controlar a constitucionalidade de *decisões em si mesmas*. Limitar-me-ia a observar que pode hoje duvidar-se da correcção dos *pressupostos metodológicos* de tal sistema de controlo da constitucionalidade pelo Tribunal Constitucional. Designadamente, quer as fronteiras entre *decisão* e *norma* (com o "esquema subsuntivo"), quer a própria distinção entre interpretação extensiva e analogia foram postas em causa, como se sabe, pelas evoluções metodológico-jurídicas mais recentes. Dir-se-á que o modelo metódico normativista (com a linha de delimitação norma/decisão) tem de permanecer como referência incontornável para a jurisdição constitucional, pelo menos, desde que à delimitação da intervenção desta presida a ideia (que parece ter estado subjacente, entre nós, à separação das competências entre a jurisdição constitucional e outras jurisdições) de um controlo apenas dos resultados da actividade *do legislador*, e não já da actividade *dos tribunais*.

Como reflexo daqueles problemas metodológicos, tal delimitação depara-se, porém, com manifestas dificuldades práticas[27], sobretudo no recurso de constitucionalidade: isto é, de um recurso *interposto de decisões* judiciais, mas cujo objecto pode ser tão-só a apreciação da conformidade *de normas*. Na ver-

---

[26] V. FERNANDO ALVES CORREIA, "A jurisprudência do Tribunal Constitucional sobre expropriação por utilidade pública e o Código das Expropriações de 1999", *Revista de Legislação e de Jurisprudência*, Coimbra, anos 132 e 133, 1999-2000, n.ºs 3904 a 3913-3914.

[27] Evidenciando bem, a nosso ver, o relevo prático, quase quotidiano, das referidas análises metodológicas, pelos problemas que põem a claro.

dade, as normas jurídicas não existem em si mesmas, independentemente de qualquer entendimento ou interpretação, destinados a captar-lhe o sentido. A própria definição do objecto do recurso de constitucionalidade – e mesmo não considerando a manifesta improcedência do conhecido brocardo *in claris non fit interpretatio* – requer, sempre, uma actividade de determinação do sentido dos preceitos a apreciar: a sua interpretação. E se a norma a apreciar tem, pois, forçosamente de ser uma certa *dimensão interpretativa* – isto é, se o Tribunal Constitucional tem, pois, de passar a apreciar, como normas, *certos entendimentos* normativos de um ou mais preceitos –, o problema da delimitação entre norma e decisão não pode deixar de pôr-se com mais acuidade. A delimitação entre um determinado entendimento ou interpretação de uma norma e a decisão que a aplica depara com manifestas dificuldades práticas, por exemplo, na definição dos limites em que interpretações e concretizações de *cláusulas gerais*, como a boa fé ou o abuso de direito[28], são susceptíveis de ser apreciadas pelo Tribunal Constitucional, ou, mais frequentemente, a propósito do controlo do respeito pelo princípio da legalidade criminal ou fiscal, por parte de certos entendimentos[29].

A rotura do modelo de separação estrita entre *norma* e *decisão* (com a superação do "esquema subsuntivo") e entre *interpretação extensiva* e *analogia* (para quem ponha em causa o "limite do sentido literal"[30]), a necessária inclusão, dentro dos limites de um modelo que conhece um recurso de constitucionalidade, da apreciação pela jurisdição constitucional de dimensões normativas, e a consequente aproximação da norma a apreciar, em muitas

---

[28] V. o acórdão n.º 655/99, em que se recusou a apreciação da constitucionalidade de certa concretização do abuso de direito, por não estar em causa o controlo da constitucionalidade de uma norma, mas de um juízo decisório. Como se afirmou nesse aresto, "o juízo aplicativo do critério sindicante do abuso do direito, concretizado numa *decisão judicial* em face de um particular conjunto *concreto* de circunstâncias (e, para a concepção dominante, segundo um determinado critério valorativo), é destituído do sentido *normativo*, com independência da sua decisão concretizadora, necessário a poder constituir objecto de sindicância por parte deste Tribunal – confinado que está este, em sede de recurso de constitucionalidade, às funções de controlo de constitucionalidade *normativa*" (pois "o abuso é um modo de ser jurídico que se coloca no trajecto mediante entre a norma e a solução concreta: como tal não depende da lei").

[29] V., por ex., o acórdão n.º 674/99. Mais indicações em CARLOS LOPES DO REGO, "O objecto idóneo dos recursos de fiscalização concreta da constitucionalidade: as *interpretações normativas* sindicáveis pelo Tribunal Constitucional", in *Jurisp. constitucional*, n.º 3, 2004, pp. 4-15.

[30] V. ANTÓNIO CASTANHEIRA NEVES, *Metodologia jurídica. Problemas fundamentais*, Studia Iuridica, Coimbra, Coimbra Ed., 1993, pp. 97 e ss., e já antes, ID., "O princípio da legalidade criminal: o seu problema jurídico e o seu critério dogmático", in *Estudos em homenagem ao professor Doutor Eduardo Correia*, n.º especial do *Boletim da Faculdade de Direito*, 1984, pp. 307-469.

situações, da "norma do caso", tornam legítima a interrogação sobre se, na realidade, em muitos casos não se está já, na realidade, a apreciar a actividade *concreta* (decisória) do julgador recorrido – é o que acontece, por exemplo, quando o Tribunal aprecia dimensões normativas constituídas pela conjugação de dois ou mais preceitos, numa determinada interpretação que está longe de corresponder ao sentido natural, mas apenas corresponde ao entendimento que, por vezes com manifesta incorrecção, foi adoptado na decisão recorrida[31].

A própria exigência de um "mínimo de correspondência, ainda que imperfeitamente expresso" (na formulação da conhecida "teoria da manifestação"), no teor dos preceitos a que se refere a dimensão normativa a apreciar, pode ser posta em causa, e parece que o deve ser, pelo menos a partir do momento em que o Tribunal Constitucional admite também tomar conhecimento, e apreciar, normas que julgador cria, "dentro do espírito do sistema", para integração de lacunas, nos termos do artigo 10.º, n.º 3, do Código Civil[32].

Se descontarmos o problema – que também pode não ser de fácil resolução – da distinção no caso concreto entre a enunciação da *norma* cuja apreciação constitui o *objecto* do processo e a enunciação dos *limites* da formulação normativa a que se refere já a *decisão* do Tribunal Constitucional (por exemplo, de inconstitucionalidade) do Tribunal, veremos que, em muitos casos, a norma apreciada é algo próximo da *Fallnorm*, do conhecido modelo metodológico de Fikentscher[33] – isto é, a norma que o julgador criou, consi-

---

[31] Abre-se, aqui, pois, o problema, não só teórico e dogmático, mas também prático, de saber se o Tribunal Constitucional não está, em muitos casos e decisões, a apreciar *"normas virtuais"*. É o que se pode ver nalgumas decisões. Se, por vezes, a norma apreciada corresponde sem mais a um determinado preceito (v., por ex., o acórdão n.º 491/2002), noutros casos estão em causa apenas certas interpretações, mais ou menos genéricas (por exemplo, no acórdão n.º 362/2002, ou no acórdão n.º 23/2006, confrontando com o acórdão n.º 486/2004), ou até mesmo correspondentes a "normas virtuais" (v., por ex., o acórdão n.º 275/2002, que julgou inconstitucional, por violação do artigo 36.º, n.º 1, da Constituição conjugado com o princípio da proporcionalidade, a norma do n.º 2 do artigo 496.º do Código Civil, na parte em que, em caso de morte da vítima de um crime doloso, exclui a atribuição de um direito de "indemnização por danos não patrimoniais" pessoalmente sofridos pela pessoa que convivia com a vítima em situação de união de facto, estável e duradoura, em condições análogas às dos cônjuges).

[32] V., por ex., os acórdãos n.ºs 150/86, 264/98 e 181/99, in *DR*, II série, respectivamente de 26 de Julho de 1986, 9 de Novembro de 1998 e 28 de Julho de 1999.

[33] WOLFGANG FIKENTSCHER, *Methoden des Rechts: in vergleichender Darstellung. Bd. IV*, Tübingen, J.C.B. Mohr (Paul Siebeck), 1977, pp. 202 e ss., WOLFGANG FIKENTSCHER, "Die Theorie der Fallnorm als Grundlage von Kodex- und Fallrecht (code law and case law)", *Zeitschrift für Rechtsvergleichung*, 1980, pp. 161 e ss. Para crítica, v. A. CASTANHEIRA NEVES, *Metodologia jurídica*, cit., pp. 144 e ss. V. tb. FERNANDO PINTO BRONZE, *A metodonomologia entre a semelhança e a diferença (reflexão problematizante dos pólos da radical matriz analógica do discurso jurídico)*, Studia Iuridica, Coimbra, Coimbra Ed., 1994, pp. 378 e ss.

derando os factos do caso e os critérios legislativos ao seu dispor, concretizando e especificando estes segundo a relevância da factualidade do caso. E recorde-se que, segundo alguns modelos metódicos, como o que é defendido entre nós por Castanheira Neves[34], há mesmo que partir do caso para a norma, para determinar e obter esta.

O Tribunal Constitucional não se tem recusado a controlar este tipo de "normas do caso" – embora normalmente rejeite determinações do objecto do recurso que contenham elementos individuais ou concretos, como circunstâncias de espaço ou tempo, a identificação das partes (ou, até, o *número do processo* em que surgiu a decisão recorrida...). Dir-se-á, assim, que, nos seus resultados, o nosso sistema não deixa de permitir uma protecção, na prática, tão ampla como a que resultaria de uma acção constitucional de defesa ou de uma *Verfassungsbeschwerde* – ou muito próxima dela.

Não se nega que, na verdade, em muitos casos se anda próximo desta. Mas, de todo o modo, ficam ainda *diferenças relevantes*. Não me refiro só aos casos problemáticos, que mencionei, da concretização de cláusulas gerais como o abuso de direito, mas também, em geral, à introdução de um *factor de complexidade técnica acrescida* em relação à formulação simples do problema da afectação de direitos fundamentais pelo acto recorrido, complexidade que talvez fosse desnecessária, pois obriga os recorrentes *a lograr uma tradução em termos normativos*, como um critério normativo com alcance geral, do critério de decisão do caso (da "norma do caso").

Tal necessária "tradução"[35] introduz factores desnecessários de complexidade e é, a meu ver, o elemento que abre a porta à maior parte de decisões de não conhecimento. De um ponto de vista externo, diz-se-á, por outras palavras, que actua na realidade como um *mecanismo de selecção* dos recursos. Simplesmente, não se trata de uma selecção por critérios adequados – ou pelos melhores critérios, substanciais –, como seria a manifesta falta de relevância ou conteúdo constitucional da queixa do recorrente, ou a existência de uma orientação jurisprudencial consolidada[36].

---

[34] António Castanheira Neves, *Metodologia jurídica. Problemas fundamentais*, Studia Iuridica, Coimbra, Coimbra Ed., 1993, pp. 144 e ss., 176 e ss.

[35] Numa espécie de "ginástica intelectual decisório-normativa" que obriga a tentar formular com sucesso a norma a apreciar.

[36] É uma selecção por mecanismos técnicos, que, noutra concepção, em muitos casos não seriam indispensáveis, e que permitiria, mesmo, em certas circunstâncias, uma espécie de "jogo do gato e do rato", em que o recorrente determina uma certa norma, ou a refere a certos preceitos, e o recorrido, ou, mesmo, o Tribunal, entende que se trata de norma diversa – ou que o critério normativo deve ser imputado a preceitos diversos.

É a tal complexidade técnica, com estes resultados, que são, a meu ver, imputáveis as críticas (nem sempre inteiramente justas, mas, na medida em que são procedentes, a meu ver resultantes da própria configuração do sistema, e não da prática, em muitos aspectos generosa e ampliadora, seguida pelo Tribunal Constitucional) no sentido de uma grande selectividade dos recursos, consoante a qualidade e o mérito técnico do advogado, e, portanto, inevitavelmente também consoante a dimensão, a notoriedade e o poder (designadamente económico) dos recorrentes[37].

O problema seria, a meu ver, resolvido com vantagem se se desfizesse tal mecanismo de selecção, substituindo-o por uma selecção frontal e *aberta*, pelo próprio Tribunal Constitucional, segundo critérios de *mérito* – mas, evidentemente, conhecidos, gerais e abstractos e de fácil aplicação – dos recursos que se declara disponível para decidir. Tal sistema não teria, aliás, de conduzir a qualquer *expropriação* da competência dos restantes tribunais para interpretação do direito ordinário – argumento com que por vezes se depara para sustentar a delimitação da competência do Tribunal Constitucional pela exigência de uma enunciação abstracta (com um "elevado nível de generalidade"), pelo tribunal recorrido, do critério normativo de decisão[38].

Resta, porém, saber se a aplicação prática de tais mecanismos não causaria outros problemas, ou se não seria, mesmo, dificilmente compatível com o nosso tipo de "cultura jurídica"[39].

---

[37] JORGE REIS NOVAIS, "Em defesa do recurso de amparo constitucional (ou uma avaliação crítica do sistema português de fiscalização concreta da constitucionalidade)", *Themis*, 10, 2005, pp. 91-117.

[38] Cf. CARLOS LOPES DO REGO, "O objecto *idóneo* dos recursos de fiscalização concreta da constitucionalidade: as *interpretações normativas* sindicáveis pelo Tribunal Constitucional", cit. Com todo o respeito, o contra-argumento referido no texto não parece inteiramente procedente: nessa perspectiva, a referida "expropriação" tanto se deveria verificar se se exige a enunciação do critério de decisão com "elevado nível de abstracção" como se não se faz tal exigência, já que não se vê como ela pode resultar da definição do *objecto do recurso de constitucionalidade*, e não antes, e apenas, da extensão do controlo *da interpretação do direito ordinário*, na medida em que esta é relevante para o parâmetro constitucional aplicável (o princípio da legalidade). A existência de uma enunciação do critério com abstracção, e não a sua construção pelo Tribunal Constitucional, apenas pode, a meu ver, contender com princípios e regras processuais que vedam a este último ser ele mesmo (e não os recorrentes) a *definir (no caso, a "construir") o objecto* do recurso de constitucionalidade, e não com qualquer expropriação da competência para "dizer" o direito ordinário.

[39] Objecção que, porém, sem maiores desenvolvimentos, não se afigura decisiva, desde logo, pela sua suma generalidade, e que careceria, pois, de ser ela própria concretizada e desenvolvida. A "cultura jurídica", como toda a cultura, não é, aliás, algo de imutável, mas é, justamente, um *produto* ou *criação* das sociedades humanas.

6. Aproveitei este tempo para intencionalmente vir aqui dizer algo sobre os problemas e limites da jurisdição constitucional na protecção e realização dos direitos fundamentais em geral – sem entrar, pois, especificamente na problemática de algum desses direitos ou de algumas espécies ou tipos de direitos.

Seria, porém, muito injusto se pudesse deixar ficar uma imagem de *crítica* da jurisdição constitucional nessa sua missão. Antes pelo contrário, entendo, como já disse, que o Tribunal Constitucional, dentro dos seus limites, desenvolveu um importante acervo jurisprudencial "amigo dos direitos fundamentais", em vários domínios, e que é, provavelmente, neste sentido, o mais importante contributo prático para a conformação da ordem jurídica portuguesa com os direitos fundamentais.

Existem, evidentemente, *riscos*, também eles resultantes da acumulação de um tal acervo. Entre eles, destaco sobretudo os riscos, que não devem ser subestimados, de uma espécie de *"positivismo jurisprudencial"* sempre à espreita, e que se auto-compraz com os padrões alcançados, numa mera repetição de fórmulas e correntes. Ou, por outro lado, o risco de o debate decisório poder descair muitas vezes num simples apuramento de maiorias[40], sem espaço para uma verdadeira actuação da "razão argumentativa". E isto, sobretudo, num quadro de aumento do número de processos. Existe, evidentemente, um necessário compromisso entre a decisão e a argumentação, e, portanto, também entre o "corte" pela decisão, imposto pelo tempo, e a correcção substancial desta. Se o tempo não tivesse qualquer custo, a jurisdição deliberaria *ad infinitum*, até à "situação discursiva ideal", em que a correcção da decisão estaria por definição assegurada. Não sendo assim, não pode, porém, perder-se de vista o facto de se estar perante uma limitação indesejável, com o carácter de um verdadeiro *compromisso* entre a justiça e a praticabilidade.

E além destes riscos, existem evidentemente *desafios*, que não posso aqui aprofundar. Desafios dos quais o mais próximo, mas também um dos mais interessantes, é, sem dúvida, o que resulta da integração europeia e do caminho para uma situação, se não de *"constitucionalismo global"*[41], pelo menos de

---

[40] Talvez idealmente, na actividade jurisdicional, e em particular na jurisdição constitucional, nunca devesse ser sequer necessário apurar uma maioria. Aliás, mesmo fora da actividade jurisdicional, numa "democracia deliberativa" o modelo de definição do interesse e da vontade colectiva da comunidade não pode também limitar-se ao apuramento da maioria, e requer antes o debate e a troca de ideias e argumentos, para formação de uma consciência informada e crítica. E a jurisdição constitucional, a um nível de especialização técnica, deve permitir reflectir tal debate numa "República de Razões", sendo essa uma das justificações para a sua índole específica.

[41] Sobre as tendências deste, v. recentemente J. J. GOMES CANOTILHO, *"Brancoso" e inter-constitucionalidade. Itinerários dos discursos sobre a historicidade constitucional*, Coimbra, Almedina, 2006, pp. 259 e ss.

"constitucionalismo europeu"[42], em que a *interconstitucionalidade* se torna relevante – se não é já esta última situação que hoje deve considerar-se existente, como tem sido defendido por eminentes constitucionalistas e especialistas em direito comunitário. Creio, porém, que sempre continuaremos a necessitar de um nível de jurisdição constitucional nacional para protecção dos direitos fundamentais, justamente porque, em muitos domínios, no plano jurisdicional essa protecção se consegue fazer melhor, a meu ver, a essa escala nacional, do que a uma escala mais ampla (continental, ou, até, mundial).

É indubitável que, com todas as suas vicissitudes e com os limites que o seu contexto histórico lhe impôs – e quem consegue escapar a eles? –, a Constituição da República Portuguesa conseguiu durante três décadas fornecer o quadro para o debate e confronto político, num quadro de progresso na protecção dos direitos fundamentais (compare-se a situação actual com a que existia no momento da sua entrada em vigor) e de democracia e liberdade. Independentemente de juízos políticos sobre a melhor evolução futura, dos riscos e desafios que nos esperam, esse é, a meu ver, o melhor *elogio* que se lhe pode fazer. E é, indubitavelmente, um *acto de justiça*.

---

[42] V. MIGUEL POIARES MADURO, *A Constituição plural. Constitucionalismo e União Europeia*, Cascais, Principia, 2006.

AS REVISÕES CONSTITUCIONAIS EM MATÉRIA DE EXTRADIÇÃO. A INFLUÊNCIA DA UNIÃO EUROPEIA

NUNO PIÇARRA[*]

> SUMÁRIO: I. Introdução. II. O dispositivo originário da Constituição de 1976 face à Convenção Europeia de Extradição. III. O artigo 33.º da Constituição de 1976 na jurisprudência do Tribunal Constitucional. IV. A adesão à Convenção de Schengen e as suas implicações no ordenamento jurídico português. V. A Convenção de Dublin em matéria de extradição e o seu significado. VI. A revisão constitucional de 1997 e a nova jurisprudência do Tribunal Constitucional. VII. A Decisão-Quadro relativa ao mandado de detenção europeu e as suas repercussões constitucionais e legais. VIII. Conclusão.

I. INTRODUÇÃO

1. Três dos actuais preceitos da Constituição da República Portuguesa de 1976 (CRP) em matéria de extradição revelam uma influência clara da União Europeia (UE). Mais precisamente, foram introduzidos na CRP, a partir da revisão de 1997, com vista a torná-la compatível com o direito da UE relativo a tal matéria.

O primeiro preceito consta do n.º 3 do artigo 33.º. De acordo com ele, "a extradição de cidadãos portugueses do território nacional só é admitida em condições de reciprocidade estabelecidas em convenção internacional, nos casos de terrorismo e de criminalidade internacional organizada, e desde que a ordem jurídica do Estado requisitante consagre garantias de um processo justo e equitativo". O segundo consta do n.º 4 do mesmo artigo e dispõe que a extradição "por crimes a que corresponda, segundo o direito do Estado requisitante, pena ou medida de segurança privativa ou restritiva da liberdade com carácter perpétuo ou de duração indefinida" só é admitida "se, nesse domínio, o Estado requisitante for parte de convenção internacional a que Portugal esteja vinculado e oferecer garantias de que tal pena ou medida de segurança não será aplicada ou executada". O terceiro preceito consta do n.º 5 do artigo

---

[*] Professor da Faculdade de Direito da Universidade Nova de Lisboa.

33.º e é particularmente eloquente acerca do que se afirmou no início, ao determinar que o disposto nos dois números anteriores "não prejudica a aplicação das normas de cooperação judiciária penal" – de que a extradição é modalidade particularmente importante – "estabelecidas no âmbito da União Europeia".

A inserção sistemática deste último preceito pretende, de algum modo, clarificar que a influência da UE no regime constitucional da extradição não é, no entanto, total. Com efeito, a ele se seguem dois outros que, no essencial, puderam manter-se intocados desde a versão originária da CRP: por um lado, o preceito que proíbe a extradição por motivos políticos e por crimes puníveis com a pena de morte (n.º 6) e, por outro lado, aquele que exige a intervenção decisiva de autoridade judicial para que a extradição possa ter lugar (n.º 7).

Perante isto, poder-se-ia pensar que a influência *da* UE no direito constitucional português da extradição, não sendo total, é pelo menos unilateral. Mas não é assim. Na verdade, um dos instrumentos jurídicos mais emblemáticos da cooperação judiciária penal estabelecida no âmbito da UE (para que remete implicitamente o citado n.º 5 do artigo 33.º da CRP), relativo à extradição no seu "estádio supremo", se assim se pode dizer – a Decisão-Quadro do Conselho de 13 de Junho de 2002, que regula o mandado de detenção europeu e os processos de entrega entre os Estados-Membros[1] –, contém um preceito bem ilustrativo da influência portuguesa *na* UE e, por conseguinte, do carácter recíproco e não meramente unilateral da influência em causa. Trata-se do artigo 5.º, n.º 2, que autoriza os Estados-Membros a sujeitarem a execução de um mandado de detenção europeu (MDE), emitido por facto "punível com pena ou medida de segurança privativas da liberdade com carácter perpétuo", à condição de que o Estado-Membro de emissão preveja no seu sistema jurídico a revisão da pena proferida (a pedido ou, o mais tardar, no prazo de 20 anos), ou a aplicação das medidas de clemência contempladas pelo seu direito ou pela sua prática, "com vista a que tal pena ou medida não seja executada".

2. Este caso bem ilustrativo da influência recíproca e do diálogo entre direito constitucional nacional e direito da UE caracteriza-se também pela circunstância de não ter sido isento de tensões e desencontros, porventura escusados, tendo o seu "desenlace" chegado a estar seriamente comprometido.

---

[1] Cf. Anabela Miranda Rodrigues, "O mandado de detenção europeu – na via da construção de um sistema penal europeu: um passo ou um salto?" in *Revista Portuguesa de Ciência Criminal*, ano 13, 2003, p. 27 ss. Tal como refere a autora, o mandado de detenção europeu põe um "ponto final" no processo de simplificação da extradição (p. 34, nota 32). Para maiores desenvolvimentos ver infra, VII, n.º 14.

Para o demonstrar, importa recordar, em primeiro lugar, os princípios em matéria de extradição originariamente consagrados pela CRP, que se mantiveram estáveis ao longo dos primeiros vinte e um anos da sua vigência e em nada dificultaram a adesão de Portugal, em 1989, à Convenção Europeia de Extradição, celebrada no quadro do Conselho da Europa (II.). Em segundo lugar, há a recordar a jurisprudência constitucional na matéria, que assumiu um papel de grande destaque no caso a estudar (III.). Em terceiro lugar, analisar-se-á o impacto que, por um lado, a adesão aos acordos de Schengen em 1991 (IV.) e, por outro lado, a aprovação no quadro da UE da Convenção de Dublin de 1996 (V.) produziram no direito extradicional português. Como se verá por fim, as "colisões" que assim se suscitaram – unicamente a propósito da proibição constitucional de extradição por crime correspondente a pena de prisão perpétua no Estado que a requer e da proibição de extradição de nacionais – só puderam dar-se por ultrapassadas após duas revisões constitucionais – a quarta, ocorrida em 1997 (VI.) e a quinta, ocorrida em 2001 e directamente determinada, no tocante ao artigo 33.º, pela decisão-quadro relativa ao mandado de detenção europeu (VII.).

II. O DISPOSITIVO ORIGINÁRIO DA CONSTITUIÇÃO DE 1976 FACE À CONVENÇÃO EUROPEIA DE EXTRADIÇÃO

3. Logo na sua versão originária e em termos pioneiros no direito constitucional português, a CRP dedicou à extradição – definida como o instituto jurídico mediante o qual um Estado coloca um indivíduo que se encontra no seu território sob a autoridade de outro Estado, a pedido deste, para aí o sujeitar a procedimento penal ou ao cumprimento de uma pena[2] – alguns preceitos que, no essencial, se mantiveram intocados até à quarta revisão constitucional. Fê-lo no artigo 23.º ("Extradição e expulsão"), inserido no Título I da Parte I, dedicado aos princípios gerais em matéria de direitos e deveres fun-

---

[2] A utilização da expressão "colocação sob a autoridade" em vez dos termos "entrega" ou "transferência", tradicionalmente utilizados para definir o instituto da extradição, prende-se com a circunstância de o primeiro termo designar figuras jurídicas hoje consideradas, pelo menos em parte, diferentes da extradição (por um lado, o processo de entrega entre os Estados-Membros da UE no quadro do MDE e, por outro lado, o processo de entrega ao Tribunal Penal Internacional, previsto pelo Estatuto de Roma) e de o segundo termo possuir um significado jurídico próprio, que lhe é dado pela Convenção do Conselho da Europa relativa à transferência de pessoas condenadas. Para maiores desenvolvimentos, ver Pedro Caeiro, "O procedimento de entrega previsto no Estatuto de Roma e a sua incorporação no direito português" in AA VV, *O Tribunal Penal Internacional e a Ordem Jurídica Portuguesa*, Coimbra. 2004, p. 72 ss.

damentais. Com a primeira revisão constitucional, tais preceitos transitaram, sem alterações e juntamente com os do artigo 22.º, relativos ao direito de asilo, para o artigo 33.º ("Expulsão, extradição e direito de asilo"), inserido no Título II da mesma parte da CRP, dedicado aos direitos, liberdades e garantias.

A inclusão de tais preceitos no catálogo de direitos fundamentais propriamente dito não era obviamente desprovida de sentido normativo. Assim o entendeu a doutrina, que interpretou o artigo 33.º como conferindo aos cidadãos portugueses "um *direito à residência em território nacional* garantido em termos absolutos"[3].

Por força dos referidos preceitos, não era admitida a extradição (1) "de cidadãos portugueses do território nacional"; (2) "por motivos políticos"; (3) "por crimes a que corresponda pena de morte segundo o direito do Estado requisitante". Para além destes, de índole material, o artigo 33.º incluiu um quarto preceito com uma vertente orgânico-institucional e formal, reservando a decisão sobre a extradição à "autoridade judicial".

Actualmente, apenas o primeiro sofreu alterações de monta por força do direito da UE, a partir da revisão constitucional de 1997. E foi também a UE a induzir, por ocasião da mesma revisão, o aditamento de um quinto preceito versando especificamente sobre as restrições à extradição por crimes a que corresponda pena de prisão perpétua segundo o direito do Estado requisitante (o actual artigo 33.º, n.º 4) – preceito esse que, por via da já assinalada reciprocidade ou espiral de influências, veio a ser "reexportado com a marca portuguesa" para o citado artigo 5.º, n.º 2, da decisão-quadro relativa ao MDE.

4. Apesar de, à data da entrada em vigor da CRP, Portugal ainda não ser Parte na Convenção Europeia de Extradição, de 13 de Dezembro de 1957[4],

---

[3] Cf. Gomes Canotilho e Vital Moreira, *Constituição da República Portuguesa Anotada*, 3.ª edição, Coimbra, 1993, p. 210, ênfase no original. No sentido de que o artigo 33.º, embora enquadrado no capítulo referente aos direitos, liberdades e garantias, "não pode ser entendido estritamente como legitimador de *um direito fundamental dos cidadãos à protecção do Estado Português*, mas em alguma medida como norma auto-limitadora do Estado Português", sobretudo quanto às situações em que este "pretende, compulsivamente, afastar do seu âmbito de protecção cidadãos que se encontram no seu território", ver Damião da Cunha *apud* Jorge Miranda e Rui Medeiros, *Constituição Portuguesa Anotada*, Tomo I, Coimbra, 2005, p. 365-366, ênfase no original.

[4] A Convenção Europeia de Extradição só viria a entrar em vigor em Portugal em 25 de Abril de 1990, depois de ter sido ratificada em 21 de Agosto de 1989, juntamente com os seus dois Protocolos Adicionais, respectivamente de 15 de Outubro de 1975 e de 17 de Março de 1978; cf. a Resolução da Assembleia da República n.º 23/89 que aprova para ratificação a Convenção Europeia de Extradição e o Decreto do Presidente da República n.º 57/89 in *Diário da República* (*DR*) – I Série n.º 191 de 21-8-1989, p. 3410.

o dispositivo constitucional acabado de enunciar harmonizava-se no essencial com tal instrumento.

Com efeito, (1) o artigo 6.º, n.º 1, alínea *a)*, daquela convenção atribui às Partes Contratantes "a faculdade de recusar a extradição dos seus nacionais", devendo, no entanto, em caso de não extradição, "a pedido da Parte requerente, submeter o assunto às autoridades competentes, a fim de que, se for caso disso, o procedimento criminal possa ser instaurado" (artigo 6.º, n.º 2); (2) o artigo 3.º, n.º 1, estabelece o dever de não extraditar se a infracção que determina o correspondente pedido "for considerada pela Parte requerida como uma infracção política ou como uma infracção com ela conexa"[5]; (3) o artigo 11.º atribui às Partes Contratantes a faculdade de recusarem a extradição quando o facto que determina o respectivo pedido "for punido com pena capital pela lei da Parte requerente e se essa pena não estiver prevista pela lei da Parte requerida, ou aí não for geralmente executada", "excepto se a Parte requerente prestar garantias, consideradas suficientes pela Parte requerida, de que a pena capital não será executada"; (4) o artigo 22.º manda aplicar ao processo de extradição exclusivamente a lei da Parte requerida, salvo disposição em contrário da própria convenção[6].

O único ponto em que a CRP não se harmonizava inteiramente com a Convenção de 57 era aquele em que o artigo 33.º, n.º 3, não contemplava a hipótese de as autoridades portuguesas competentes poderem considerar suficientes as garantias prestadas pela Parte requerente no sentido de a pena de morte não ser executada e, consequentemente, concederem a extradição em cumprimento do artigo 11.º daquela convenção. Com efeito, se, num caso concreto, a pena de morte fosse juridicamente impossível de aplicar ou de executar no Estado requerente, apesar de a sua lei penal a prever em termos gerais e abstractos, não se afiguraria conforme nem com a letra nem com o espírito do artigo 11.º da Convenção de 57 que o Estado português, enquanto Estado requerido, recusasse a extradição com fundamento no artigo 33.º, n.º 3, da CRP, por ele não contemplar expressamente a prestação de tais garantias[7].

---

[5] O protocolo de 15 de Outubro de 1975, na senda do artigo 3.º, n.º 2, da Convenção de 57, fornece importantes elementos para a densificação do conceito de crime político e por conseguinte para a interpretação do próprio artigo 33.º da CRP, na parte em que proíbe a extradição "por motivos políticos".

[6] Para um conspecto sobre este instrumento ver Margarida Frias, "Portugal e a Convenção Europeia sobre Extradição de 13 de Dezembro de 1957" in *Revista do Ministério Público*, ano 11, 1991, p. 97 ss.

[7] Cf. António Bernardo Colaço, "Extradição: alguns aspectos críticos na Convenção Europeia e na lei interna portuguesa" in *Direitos Fundamentais do Cidadão: da Lei à Realidade*, Cadernos da Revista do Ministério Público, n.º 5, Lisboa, 1990, p. 68 e p. 73. Apesar de reco-

Este ponto tornou-se mais evidente quando, por ocasião da adesão à Convenção de 57, a Assembleia da República (AR), prevalecendo-se do artigo 26.º desta[8], formulou a seguinte reserva ao artigo 11.º, manifestamente em execução de uma política internacional abolicionista: "Não há extradição em Portugal por crimes a que corresponda pena de morte segundo *a lei* do Estado requisitante" (ênfase acrescentada). Com esta reserva, a AR terá querido vincar que, na sua interpretação do artigo 33.º da CRP, a proibição de extraditar por crime para o qual esteja prevista, em lei geral e abstracta, a pena de morte não cede perante a prestação de garantias, por parte do Estado requisitante, de não aplicação ou de não execução da pena[9].

Uma motivação semelhante parece patentear, por outro lado, a reserva formulada pela AR ao artigo 1.º da Convenção de 57, nos termos da qual "Portugal não concederá a extradição de pessoas quando reclamadas por infracção a que corresponda pena ou medida de segurança com carácter perpétuo" [alínea *c)*][10].

---

nhecer que, nos termos do artigo 11.º da Convenção de 57, a extradição deve ser concedida sempre que haja a garantia de que a pena de morte não será executada, o autor acaba por defender, passando sem mais de um plano *de jure condito* para um plano *de jure condendo*, que "a pena de morte (e, tabelarmente, a prisão ou medida de segurança de carácter perpétuo) não deverá merecer qualquer contemplação ou complacência, devendo ser eliminada do elenco das penas passíveis de fundamentar a extradição".

[8] Que permite a qualquer Parte Contratante formular reservas a uma ou mais disposições no momento da assinatura da convenção ou do depósito do respectivo instrumento de ratificação ou adesão.

[9] Neste sentido, Pedro Caeiro, "Proibições constitucionais de extraditar em função da pena aplicável (o estatuto constitucional das proibições de extraditar fundadas na natureza da pena correspondente ao crime segundo o direito do Estado requerente, antes e depois da Lei Constitucional n.º 1/97)" in *Revista Portuguesa de Ciência Criminal*, ano 8, 1998, p. 17.

[10] Esta reserva foi, por sua vez, alvo de contestação por outras Partes Contratantes, a começar pela Alemanha. Em declaração de 4 de Fevereiro de 1991, o governo deste Estado considerou que tal reserva "não é compatível com o sentido e o objecto da Convenção senão na medida em que se não oponha sem distinção à extradição em todos os casos em que uma pena perpétua privativa da liberdade possa ser proferida ou uma medida de segurança possa ser ordenada". Em conformidade com isso, a Alemanha afirmou entender a reserva em causa "no sentido de que a extradição não será recusada senão quando, segundo o direito do Estado requerente, a pessoa condenada a uma pena perpétua privativa da liberdade não dispuser de qualquer meio que lhe permita obter, após ter cumprido uma parte determinada da pena ou da medida de segurança, o exame por um tribunal de uma eventual aplicação de regime de prova ao resto da sanção". À declaração da Alemanha aderiram expressamente a Áustria (em declaração de 4 de Junho de 1991 relativa ao artigo 11.º) e a Suíça (em declaração de 21 de Agosto de 1991 relativa ao artigo 1.º). Na declaração da Áustria pode ainda ler-se que a aplicação a Portugal da Convenção de 57 "sem a interpretação proposta pelo governo alemão redundaria numa situação em que a extradição por um crime punível com a prisão perpétua deveria ser recusada (…).

Tais reservas podiam pois ser vistas como uma forma de sanção negativa, traduzida na recusa de cooperação, relativamente aos países que mantinham as penas de morte e de prisão perpétua como instrumentos da sua política penal. Ficava por saber em que medida o juiz constitucional, obrigado a colocar os princípios do artigo 33.º em concordância prática com outros princípios constitucionais como o da cooperação internacional para a repressão da criminalidade, poderia caucionar sem mais a interpretação constitucional feita pela AR no exercício de competências alheias ao poder constituinte, no caso a aprovação de acordos internacionais.

Finalmente – e, desta vez, em estrito cumprimento do então artigo 33.º, n.º 1, da CRP – a AR declarou, em reserva ao artigo 6.º, n.º 1, da Convenção de 1957, que Portugal não concederia a extradição de cidadãos portugueses, tendo autorizado o Governo a formular uma declaração, prevista pela mesma disposição, no sentido de que o termo "nacionais", para os efeitos da Convenção, abrange todos os cidadãos portugueses, independentemente do modo de aquisição da nacionalidade.

III. O artigo 33.º da Constituição de 1976 na jurisprudência do Tribunal Constitucional

5. O dispositivo da CRP supra-enunciado veio pôr em causa a constitucionalidade de três disposições do primeiro diploma legislativo português especificamente dedicado à extradição – o Decreto-Lei n.º 437/75, de 16 de Agosto –, entrado em vigor cerca de oito meses antes[11].

O resultado de tal aplicação seria a recusa normal da extradição por crimes graves e a autorização da extradição por crimes relativamente menores. Isto seria contrário ao objectivo da Convenção, designadamente o da cooperação efectiva entre as Partes Contratantes na acção internacional contra o crime". Também a Bélgica, em declaração relativa ao artigo 1.º, considerou a reserva portuguesa em questão incompatível com o objecto da Convenção, afirmando entendê-la "no sentido de que a extradição só será recusada se, nos termos do direito do Estado requerente, a pessoa condenada a prisão perpétua não for susceptível de ser libertada após o decurso de um determinado período de tempo na sequência de um processo judicial ou administrativo". As declarações citadas podem ver-se em Anabela Miranda Rodrigues e José Luís Lopes da Mota, *Para uma Política Criminal Europeia*, Coimbra, 2002, respectivamente p. 400-401, p. 403, p. 427-428 e p. 404.

[11] Sobre o direito português anterior a este diploma ver António Bernardo Colaço, "O procedimento extradicional na óptica do operador judiciário" in *Revista Portuguesa de Ciência Criminal*, ano 7, 1997, p. 642; José Calvet de Magalhães, "Extradição" in *Dicionário Jurídico da Administração Pública*, Vol. IV, Lisboa, 1991, p. 319 ss. Para uma análise do Decreto-Lei n.º 437/75 ver Filomena Delgado, "A Extradição" in *Boletim do Ministério da Justiça*, n.º 367, 1987, p. 62 ss.

No caso do artigo 4.º, n.º 1, alínea *b)* – que permitia a extradição de cidadãos portugueses, inclusive quando a pena cominada pela lei estrangeira fosse mais grave do que a prevista na lei portuguesa ou o respectivo processo penal fosse mais gravoso do que o português[12] – a inconstitucionalidade face ao então artigo 23.º, n.º 1, da CRP era manifesta. O Tribunal Constitucional (TC), porém, nunca foi chamado a pronunciar-se sobre a questão. Foi o próprio legislador que revogou tal disposição, ao aprovar o primeiro diploma relativo à cooperação judiciária internacional em matéria penal no seu conjunto – o Decreto-Lei n.º 43/91, de 22 de Janeiro.

No caso do artigo 33.º, n.º 2, do Decreto-Lei n.º 437/75 – que, na fase judicial do processo de extradição, dava a última palavra ao Ministério Público, retirando ao extraditando a oportunidade de contestar as alegações finais daquele – a inconstitucionalidade era igualmente inequívoca face ao artigo 32.º, n.º 1, da CRP, que assegura todas as garantias de defesa em processo criminal. Assim o entendeu o TC, no seu acórdão n.º 54/87[13], declarando a inconstitucionalidade de tal disposição com força obrigatória geral, depois de a ter julgado inconstitucional em três casos concretos[14].

Finalmente, no caso do artigo 4.º, n.º 1, alínea *b)*, do Decreto-Lei n.º 437/75 – que permitia a extradição mesmo quando o crime pelo qual ela era requerida fosse punível no Estado requerente com a *pena de morte* ou com a de *prisão perpétua*, e não houvesse garantia da sua substituição[15] – a inconstitucionalidade face ao artigo 33.º da CRP era iniludível no tocante aos crimes puníveis no Estado requerente com pena de morte. Mas importava saber, antes de mais nada, como deveria ser interpretada a expressão constante do preceito constitucional "segundo o direito do Estado requisitante". Por outro lado, havia que saber se o artigo 33.º da CRP deveria ou não ser interpretado extensivamente por forma a vedar também a extradição por crimes cominados com a prisão perpétua segundo o direito do Estado requisitante.

---

[12] O teor literal do artigo 4.º, n.º 1, alínea *b)*, era o seguinte: "A extradição *pode* ser negada quando a pessoa reclamada for de nacionalidade portuguesa e, tratando-se de crime a que seja aplicável a lei portuguesa, a pena cominada na lei estrangeira for mais grave que a prevista na lei portuguesa ou o respectivo processo penal for mais gravoso que o português" (ênfase acrescentada).

[13] Publicado in *Acórdãos do Tribunal Constitucional*, 8.º Vol., Lisboa, 1987, p. 273 ss.

[14] Cf. os acórdãos do TC n.ºs 45/84, 192/85 e 147/86, publicados no *DR* – II Série, respectivamente de 10 de Novembro de 1984 e de 10 de Fevereiro e 31 de Julho de 1986.

[15] O teor literal da disposição em causa era o seguinte: "A extradição *pode* ser negada quando o crime for punível com a pena de morte ou com prisão perpétua, e não houver garantia da sua substituição (ênfase acrescentada).

6. Quanto à primeira questão, é sabido que a posição comummente adoptada pelos tribunais judiciais ia no sentido de considerar que o direito do Estado requisitante da extradição não é somente constituído pela lei, mas por todas as fontes formais de direito desse Estado, que na circunstância integrem o princípio da legalidade da pena. Entre essas fontes incluíam-se os actos jurídicos unilaterais de direito internacional público como a promessa, adoptados pelos competentes órgãos estaduais, mesmo que não vinculativos para os respectivos tribunais, mas apenas para os órgãos competentes para comutar e indultar penas.

Outra veio a ser a interpretação dada pelo TC ao preceito do artigo 33.º, n.º 3. Para este tribunal, a expressão "segundo o direito do Estado requisitante" deve entender-se "como sendo o direito internamente vinculante desse Estado, constituído tão-só, pelo respectivo corpo de normas penais, de que conste a possibilidade abstracta da pena de morte, e por quaisquer mecanismos – *e só eles* – que se inscrevam vinculativamente no direito e processo criminais, ainda que decorrentes do direito constitucional ou do direito jurisprudencial do Estado requisitante, dos quais resulte que a pena de morte não será devida no caso concreto, porque *nunca* poderá ser aplicada". Por conseguinte, "à luz do artigo 33.º, n.º 3, a extradição só é consentida quando, segundo o direito interno do Estado requerente, a pena susceptível de, em concreto, ser aplicada ou já aplicada ao caso não seja a pena de morte. Na verdade, só então não corre perigo o direito à vida do extraditando"[16].

Aquela fórmula, que se tornou jurisprudência constante, foi precisada pelo acórdão n.º 1146/96, de 12 de Novembro, nos seguintes termos "o artigo 33.º, n.º 3, da Constituição proíbe a extradição por crimes cuja punição com pena de morte seja *juridicamente possível*, de acordo com o ordenamento penal e processual penal do Estado requisitante, sendo, por isso, incompatível com quaisquer garantias de não aplicação ou de substituição da pena capital prestadas pelo Estado requerente, que não se traduzem numa *impossibilidade jurídica* da sua aplicação".

Aplicando o critério normativo assim fixado ao artigo 4.º, n.º 1, alínea *a)*, do Decreto-lei n.º 437/75, o TC entendeu que o preceito dele constante "é inconstitucional na medida em que permite a extradição por casos em que a aplicação da pena de morte é legalmente possível, embora não previsível, designadamente em função das garantias transmitidas pelo Estado requerente, não sendo, porém, inconstitucional na medida em que permite a extra-

---

[16] Ver o acórdão n.º 417/95 publicado no *DR* – II Série n.º 266 de 17-11-1995, p. 13787 ss., especialmente o ponto 8 da fundamentação (ênfase no original).

dição, se for *juridicamente certa* a não aplicação dessa pena, não obstante ela ser, em abstracto, aplicável ao caso".

Com base nesta interpretação do artigo 33.º, n.º 3, da CRP, o TC acabou por declarar inconstitucional, com força obrigatória geral, a norma legal em causa (quando ela já só vigorava no território de Macau), "na parte em que permite a extradição por crimes puníveis no Estado requerente com a pena de morte, havendo garantia da sua substituição, se esta garantia, de acordo com o ordenamento penal do Estado requerente, não for juridicamente vinculante para os respectivos tribunais"[17].

Quanto à segunda questão suscitada pelo artigo 33.º, n.º 3, da CRP – a de saber se a proibição, assim delimitada, de extraditar por crimes puníveis com a pena de morte era extensiva aos crimes puníveis com pena de prisão perpétua –, a resposta do TC foi afirmativa.

Admitindo, no acórdão n.º 474/95 de 17 de Agosto, ser "bem verdade que o artigo 33.º, n.º 3, da Constituição apenas refere expressamente a proibição de extradição «por crimes a que corresponda pena de morte segundo o Estado requisitante»", aquele tribunal invocou, para chegar a tal conclusão, o artigo 30.º, n.º 1, da CRP, nos termos do qual "não pode haver penas nem medidas de segurança privativas ou restritivas da liberdade com carácter perpétuo ou de duração ilimitada ou indefinida", sem considerar relevante o facto de a pena de morte e a de prisão perpétua se distinguirem, em termos radicais, por só a primeira pôr irreversivelmente em causa a vida humana. E prosseguiu: "Ora, da conjugação desta norma [o artigo 30.º, n.º 1] com «os princípios da universalidade, da igualdade e da equiparação dos estrangeiros e apátridas que se encontrem ou residam em Portugal, em matéria de direitos», tem-se retirado a conclusão de que também se encontra constitucionalmente vedada a extradição, quando ao crime corresponda a pena de prisão perpétua"[18].

Com base neste entendimento o TC concluiu que a norma da alínea *e)*, do n.º 1 do artigo 6.º do já citado Decreto-Lei n.º 43/91 – nos termos da qual o pedido de cooperação judiciária internacional em matéria penal, incluindo portanto o pedido de extradição, deve ser recusado quando o facto a que respeita for punível com pena de morte ou com pena de prisão perpétua – "é inconstitucional por violação do artigo 30.º, n.º 1, quando interpretada de modo a não proibir a extradição por casos em que seja juridicamente possível a aplicação da pena de prisão perpétua, embora não seja

---

[17] Cf. *DR* – I Série-A n.º 294 de 20-12-1996, p. 4563.
[18] O TC louvou-se expressamente em Manuel Lopes Rocha e Teresa Alves Martins, *Cooperação Judiciária Internacional em Matéria Penal – Comentários*, Lisboa, 1992, p. 33.

previsível a sua aplicação, por terem sido dadas garantias nesse sentido pelo Estado requisitante"[19].

Para efeitos de extradição e dos seus critérios de concessão, pena de morte e pena de prisão perpétua ficavam assim plenamente equiparadas.

7. Não cabe na economia deste estudo uma análise crítica aprofundada da jurisprudência analisada, relativamente à qual a doutrina se dividiu[20].

Certas passagens da fundamentação jurídica do acórdão n.º 417/95 causadoras de perplexidade – como a petição de princípio segundo a qual a garantia dada por um Estado de que a pena de morte não será no caso aplicada nunca poderá ser vista como "um mecanismo inscrito no ordenamento jurídico interno do Estado requisitante capaz de tornar inoperante a norma desse direito que preveja a pena de morte" – não foram retomadas pelo acórdão n.º 1146/96. Mas este continuou a insistir na ideia, igualmente carecida de demonstração a propósito de um instituto que, por sua natureza, comporta uma forte dimensão jurídico-internacional, segundo a qual uma tal garantia só poderá legitimar a extradição se for juridicamente vinculante para os tribunais do Estado requisitante de acordo com o seu ordenamento penal e processual penal interno.

---

[19] Ver *DR* – II Série n.º 266 de 17-11-1995, p. 13794. No caso concreto – em que estava em causa um pedido de extradição para julgamento de um cidadão brasileiro acusado de tráfico organizado de cocaína do Brasil para os Estados Unidos e de distribuição do mesmo produto neste país entre 1974 e 1987 – o TC, em aplicação dos critérios normativos que fixou, centrou-se na exigência de prova de que a decisão do juiz americano proferida no processo – no sentido de que a pena a aplicar em caso de condenação não ultrapassaria os vinte anos – fazia caso julgado, "em termos de ser juridicamente vinculante para o juiz interno, o qual ficará consequentemente *juridicamente impedido* (...) de vir a condenar o ora recorrente, no caso concreto, às penas de morte ou de prisão perpétua, as quais *nunca poderão ser aplicadas*" (ênfase no original). Tratando-se de um sistema jurisdicional como o norte-americano, assente no precedente, é digno de nota que o TC não tenha atribuído relevância jurídica a factos por ele dados como provados, tais como o de não ser "habitual a pena de prisão perpétua em circunstância idênticas às do presente processo, não tendo, aliás, a mesma pena sido aplicada a co-arguidos do ora recorrente", ignorando aparentemente o cânone hermenêutico explicitado no artigo 23.º, n.º 1, do Código Civil, segundo o qual o direito estrangeiro deve ser interpretado pelo juiz nacional dentro do sistema a que pertence.

[20] Sobre o acórdão n.º 417/95 ver em sentido favorável Jorge Miranda, "A jurisprudência do Tribunal Constitucional em 1995" in *O Direito*, Vol. I-II, 1996, p. 112-113; Gomes Canotilho, "Caso Varizo – Extradição no caso de prisão perpétua" in *Revista de Legislação e Jurisprudência*, ano 128.º, 1995-1996, p. 248 ss.; em sentido crítico, ver Carlos Fernandes, *A Extradição e o Respectivo Sistema Português*, Coimbra, 1996, p. 56 ss.; Pedro Caeiro, op. cit., p. 7 ss. Sobre o acórdão n.º 474/95, ver em sentido favorável Jorge Miranda, loc. cit, p. 113-114; em sentido desfavorável pronunciaram-se os outros três autores, nas obras citadas.

Ora, a verdade é que os tribunais não são os únicos órgãos do Estado a intervir neste domínio: nele podem intervir também definitivamente, de um ponto de vista jurídico, os órgãos constitucionalmente competentes para indultar e comutar penas. Além disso, como bem se observou no voto de vencido a ambos os acórdãos, não ficou demonstrado que um compromisso internacionalmente assumido por estes órgãos no sentido de que, no caso, não será aplicada a pena de morte "não constitui por si algo que vai, perante os cânones do direito internacional e a ordem pública internacional, enformar o direito interno do mesmo Estado". Porventura sem se dar conta, o TC parece ter adoptado uma concepção radicalmente dualista das relações entre direito internacional e direito interno e um cepticismo em relação à eficácia do direito internacional que o artigo 8.º da CRP não cauciona.

Seja como for, salta à vista que o juiz constitucional se baseou amplamente, para a fundamentação tanto do acórdão n.º 417/95 como do acórdão n.º 474/95, nas reservas feitas pelo Estado português, através da AR, à Convenção Europeia de 1957, por ocasião da sua adesão a este instrumento, tanto em matéria de extradição em caso de pena de morte como em caso de prisão perpétua, movido por uma política internacional abolicionista.

Daí, aparentemente, a circunstância de as soluções a que chegou em ambos os casos terem ultrapassado o necessário para preservar aquilo que lhe impunha o artigo 33.º, em concordância prática com os restantes princípios constitucionais pertinentes e designadamente o do respeito pela ordem jurídico--internacional de competências, o da cooperação internacional na repressão da criminalidade e o da territorialidade: a proibição de o Estado português, em nome da preservação da sua ordem pública internacional, cooperar com outros Estados num procedimento criminal culminando na aplicação da pena de morte ou da pena de prisão perpétua a uma pessoa. Isto tornava-se porventura mais evidente no caso da pena de prisão perpétua, manifestamente diferente de um ponto de vista qualitativo da pena de morte.

A este propósito é revelador que o TC, no acórdão n.º 1/2001, de 10 de Janeiro – o qual na sequência da revisão constitucional de 1997 reviu a jurisprudência fixada no acórdão n.º 475/95 no que toca à extradição em caso de prisão perpétua – tenha afirmado expressamente que a CRP impôs uma política internacional abolicionista ao Estado português em matéria de pena de morte[21]. Tendo em conta o que se observou atrás[22], talvez fosse mais correcto dizer que tal política abolicionista resultou antes de uma certa interpretação do artigo 33.º feita pela AR aquando da aprovação para ratificação da

---

[21] Cf. *DR* – II Série n.º 33, de 8-2-2001, p. 2681 ss., ponto 11, *in fine*.
[22] Cf. supra, II, n.º 4.

Convenção Europeia de Extradição, interpretação essa endossada pelo TC sem a suficiente distanciação crítica imposta por determinados cânones hermenêutico-jurídicos e designadamente o princípio da harmonização e da colocação em concordância prática de bens constitucionais colidentes[23].

Em abono da verdade, importa contudo sublinhar que, mesmo a propósito da pena de morte, o TC não caucionou a tese para que aponta a reserva feita pela AR à Convenção de 1957, no sentido de proibir em absoluto a extradição quando no Estado requisitante o crime seja abstractamente punível com pena de morte[24]. Com efeito, no acórdão n.º 1/2001, o TC esclareceu definitivamente que a CRP não proíbe a extradição se, em concreto, o Estado requisitante se vincular de modo irrevogável a que os seus tribunais e demais autoridades não apliquem tal pena. Com isso, colocou o dispositivo constitucional em conformidade com o disposto no artigo 11.º da Convenção de 1957 e rectificou, como lhe competia, o alcance da reserva formulada a tal disposição na Resolução da AR n.º 23/89.

Em contrapartida, com a jurisprudência fixada pelo acórdão n.º 475/95, o TC inviabilizou a solução de compromisso obtida por ocasião da adesão

---

[23] Sobre o tema em geral ver Gomes Canotilho, "A concretização da Constituição pelo legislador e pelo tribunal constitucional" in Jorge Miranda (org.) *Nos dez anos da Constituição*, Lisboa, 1987, p. 359, onde pode ler-se que "no caso de «fraqueza» ou «debilidade» optimizadora do legislador na prossecução de uma política racional, as relações do legislador e do Tribunal Constitucional deveriam visualizar-se sob a óptica da *compensação*. O direito do juiz surge, assim, como *direito compensador* dos défices da concretização parlamentar" (ênfase do autor). Não foi exactamente o que se verificou no caso em análise.

[24] Significativamente, é essa a crítica que ao juiz constitucional dirige Jorge Miranda, "O Tribunal Constitucional em 2001" in O Direito, anos 134.º e 135.º, 2002-2003, p. 185-186, argumentando que, onde a Constituição, pura e simplesmente, proíbe a extradição sem nenhuma ressalva em caso de pena de morte, não seria possível distinguir consoante o Estado requisitante tenha, ou não, "decidido previamente comutar a pena de morte por acto irrevogável e definitivo para os seus tribunais e outras entidades competentes para a execução da pena". Seguindo a tese do autor, haveria que recusar a extradição face a um regime idêntico ao que vigorou na Bélgica até há pouco tempo – que embora previsse em abstracto a pena de morte para certos crimes, ela nunca era executada por ser sistematicamente comutada pelo Chefe de Estado, a requerimento do condenado, dos seus familiares, ou a requerimento oficioso da acusação. Pergunta-se: uma recusa de extradição pura e simples num tal caso com fundamento no valor absoluto do bem vida, que obviamente não se contesta, não se saldaria pela aniquilação absoluta e escusada de outros bens e valores que a CRP também tutela, contribuindo eventualmente para a impunidade de um crime da maior gravidade? Ficará em tal caso assegurado o justo equilíbrio entre os dois termos, que o próprio autor reconhece ser reclamado por um adequado tratamento da extradição: "a necessidade de cooperação judiciária internacional em matéria penal e a preservação dos vectores básicos da ordem constitucional"? (cf. Jorge Miranda e Miguel Pedrosa Machado, "Processo de extradição e recurso para o Tribunal Constitucional: admissibilidade e termo do recurso – Parecer" in *Direito e Justiça*, Vol. 9, 1995, p. 229).

de Portugal ao Acordo e à Convenção de Schengen, então ainda não transformados em direito da UE[25]. Diga-se desde já que tal solução não resultou de nenhuma imposição directamente decorrente do artigo 33.º da CRP, mas apenas da vontade manifestada pelo Governo português de formular à Convenção de Schengen as mesmas reservas que a AR formulara à Convenção de 1957 em matéria de extradição em caso de prisão perpétua.

IV. A ADESÃO À CONVENÇÃO DE SCHENGEN E AS SUAS IMPLICAÇÕES NO ORDENAMENTO JURÍDICO PORTUGUÊS

8. Em si, o disposto no artigo 33.º da CRP não era de molde a colocar dificuldades à adesão de Portugal à Convenção de Aplicação do Acordo de Schengen (CAAS), de 19 de Junho de 1990, que veio efectivamente a ter lugar em 25 de Junho de 1991.

A CAAS, como é sabido, determina no seu artigo 2.º, n.º 1, a supressão dos controlos de pessoas nas fronteiras comuns das Partes Contratantes, acompanhada pelas indispensáveis "medidas compensatórias", entre as quais se inclui o reforço da cooperação judiciária em matéria penal. Para este efeito, tal convenção previu uma série de disposições (artigos 59.º a 66.º) visando "completar" a Convenção Europeia de Extradição e facilitar a sua aplicação, insusceptíveis de reservas por parte dos seus signatários.

Uma vez que os sistemas penais de alguns dos Estados que subscreveram originariamente a CAAS conhecem a pena de prisão perpétua, tornava-se-lhes difícil aceitar, no quadro de uma cooperação judiciária penal mais estreita num espaço de livre circulação, que um parceiro se recusasse a extraditar as pessoas reclamadas por infracção punida com pena ou medida de segurança de carácter perpétuo. Portugal deparou assim com fortes resistências por parte dos Estados cujos ordenamentos prevêem penas ou medidas de segurança com tal carácter (Alemanha, França, Holanda, v. g.), relativamente à intenção manifestada de manter, no âmbito da CAAS, a reserva formulada ao artigo 1.º da Convenção de 57, na parte em que exclui a extradição de pessoas reclamadas por infracção a que corresponda pena ou medida de segurança com carácter perpétuo. Era, pois, esta reserva e não o artigo 33.º da CRP – ainda totalmente omisso a tal respeito – a provocar dificuldades quanto à adesão à CAAS.

---

[25] Como se sabe, tal só veio a acontecer na sequência da entrada em vigor do Tratado de Amesterdão em 1 de Maio de 1999.

Não se mostrando viável manter integralmente tal reserva no novo quadro jurídico-internacional, e não pretendendo Portugal fazer uma declaração nos termos da qual se comprometia a não a aplicar perante os restantes signatários da CAAS[26], a solução encontrada foi uma fórmula de compromisso que levou à inclusão, no artigo 5.º do acordo de adesão a esta convenção, de um preceito redigido nos seguintes termos: "Para efeitos de extradição entre as Partes Contratantes, a alínea c) da reserva formulada pela República Portuguesa ao artigo 1.º da Convenção Europeia de Extradição de 13 de Dezembro de 1957 é entendida do seguinte modo: A República Portuguesa não concederá a extradição de pessoas quando reclamadas por infracções a que corresponda pena ou medida de segurança com carácter perpétuo. Todavia, a extradição será concedida sempre que o Estado requerente assegure promover, *nos termos da sua legislação e da sua prática em matéria de execução de penas*, as medidas de alteração de que poderia beneficiar a pessoa reclamada" (ênfase acrescentada)[27].

9. Apesar de a sua redacção não ser das mais felizes, a disposição em causa apontava claramente no sentido de que as garantias exigidas ao Estado requisitante para o Estado português conceder a extradição não teriam que ser exclusivamente garantias de direito interno imediatamente vinculantes para os tribunais, implicando a impossibilidade jurídica de aplicar a pena de prisão perpétua. Poderiam ser também garantias diplomáticas ou de direito internacional público vinculantes, nestes termos, para as autoridades do Estado requerente com poderes de clemência penal, e relativas à não execução da pena ou medida de segurança privativa ou restritiva de liberdade de carácter perpétuo ou de duração indefinida, mesmo nos casos em que estas fossem ou pudessem vir a ser aplicadas pelos tribunais.

A expressão "nos termos da sua legislação e da sua prática em matéria de execução de penas" permitiria restringir ao máximo os casos de recusa de extradição. Isto porque, na generalidade dos Estados signatários da CAAS que

---

[26] Um exemplo deste tipo de solução é dado pela Declaração da Islândia e da Noruega ao Acordo de Cooperação com as Partes Contratantes dos acordos de Schengen, nos termos da qual "as reservas formuladas em conformidade com o artigo 13.º da Convenção Europeia para a Repressão do Terrorismo não serão aplicadas à extradição entre os Estados signatários do presente Acordo".

[27] O artigo 5.º do acordo de adesão à CAAS deve ser lido em conjugação com o artigo 6.º, nos termos do qual "para efeitos de entreajuda judiciária em matéria penal entre as Partes Contratantes, a República Portuguesa não oporá recusa fundada no facto de as infracções, objecto do pedido, serem punidas nos termos da legislação do Estado requerente com pena ou medida de segurança com carácter perpétuo".

prevêem penas ou medidas de segurança com tal carácter, as próprias legislações e práticas em matéria de execução tornam as mesmas penas inoperantes.

Independentemente da questão de saber de que modo o artigo 5.º do acordo de adesão à CAAS viria a ser interpretado e aplicado pelas instâncias nacionais competentes, a opção portuguesa assim consignada, embora controversa e arriscada de um ponto de vista político, não podia ter-se por ilegítima em termos jurídico-internacionais. Mas tal opção exigia, por isso mesmo, ao Estado português o seu cumprimento escrupuloso e a particular atenção quanto a um ponto fundamental: constituindo a pena ou medida de segurança com carácter perpétuo a sanção para os casos de criminalidade mais grave, pelo menos num Estado de Direito como qualquer dos Estados Schengen, Portugal teria que dar garantias seguras de que a eventual recusa de extradição com fundamento no artigo 5.º do acordo de adesão não redundaria nunca em injustiça ou impunidade. Por outras palavras, caberia ao Estado português demonstrar aos seus parceiros que toda a recusa de extradição fundada naquele preceito conduziria sempre, conforme o caso, ou ao julgamento da pessoa não extraditada ou à comutação da pena de prisão perpétua já aplicada no Estado requisitante na pena máxima permitida pelo direito nacional, naturalmente revisível nos termos deste.

Em especial, tal opção implicava a necessidade de interpretação conforme com o artigo 5.º do acordo de adesão à CAAS do recentemente publicado diploma sobre a cooperação judiciária internacional em matéria penal – o já referido Decreto-Lei n.º 43/91 – na parte em que vedava a extradição para efeitos quer de julgamento por facto punível com pena de prisão perpétua, quer de cumprimento de pena ou medida de segurança com carácter perpétuo [artigo 6.º, n.º 1, alíneas e) e f), conjugado com o artigo 31.º, n.º 1].

Nada disto, porém, se verificou. No mesmo ano em que a CAAS se tornou aplicável – 1995 – o TC, no seu acórdão n.º 474/95, julgou inconstitucional a norma da alínea e) do n.º 1 do citado artigo 6.º do Decreto-Lei n.º 43/91 "quando interpretada de modo a não proibir a extradição por casos em que seja juridicamente possível a *aplicação* da pena de prisão perpétua, embora não seja previsível a sua *aplicação*, por terem sido dadas garantias nesse sentido pelo Estado requisitante" (ênfase acrescentada).

Esta jurisprudência pôs seriamente em causa a possibilidade de o Estado português cumprir o artigo 5.º do acordo de adesão à CAAS[28]. Embora de modo nenhum implicados pelo acórdão n.º 474/95, sucederam-se vários casos em que a não extradição com fundamento no risco de pena de prisão perpé-

---

[28] Cf. Mário Mendes Serrano, "Extradição – Regime e Praxis" in AAVV, *Cooperação Internacional Penal*, I, Lisboa, 2000, p. 87 ss.

tua para as pessoas reclamadas por outros Estados Schengen e encontradas em Portugal acabou por redundar inadmissível e injustificadamente na impunidade das mesmas[29]. Com base naquele acórdão, gerou-se a prática de acompanhar sistematicamente os pedidos de detenção para efeitos de extradição, inseridos no Sistema de Informação Schengen ao abrigo do artigo 95.º da CAAS, de uma referência na parte portuguesa deste proibindo tal detenção quando o correspondente pedido se baseasse em facto abstractamente punível com prisão perpétua.

Tudo isto tornou clara a necessidade de uma revisão do artigo 33.º, por forma a regular directamente a extradição em caso de prisão perpétua, afastando a jurisprudência do TC fixada pelo acórdão n.º 474/95.

V. A Convenção de Dublin em matéria de extradição e o seu significado

10. Também no quadro da própria UE, a assinatura de uma nova convenção em matéria de extradição, ocorrida em Dublin, em 27 de Setembro de 1996, ao abrigo do Título VI do Tratado de Maastricht, relativo à cooperação nos domínios da justiça e dos assuntos internos, levou a ponderar a necessidade de uma revisão do artigo 33.º da CRP.

Para além de, pela primeira vez, introduzir derrogações ao princípio da dupla incriminação, com o objectivo de evitar que os infractores beneficiem das diferenças entre as legislações penais dos Estados-Membros[30], a Conven-

---

[29] Note-se que o Decreto-Lei n.º 43/91, que revogou e substitui o Decreto-Lei n.º 437/75, não retomou o preceito neste incluído (artigo 4.º, n.º 2), nos termos do qual quando a extradição fosse negada nomeadamente com fundamento no facto de o crime ser punível com a pena de prisão perpétua no Estado requerente, deviam ser solicitados a este "os elementos necessários para obrigatoriamente se instaurar procedimento criminal contra a pessoa reclamada pelos factos que fundamentaram o pedido".

[30] Quando o facto em que se baseia o pedido de extradição for qualificado pela lei do Estado-Membro requerente como conspiração (*conspiracy*) ou associação criminosa de fins terroristas e for punível com pena ou medida de segurança privativas da liberdade, de duração máxima não inferior a doze meses, o artigo 3.º, n.º 1, da Convenção de Dublin determina que a extradição não pode ser recusada por "a lei do Estado-Membro requerido não prever que o mesmo facto constitui uma infracção". O n.º 3 do mesmo artigo, porém, autoriza qualquer Estado-Membro a declarar que se reserva o direito de não aplicar a derrogação em apreço ou de a aplicar "em certas condições que especificará". Nos termos do n.º 4, os Estados-Membros que se prevalecerem de tal reserva ficam obrigados a "tornar passível de extradição" a pessoa que contribua para a prática das infracções abrangidas pela derrogação em causa ao princípio da dupla incriminação.

ção de Dublin veio colidir com dois princípios consagrados pela CRP em consonância com a Convenção de 57.

Por um lado, o princípio segundo o qual, se o pedido de extradição se fundar num crime considerado político ou conexo pelo Estado requerido, este deve recusar-se a dar-lhe seguimento. Com efeito, segundo o artigo 5.º, "para efeitos de aplicação da presente Convenção, *nenhuma infracção* pode ser considerada pelo Estado-Membro requerido como uma infracção política, como uma infracção conexa com uma infracção política ou como uma infracção inspirada por motivos políticos" (ênfase acrescentada). Todavia, o n.º 2 do mesmo artigo permite a qualquer Estado-Membro reservar-se o direito de considerar como política uma determinada infracção e, por conseguinte, recusar com base nisso a extradição requerida.

Por outro lado, a Convenção de Dublin inverte tendencialmente o princípio da não extradição de nacionais. Com efeito, por força do artigo 7.º, "a extradição não pode ser recusada pelo facto de a pessoa sobre a qual recai o pedido ser nacional do Estado-Membro requerido". Levando em conta que, em diversos Estados-Membros, o princípio da não extradição de nacionais tem consagração constitucional, o mesmo artigo prevê a possibilidade de qualquer deles emitir reservas a seu respeito durante um prazo de cinco anos, renovável "por períodos sucessivos com a mesma duração"[31].

O próprio preâmbulo da Convenção faz antever o sentido e o alcance das inovações introduzidas, ao salientar que o interesse comum em "garantir que os processos de extradição funcionem rápida e eficazmente" baseia-se na circunstância de os Estados-Membros se regerem por princípios democráticos e estarem vinculados à Convenção Europeia dos Direitos do Homem, e ao exprimir "confiança na estrutura e no funcionamento dos seus sistemas judiciários e na capacidade de todos eles para assegurarem julgamentos imparciais"[32].

11. Tendo em conta, por um lado, o mal-estar provocado entre os seus parceiros pelo deficiente cumprimento do artigo 5.º do acordo de adesão à CAAS e, por outro lado, os constrangimentos impostos a este respeito pelo

---

[31] Note-se que, em matéria de emissão de reservas, a Convenção de Dublin representa um avanço considerável em relação à Convenção de 57 no sentido da maior uniformização e determinabilidade do regime aplicável aos Estados-Membros, dispondo o seu artigo 17.º que só são admissíveis as reservas nela expressamente previstas. Mas representa um retrocesso em relação à CAAS, ao admitir expressamente reservas a todas as inovações de monta que introduz.

[32] Sobre a Convenção de Dublin, ver António Pinto Pereira, *O Regime da Extradição*, Lisboa, 1999, p. 53 ss.

acórdão n.º 475/95, Portugal anexou à Convenção de Dublin uma declaração no sentido de que apenas concederia a extradição por infracção a que corresponda pena ou medida de segurança com carácter perpétuo, "respeitadas as disposições pertinentes da sua Constituição, conforme interpretadas pelo seu Tribunal Constitucional, se considerar suficientes as garantias prestadas pelo Estado-Membro requerente de que aplicará, de acordo com a sua legislação e a sua prática em matéria de execução de penas, as medidas de alteração de que a pessoa reclamada possa beneficiar". Além disso, reiterou "a validade dos compromissos subscritos nos acordos internacionais a que está vinculado e, em particular, com base no artigo 5.º" daquele acordo de adesão.

É bom de ver que uma tal declaração pretendia conciliar o inconciliável: por um lado, uma jurisprudência do TC que apenas admitia a extradição havendo garantias de direito interno vinculantes para os tribunais do Estado requerente quanto à *impossibilidade jurídica de aplicação* da pena de prisão perpétua e, por outro lado, um preceito de um acordo declarando suficientes as garantias de direito internacional antes de mais nada vinculantes para as autoridades desse Estado com poderes de clemência a nível da *execução* das penas.

VI. A REVISÃO CONSTITUCIONAL DE 1997 E A NOVA JURISPRUDÊNCIA DO TRIBUNAL CONSTITUCIONAL

12. Em matéria de extradição, o artigo 33.º da CRP sofreu três alterações substanciais com a revisão de 1997.

Em primeiro lugar, um novo n.º 3 do artigo 33.º veio permitir a extradição de cidadãos portugueses do território nacional "em condições de reciprocidade estabelecidas em convenção internacional, nos casos de terrorismo e de criminalidade internacional organizada, e desde que a ordem jurídica do Estado requisitante consagre garantias de um processo justo e equitativo".

Em segundo lugar, uma nova disposição – então vazada no artigo 33.º, n.º 5 – veio determinar que "só é admitida a extradição por crimes a que corresponda, segundo o direito do Estado requisitante, pena ou medida de segurança privativa ou restritiva da liberdade com carácter perpétuo ou de duração indefinida, em condições de reciprocidade estabelecidas em convenção internacional e desde que o Estado requisitante ofereça garantias de que tal pena ou medida de segurança não será aplicada ou executada"[33]. Isto corres-

---

[33] Este preceito foi alterado em 2004, com o objectivo de precisar a condição de reciprocidade nele prevista, questão que não carece de aprofundamento neste contexto.

pondeu em certa medida à constitucionalização do artigo 5.º do acordo de adesão à CAAS.

Em terceiro lugar, a proibição de princípio para o Estado português de extraditar por crime a que corresponda pena de morte tornou-se extensiva a outras "de que resulte lesão irreversível da integridade física". Tais proibições passaram a constar do n.º 4 do artigo 33.º, juntamente com a de extraditar por motivos políticos[34].

13. A primeira alteração marca o início do reconhecimento de que o princípio da não extradição de nacionais não é um princípio apodíctico susceptível de uma fundamentação plenamente racional, antes devendo ser olhado com distância crítica em determinados contextos de partilha de valores penais e processuais penais comuns entre Estados, para além de dever sempre ser ponderado e harmonizado com o princípio fundamental da boa administração da justiça penal e o da territorialidade. Noutra perspectiva, a efectiva obrigação de direito internacional de os Estados acolherem os seus nacionais e garantirem a permanência em segurança no seu território está longe de ter como corolário a proibição de extradição dos mesmos, quando tenham cometido infracções penais noutro Estado[35].

Com a segunda alteração do artigo 33.º, os autores da revisão pretenderam contrariar a jurisprudência do TC que, sem apoio expresso na Constituição e sem considerar compromissos anteriormente assumidos por Portugal, proíbe a extradição por pena de prisão perpétua exactamente nos mesmos termos em que proíbe a extradição por pena de morte. Mais concretamente, o novo preceito constitucional impõe a admissão não só de garantias de direito interno imediatamente vinculantes para os tribunais mas também de garantias diplomáticas ou de direito internacional público vinculantes para as autoridades do Estado requerente com poderes de clemência penal, e relativas à não execução da pena ou da medida de segurança privativas ou restritivas da liberdade de carácter perpétuo ou de duração indefinida, mesmo nos casos em que elas ainda possam ser aplicadas pelos tribunais.

Isto mesmo reconheceu já o TC no citado acórdão n.º 1/2001, contribuindo decisivamente, desta forma, para a solução do grave problema de credibilidade do Estado português perante os seus parceiros da UE no domínio da extradição, que em boa parte ajudou a criar. No mesmo acórdão, admitiu-

---

[34] Sobre a revisão constitucional de 1997 em matéria de extradição e o debate que a acompanhou, ver José Magalhães, *Dicionário da Revisão Constitucional*, Lisboa, 1999, p. 118 ss.

[35] Sobre o tema ver Michael Plachta "(Non)Extradition of Nationals: a Neverending Story" in *Emory International Law Review*, n.º 13, 1999; na doutrina portuguesa ver Calvet de Magalhães, "Extradição", cit., p. 116-117.

-se expressamente o carácter infundado da equiparação entre pena de morte e pena de prisão perpétua: a diferença entre ambas "tem fundamento máximo no valor da vida humana e na irreversibilidade da pena de morte". Por isso mesmo, só para a pena de morte, agora extensiva à pena de que resulte lesão irreversível da integridade física, é que o TC reafirmou neste acórdão a sua jurisprudência no sentido de que em tais casos o pedido de extradição só poderá ser deferido se a mesma pena, embora abstractamente prevista pela lei penal, for juridicamente impossível de aplicar em concreto pelos tribunais.

Por último e em formulação mais precisa, o TC declarou no acórdão n.º 384/2005, de 13 de Julho, que "a extradição por crime punível com pena de prisão perpétua não depende da verificação de uma situação de impossibilidade jurídica de aplicação dessa pena pelos tribunais do Estado requerente. Mesmo existindo a possibilidade jurídica de aplicação dessa pena, para que a extradição possa ser concedida basta a prestação de garantia de *não execução* de tal pena, garantia que não pode ser meramente política, mas sim de direito internacional público (o que abrange as garantias diplomáticas), *juridicamente vinculativa do Estado requerente perante o Estado requerido* e que, uma vez executada (designadamente por comutação, pelo órgão do Estado requerente constitucionalmente competente para o efeito, da pena de prisão perpétua em pena de duração limitada), seja *juridicamente vinculativa para os tribunais do Estado requerente*" (ênfase no original)[36].

VII. A DECISÃO-QUADRO RELATIVA AO MANDADO DE DETENÇÃO EUROPEU E AS SUAS REPERCUSSÕES CONSTITUCIONAIS E LEGAIS

14. Na UE, a evolução em matéria de extradição culminou com a aprovação, em 13 de Junho de 2002, da decisão-quadro sobre o MDE e os processos de entrega entre os Estados-Membros.

Não é naturalmente o momento para uma análise aprofundada de tal instrumento jurídico[37]. Importa, ainda assim, salientar neste contexto que, na perspectiva da *protecção dos direitos constitucionais da pessoa* sobre que recai um MDE, entrega e extradição são a mesma coisa, sem prejuízo dos diferen-

---

[36] In http://www.tribunalconstitucional.pt/Acordaos, ponto 24.
[37] Para o efeito ver, para além do estudo de Anabela Rodrigues citado na nota 1, R. Blekxtoon *et al.*, *Handbook on the European Arrest Warrant*, Haia, 2005, Marie-Elisabeth Cartier (org.), *Le mandat d'arrêt européen*, Bruxelas, 2005, Paola Balbo, *Il mandato di arresto europeo*, Turim, 2005; por último Elspeth Guild (edit.), *Constitutional challenges to the European Arrest Warrant*, Nimega, 2006, e Manuel Monteiro Guedes Valente, *Do Mandado de Detenção Europeu*, Coimbra, 2006.

tes nomes, já que ambas se traduzem na remessa de uma pessoa de um Estado a outro, a pedido deste último, para aí ser julgada ou cumprir uma pena. Mas na perspectiva dos *Estados-Membros*, a entrega regulada pela decisão-quadro de 13 de Junho de 2002 e a extradição distinguem-se nalguns aspectos fundamentais. Com efeito, na entrega vigora o princípio do reconhecimento mútuo, o seu processo é simplificado e nele intervêm apenas autoridades judiciárias, com exclusão, portanto, de autoridades político-governamentais e diplomáticas. Nesta segunda perspectiva, não está em causa uma diferença apenas de nomes, mas de coisas.

A decisão-quadro estabelece o princípio de que todo o cidadão da União, seja qual for a sua nacionalidade, deve ser penalmente processado e condenado no Estado-Membro em que cometeu a infracção. Isto numa UE que se apresenta como espaço de liberdade, segurança e justiça, dentro do qual se circula sem controlos nas fronteiras internas e onde, portanto, tal princípio é de crucial importância para a boa administração da justiça e para a melhoria da segurança a da cooperação entre os Estados-Membros no combate ao crime. Mas aquele acto normativo não manda eliminar toda a diferenciação entre nacional e não nacional de um Estado-Membro. Pelo contrário, diversas disposições suas contemplam especificamente os nacionais de cada Estado-Membro, a que são equiparados apenas os estrangeiros legalmente residentes no respectivo território.

Entre as mais relevantes, contam-se, por um lado, o artigo 4.º, n.º 6, nos termos do qual, se o MDE tiver sido emitido para cumprimento de pena ou medida de segurança privativas da liberdade, e a pessoa sobre que ele recai for nacional ou residente do Estado-Membro de execução, o *compromisso* deste Estado no sentido de executar tal pena ou medida de segurança de acordo com o seu direito nacional é susceptível de constituir um motivo de não execução facultativa do MDE. Por outro lado, há a mencionar o artigo 5.º, n.º 3, onde se dispõe que o Estado-Membro de execução pode fazer depender o cumprimento de um MDE da garantia de que o nacional ou residente sobre que ele recai, após terem sido ouvidos, sejam devolvidos ao Estado-Membro de execução para nele cumprirem a pena ou medida de segurança privativas da liberdade que venham eventualmente a ser-lhes aplicadas no Estado-Membro de emissão.

Mesmo assim, o princípio da entrega de nacionais estabelecido com amplitude pela decisão-quadro não deixaria de colidir como disposto no artigo 33.º, n.º 3, da CRP na redacção dada pela lei de revisão constitucional de 1997, na parte em que restringe a extradição e, por conseguinte, também a entrega de nacionais "aos casos de terrorismo e de criminalidade internacional organizada". Por isso mesmo, e ainda no decurso do procedimento legislativo que culminou na decisão-quadro, a lei de revisão constitucional de 12 de Dezembro de 2001 introduziu no novo n.º 5 do artigo 33.º da CRP uma cláusula de remissão global para as normas de cooperação judiciária penal estabelecidas no âmbito da UE, permitindo a aplicação das que possam contrastar na especialidade com outras normas constitucionais, como se verificaria no caso concreto com a norma do n.º 3 do mesmo artigo[38].

15. Significa isto que, para a CRP, a extradição de nacionais continua a dever ser considerada uma excepção? Não certamente no quadro da UE e do seu espaço de liberdade, segurança e justiça. Aqui, pelo contrário, a extradição/entrega de nacionais de acordo com o princípio da territorialidade do crime deve entendida como um relevante instrumento de realização de um objectivo da UE expressamente aceite pelo artigo 7.º, n.º 6, da CRP, a saber, o próprio espaço de liberdade, de segurança e de justiça[39].

Mas dito isto, coloca-se a questão de saber se a CRP e o seu dispositivo em matéria de extradição dão "carta branca" ao legislador para efeitos da transposição da decisão-quadro em referência, autorizando-o a equiparar ou nivelar sem restrições os nacionais aos não nacionais, tratando-se da sua entrega a outro Estado-Membro em execução de um MDE.

A resposta parece ser negativa. Por força, desde logo, do próprio artigo 33.º teleológica e sistematicamente interpretado, o legislador deve explorar toda a margem de discricionariedade consentida pela decisão-quadro, no sentido de restringir a entrega de cidadãos portugueses (assim como a de estrangeiros, cidadãos da União ou não, que tenham com Portugal um vínculo decorrente da residência e/ou de agrupamento familiar).

Sob este prisma, afigura-se de duvidosa constitucionalidade o artigo 12.º, n.º 1, alínea g), da Lei n.º 65/2003, de 23 de Agosto (que aprova o regime jurídico do MDE em cumprimento da decisão-quadro de 13 de Junho de 2002), na parte em que permite a entrega de uma pessoa que tenha a nacionalidade portuguesa ou resida em Portugal, em execução de um MDE, para cumprimento de uma pena ou medida de segurança, sem impor ao Estado a obrigação de as executar ele próprio de acordo com a lei portuguesa (salvaguar-

---

[38] Tal como bem assinala Damião da Cunha *apud* Jorge Miranda e Rui Medeiros, *Constituição Portuguesa Anotada*, Tomo I, cit., p. 369, a ressalva operada pelo n.º 5 do artigo 33.º "justifica-se pelo sentido e finalidades da própria União Europeia, enquanto território ou espaço comum de justiça, que podem implicar procedimentos de cooperação em matéria judiciária penal mais expeditos ou mesmo formas de cooperação diferentes da extradição". Sobre a mesma disposição constitucional ver também Vital Moreira, "O Tribunal Penal Internacional e a Constituição" in AA VV, *O Tribunal Penal Internacional e a Ordem Jurídica Portuguesa*, cit., p. 26.
[39] Neste sentido, Damião da Cunha, op. cit. na nota anterior, *ibidem*.

dada obviamente a hipótese de não ser essa a vontade da pessoa em causa). O mesmo vale para o preceito do n.º 1, alínea *h)*, do mesmo artigo, na parte em que permite a entrega de um cidadão português ou de um residente em Portugal para serem julgados por uma infracção que, segundo a lei portuguesa, tenha sido cometida, no todo ou em parte, em território nacional, ou a bordo de navios de navios ou aeronaves portugueses.

Sob o mesmo prisma, afigura-se ainda duvidosa a constitucionalidade do artigo 13.º, alínea *c)*, da Lei n.º 65/2003, na parte em que permite a entrega, para efeitos de procedimento penal, de um cidadão português ou de um residente em Portugal, sem a sujeitar à condição de eles (salvo vontade expressa em contrário) serem devolvidos a Portugal para aqui cumprir a pena ou a medida de segurança privativas da liberdade que lhes venham eventualmente a ser aplicadas no Estado-Membro de emissão do MDE.

Daqui não se segue, porém, que as disposições citadas da Lei n.º 65/2003 devam ser julgadas inconstitucionais. Elas podem e devem, com efeito, ser interpretadas em conformidade com a Constituição pelos tribunais que as aplicarem[40]. Basta que estes considerem "reduzida a zero", por força do artigo 33.º, n.ºs 3 e 5, da CRP, a discricionariedade que tais disposições legais lhe concedem, quando se trate da sua aplicação a um cidadão português ou a um estrangeiro residentes em Portugal – mas não necessariamente a um cidadão português que não resida em Portugal, apesar de se encontrar momentaneamente em território nacional quando o MDE é emitido.

Nessa conformidade, o tribunal nacional *deve* recusar a execução do MDE (1) emitido para cumprimento de uma pena ou medida de segurança aplicada a um cidadão português ou a um estrangeiro residentes em Portugal, determinando a execução dessa pena ou medida de segurança de acordo com a lei portuguesa; (2) emitido para julgamento de um cidadão português ou de um estrangeiro residentes em Portugal por facto alegadamente praticado (i) no todo ou em parte, em território nacional, segundo a lei portuguesa, ou a bordo de navios e aeronaves portugueses; (ii) fora do território do Estado-Membro de emissão, não autorizando a lei penal portuguesa a instauração de procedimento penal pelo mesmo facto, quando praticado fora do território nacional. O tribunal nacional deve ainda fazer depender a execução de um MDE emitido para sujeitar a procedimento penal um cidadão português ou um estrangeiro residentes em Portugal da condição de estes serem devolvidos ao território português para nele cumprirem a pena ou medida de

---

[40] E isto também por força do carácter vinculativo para os Estados-Membros da própria decisão-quadro, do ponto de vista do resultado a alcançar; neste sentido, Alicia Parga, in *Common Market Law Review*, 2006, p. 588.

segurança privativas da liberdade a que venham eventualmente a ser condenados no Estado-Membro de emissão. Nos três casos devem, naturalmente, ficar salvaguardadas as hipóteses de outra ser a vontade manifestada pelas pessoas em causa.

VIII. Conclusão

16. Pode dizer-se que actualmente a CRP e a jurisprudência constitucional portuguesa estão em sintonia com o direito da UE em matéria de extradição. Mas este resultado não se alcançou sem tensões e peripécias, algumas realmente escusadas. Por sua vez, o processo que conduziu a tal resultado ilustra de forma particularmente eloquente que, se as constituições dos Estados-Membros se convertem progressivamente em "ordens jurídicas fundamentais parciais"[41] em consequência da integração europeia, não é menos certo que também deixam marcas profundas na ordem jurídica da própria UE, contribuindo decisivamente para a congruência estrutural do conjunto.

Isto confirma, portanto, que as relações entre as constituições dos Estados-Membros e o direito da UE não são de natureza meramente unilateral, "de cima para baixo". Elas são, muito ao contrário, de natureza recíproca e reticular.

Dificilmente poderia ser de outra maneira, tendo em conta o carácter estritamente voluntário da integração europeia que, não obstante, se tem mostrado capaz de abrir os Estados-Membros uns aos outros, de forma historicamente inédita e baseada em princípios universalistas[42]. Também isto parece resultar com clareza do caso estudado.

---

[41] A expressão é de J. J. Gomes Canotilho, *Direito Constitucional e Teoria da Constituição*, 7.ª edição, Coimbra, 2003, p. 236.

[42] Sobre o tema ver por último Paul Magnette, *Au nom des peuples. Le malentendu constitutionnel européen*, Paris, 2006, p. 14 e p. 151.

Sessão de encerramento

José Moura Nunes da Cruz[*]

Magnífico Reitor da Universidade Nova
Ex.mos Senhores Professores
Minhas Senhoras e meus Senhores

É para mim uma honra muito especial, usar da palavra na sessão de encerramento deste *Colóquio* comemorativo dos *30 Anos da Constituição de 1976*.

A abrangência das intervenções e a inigualável qualidade do painel de participantes – e bem assim o contributo das intervenções ocorridas no debate – impõem-me a constatação resignada de saber não ser possível trazer nada de novo.

Poupar-me-ei, por isso, ao esforço inglório de tentar ombrear com tão ilustres contributos.

E nesse sentido, as minhas palavras já não surgem no seguimento dos trabalhos, servindo apenas a assinalar o seu encerramento.

Comemorámos este ano três décadas sobre a Constituição de 1976. Esta comemoração recorda-me uma outra que fizemos há algum tempo no Supremo Tribunal de Justiça, relativa aos 170 anos da separação de poderes.

Uma e outra estão ligadas. A separação de poderes é talvez a mais importante marca original do constitucionalismo, o qual vive desde 1976 o seu mais recente capítulo. Espero que essa situação se mantenha incólume e que não sofra limitações, seja a que título for. O Poder Judicial lutará com todas as suas forças para que não haja a tentação de o subalternizar ou de o beliscar na sua independência.

A relevância destas comemorações – e das reflexões que elas geram, como a que aconteceu aqui nestes dias – resulta certamente da necessidade de ser constatada (e evidenciada) a importância das rupturas históricas envolvidas. E resulta também da oportunidade que estes momentos criam, de se depurarem as experiências vividas, através de um olhar suficientemente distanciado, delas retirando os ensinamentos possíveis.

Quando tudo isto se pode fazer com a profundidade que aqui se viveu e na serenidade de um colóquio universitário, está-se a criar tradição. No melhor sentido da palavra: o jurídico, porque se transfere algo que se detém (no caso,

---

[*] Juiz Conselheiro Jubilado. Presidente do Supremo Tribunal de Justiça, à data da realização do Colóquio.

os conhecimentos e as reflexões aturadas), e também no sentido corrente, porque se sedimentam aprendizagens.

E é essa tradição que institucionaliza a memória. Porque a de cada um não supera a sua existência vital e só as instituições permitem a absorção das aprendizagens e a sua passagem às gerações vindouras.

A nossa História, apesar de longa – nos seus quase nove séculos – foi marcada por rupturas cíclicas que perturbaram essa capacidade de criar tradição, ou seja, de se agregarem e transferirem ao longo dos tempos, os ensinamentos resultantes das diferentes experiências.

O ciclo democrático introduzido depois de 1974 – e definitivamente enquadrado com a Constituição de 1976 – evoluiu num modelo aberto que nos tem permitido crescer como Nação num permanente ajustamento e que no futuro certamente continuará a dispensar rupturas. E assim poderemos legar às gerações vindouras o melhor do nosso saber.

Não quero, por isso, deixar de felicitar a Universidade Nova pela iniciativa notavelmente conseguida e de homenagear os participantes pelo contributo que deram não apenas aqui, mas também ao longo da nossa vivência constitucional dos últimos trinta anos.

Bem-hajam.

João Tiago Silveira*

Gostaria, em primeiro lugar, de cumprimentar a Faculdade de Direito da Universidade Nova de Lisboa e agradecer a realização deste colóquio, que me parece bem-vindo.

Sou um docente universitário que, actualmente, tem poucas oportunidades para vir à faculdade e, por isso, é com redobrado prazer que o faço.

A Constituição da República Portuguesa faz 30 anos e gostava de dizer que é um momento de celebração, essencialmente de celebração de uma constituição democrática. Isto pode parecer uma banalidade, sobretudo para os alunos, mas não é. A verdade é que 30 anos parece muito tempo, mas é pouco tempo. Não devemos, por isso, tratar como uma banalidade a feliz circunstância de vivermos num Estado de Direito Democrático, garantido pela nossa Constituição.

Uma constituição democrática não é algo que nos possa fazer descansar. Às vezes acomoda-mo-nos a isso, mas vale a pena não nos acomodarmos e sabermos celebrar e comemorar o facto de termos um Estado de Direito Democrático garantido constitucionalmente. Temos uma Constituição com uma importante Parte sobre Direitos Fundamentais, norteada pelo Princípio da Dignidade da Pessoa Humana, que acolhe o princípio da separação e interdependência entre órgãos de soberania, assegurando a coexistência entre poder legislativo, poder judicial e poder executivo e isso é suficientemente importante para ser celebrado e recordado. Não existe em todos os estados do nosso planeta e devemos lembrá-lo.

Gostava de deixar duas ou três reflexões avulsas acerca de aspectos que é comum referir a propósito da Constituição e sobre as quais talvez valha a pena pensar.

Uma primeira reflexão respeita a algumas ideias comuns sobre os processos de revisão constitucional.

Existem duas ideias comuns sobre a Constituição e a revisão constitucional. É frequente criticar o número de revisões constitucionais realizadas e, simultaneamente, assumir-se uma constante necessidade de rever a Constitui-

---

* Secretário de Estado da Justiça – presente no Seminário em representação do Primeiro-Ministro.

ção, o que é contraditório. Aliás, é muito habitual que se crie o equívoco de que de 5 em 5 anos a Constituição deve ser revista porque algo assim o determina. Como sabemos, o que a norma constitucional na matéria diz é algo de profundamente diferente e, em certa medida, é até o inverso. É que, como sabemos, a Constituição aponta para a impossibilidade de revisão com, pelo menos, 5 anos de intervalo, salvo em situações excepcionais. Ou seja, a Constituição não nos diz que deve ser revista de 5 em 5 anos, mas antes que, em regra, não deve ser revista antes de passados 5 anos desde a última revisão.

Ou seja, é curioso verificar que, por um lado, se critica a realização de frequentes revisões constitucionais, mas que, por outro, existe uma incorrecta percepção de que, de 5 em 5 anos, é necessário realizar uma revisão constitucional.

Além disto, o nosso país é frequentemente referido – normalmente por nacionais –, como um exemplo a não seguir em matéria de revisões constitucionais devido ao elevado número de revisões realizadas. Mas é preciso ter consciência de que não estamos perante uma originalidade nossa. Na Alemanha, por exemplo, que é frequentemente invocada como um bom exemplo em questões jurídicas, ocorreram numerosas revisões constitucionais entre 1994 e 2003: em 1994, em 1995, em 1997, em 1998, em 2000, em 2001 e em 2003.

Em suma, devemos olhar para estas duas ideias aparentemente atractivas com um certo distanciamento. Não há nenhuma imposição que nos leve a ter de rever a constituição de 5 em 5 anos, mas também não é correcto criticar o número de revisões constitucionais realizadas como se fosse um problema específico do nosso país, que não é. Aliás, algumas das nossas revisões constitucionais provocaram modificações estruturais no nosso sistema. Não pretendo ser exaustivo, mas basta lembrar as modificações constitucionais acerca do papel político-constitucional do Conselho da Revolução e que eliminaram o principio da irreversibilidade das nacionalizações. Foram seguramente aspectos que modificaram a sociedade em que vivemos.

Uma segunda reflexão que gostaria de deixar pode basear-se numa expressão corrente, mas gostaria que não fosse mal entendida. Talvez possa ser dito que "…a Constituição tem costas largas". Ou seja, a Constituição é invocada muitas vezes como o entrave para não se fazer algo e é mesmo muito comum indicar sempre a necessidade de grandes alterações constitucionais para rever uma determinada situação como se isso fosse uma panaceia para todos os males.

Esta tendência para "culpar" frequentemente a Constituição é exagerada.

Temos uma Constituição que permite fazer o que é necessário para resolver grande parte das questões que se nos colocam e devemos estar contentes com isso. É preciso trabalhar para resolver os problemas que se nos apresentam sem colocar sempre no plano constitucional a modificação de um estado de coisas, quando frequentemente não é uma revisão constitucional que os pode resolver.

Gostaria de dar um exemplo que demonstra como as coisas podem ser alteradas profundamente em matérias sensíveis, relacionadas com direitos fundamentais, sem rever a Constituição. O apoio judiciário é uma daquelas áreas intimamente ligada à Constituição e, particularmente, ao acesso ao direito garantido pelo artigo 20.º da Constituição. Esta é uma disposição que se conforma com um vasto leque de possibilidades, permitindo ao legislador adoptar as providências que entender para fazer o que considere necessário em matéria de apoio judiciário. É um exemplo de como a Constituição condiciona minimamente a margem de liberdade do legislador, garantindo a não afectação do direito, liberdade e garantia de natureza análoga em causa, mas oferece uma alargada escolha de opções para o seu desenvolvimento.

Uma terceira reflexão respeita a outra afirmação muito habitual sobre a Constituição: é frequente afirmar-se, em jeito de crítica, que o texto constitucional é excessivamente pormenorizado. Mas há um fenómeno muito curioso que se regista, pois sempre que existe um processo de revisão constitucional em curso há alguém que levanta a necessidade de haver mais alguma disposição ou situação a contemplar no texto constitucional.

Ou seja, a Constituição vai sempre crescendo, quando existem vozes críticas sobre esse fenómeno, mas essas críticas tendem a não ter qualquer expressão ou a surgir nos processos de revisão constitucional.

A quarta e última reflexão respeita ao nosso sentimento e reacções perante a Constituição.

No fundo, todos temos um certo "carinho" pela Constituição. Temos o hábito de a invocar frequentemente, bem mais para sustentar a manutenção de um estado de coisas tal como existe do que para o mudar. É curioso verificar que, quando existe uma situação para ser alterada, um problema com alguma sensibilidade ou alguma questão incómoda, lá vem uma inconstitucionalidade em defesa da imutabilidade do sistema ou da situação existente. E nós, juristas, bem conhecemos o gosto de tentar descobrir aquela pequena "inconstitucionalidadezinha" que mais ninguém viu.

Ou seja, todos gostamos de invocar a Constituição com frequência em nome da manutenção de um determinada situação ou para revelar que foi detectada uma inconstitucionalidade, mas, ao contrário, temos muito pouco o costume de invocar a Constituição enquanto texto programático com um outro papel essencial, que muitas vezes está um pouco esquecido. É que a Constituição aponta para um determinado modelo de Estado e de aperfeiçoamento e desenvolvimento desse Estado. E esse papel da Constituição talvez não seja tão invocado como deveria ser.

Dois exemplos de como assim é.

Um primeiro em matéria de responsabilidade civil extracontratual do estado. A Constituição desde há muito aponta um rumo no seu artigo 22.º, que não tem sido integralmente concretizado pela legislação ordinária neste domínio que é, como sabem, de 1967. Houve várias propostas de lei na Assembleia da República que caducaram por razões diversas e agora foi novamente apresentada uma proposta de lei nesta matéria, designadamente para cumprir os ditames constitucionais. Aí está a Constituição a ir à frente e apontar um caminho mas, curiosamente, não é tão frequente como isso alertar-se para a existência de algo por concretizar ou cumprir, quando todos os dias se levantam questões de inconstitucionalidade quanto a variadíssimas normas.

Um outro exemplo pode ser encontrado no Direito Processual Administrativo.

A Constituição, mais avançada que a lei antiga, apontou um caminho no sentido da plena jurisdição quanto ao programa e conteúdo de uma Reforma do Contencioso Administrativo e um sistema de Direito Processual Administrativo. Depois, o legislador ordinário deu cumprimento a esta disposição, mas bem mais tarde do que aquilo que foi a orientação constitucional. A Reforma do Contencioso Administrativo foi concretizada por duas leis da Assembleia da República publicadas em 2002 enquanto a redacção do n.º 4 do artigo 268.º da Constituição é de 1997.

Em suma, é bem mais frequente invocar com grande prontidão e rapidez a Constituição para manter um estado de coisas, afirmando a inconstitucionalidade de uma determinada norma, em nome da impossibilidade de realizar uma alteração legislativa ou regulamentar, do que para cumprir um determinado "programa" que realize aquilo que constitucionalmente é suposto ser concretizado.

Para concluir gostaria de realizar uma homenagem à Constituição, pois é o que deve ser feito num aniversário.

A nossa Constituição é simultaneamente criticada e invocada constantemente, o que revela algo de bom. Significa que as pessoas têm consciência da existência de uma Constituição, o que pelo menos significa uma certa interiorização de vivermos num Estado de Direito.

A Constituição é constantemente invocada, umas vezes a propósito, outras vezes a despropósito. É uma Constituição que é fonte de problemas e fonte de soluções. É uma Constituição que nos deve deixar orgulhosos, orientada por um generoso princípio de Dignidade da Pessoa humana, por um princípio de Estado de Direito e por princípios democráticos. É o facto de ser orientada por esse princípio de Estado de Direito que nos faz muitas vezes ter a Constituição tão presente e colocá-la em tantas questões do quotidiano.

Tudo isto nos deve orgulhar e é isso que devemos celebrar hoje: uma Constituição norteada por generosos princípios e uma sociedade que deles tem consciência.

Muito obrigado.

Programa do colóquio

Programa

4 de Abril

09.15 H   **Sessão de Abertura**
Presidente do Tribunal Constitucional
Dr. Jorge Sampaio
Ministro de Estado e dos Negócios Estrangeiros
Reitor da Universidade Nova de Lisboa
Director da Faculdade de Direito da Universidade Nova de Lisboa

10.00 H   **Primeira Sessão**
Constituição de 1976: O Processo Constituinte
Presidente: Prof. Doutor António Hespanha
Faculdade de Direito da Universidade Nova de Lisboa

10.00-10.20 H   Prof. Doutor Jorge Miranda
Faculdade de Direito da Universidade de Lisboa
"A afirmação do princípio democrático no processo constituinte"

10.20-10.40 H   Prof. Doutor Vital Moreira
Faculdade de Direito da Universidade de Coimbra
"A metamorfose da "Constituição económica"

10.40-11.00 H   Debate
Café

11.20-11.40 H   Deputado António Marques Júnior
Assembleia da República
"A legitimidade revolucionária e a legitimidade constituinte"

11.40-12.10 H   Dr. Rui Machete
Faculdade de Direito da Universidade Católica Portuguesa
"Revisões constitucionais e identidade constitucional"

12.10-13.00 H   Debate

15.00 H   **Segunda Sessão**
Constituição de 1976: Influências nos Sistemas Constitucionais de Língua Portuguesa
Presidente: Prof. Doutor Adriano Moreira
Presidente do Conselho Nacional de Avaliação do Ensino Superior

PROGRAMA DO COLÓQUIO

15.00-15.20 H Prof. Doutor LUÍS ROBERTO BARROSO
Faculdade de Direito da Universidade do Estado do Rio de Janeiro
"Transição constitucional brasileira e Constituição Portuguesa"

15.20-15.40 H Dr. JORGE CARLOS FONSECA
Jurisconsulto Cabo-Verdiano
"Do regime de partido único à democracia pluralista: a influência da Constituição Portuguesa de 1976"

15.40-16.00 H DEBATE
Café

16.20-16.40 H Prof. Doutor PEDRO BACELAR DE VASCONCELOS
Escola de Direito da Universidade do Minho
"A construção do Estado Timorense e a importância da Constituição Portuguesa"

16.40-17.00 H Prof. Doutor JORGE BACELAR GOUVEIA
Faculdade de Direito da Universidade Nova de Lisboa
"Sistemas Constitucionais de Língua Portuguesa – a caminho de um paradigma?

15.40-16.00 H DEBATE

5 DE ABRIL

09.30 H   **Terceira Sessão**
30 Anos de Constituição e Justiça Constitucional
Presidente: Prof. Doutor JOÃO CAUPERS
Faculdade de Direito da Universidade Nova de Lisboa

09.30-09.50 H Prof.ª Doutora MARIA LÚCIA AMARAL
Faculdade de Direito da Universidade Nova de Lisboa
"Justiça Constitucional e 30 anos de Constituição"

09.50-10.10 H Prof. Doutor GÁBOR HALMAI
Faculdade de Direito da Széchenyi István University, Györ, Hungria
"The pendulum of activism. The Hungarian Constitutional Court as interpreter of the Constitution"

10.10-10.40 H DEBATE
Café

11.10-11.30 H Prof. Doutor ALESSANDRO PIZZORUSSO
Faculdade de Direito da Università di Pisa
"Astrattezza e concrettezza nelle questioni di costituzionalità delle leggi"

11.30-11.50 H Prof. Doutor PEDRO CRUZ VILLALÓN
Faculdade de Direito da Universidad Autónoma de Madrid
"La renovación de la justicia constitucional española"

12.00-13.00 H DEBATE

15.00 H **Quarta Sessão**
Constituição e Direitos Fundamentais
Presidente: Prof. Doutor JOSÉ CARLOS VIEIRA DE ANDRADE
Faculdade de Direito da Universidade de Coimbra

15.00-15.20 H Prof. Doutor JOSÉ JOAQUIM GOMES CANOTILHO
Faculdade de Direito da Universidade de Coimbra
"Novas Perspectivas sobre os Direitos Fundamentais"

15.20-15.40 H Prof.ª Doutora TERESA PIZARRO BELEZA
Faculdade de Direito da Universidade Nova de Lisboa
"Constituição e androginia: Matrix Reloaded?"

15.40-16.00 H DEBATE
Café

16.20-16.40 H Conselheiro PAULO MOTA PINTO
Juiz Conselheiro do Tribunal Constitucional
"Justiça Constitucional e Direitos Fundamentais"

16.40-17.00 H Prof. Doutor NUNO PIÇARRA
Faculdade de Direito da Universidade Nova de Lisboa
"Extradição e Revisões Constitucionais. A influência da União Europeia"

17.00-17.30 H DEBATE

17.30 H **Cerimónia de Encerramento**
Presidente do Supremo Tribunal de Justiça
Secretário de Estado da Justiça – em representação do Primeiro--Ministro
Vice-Presidente do Conselho Científico da Faculdade de Direito da Universidade Nova de Lisboa

Índice

ÍNDICE

Sessão de abertura

Diogo Freitas do Amaral 7
Leopoldo Guimarães 11
João Caupers 13

Comunicações

Primeira Sessão. *Constituição de 1976: O Processo Constituinte*

Jorge Miranda, *A afirmação do princípio democrático no processo constituinte* 17
Vital Moreira, *A metamorfose da "Constituição económica"* 33
António Marques Júnior, *Legitimidade revolucionária e legitimidade constituinte* 49
Rui Chancerelle de Machete, *A identidade da Constituição de 1976 e as suas diversas revisões* 63

Segunda Sessão. *Constituição de 1976: Influências nos Sistemas Constitucionais de Língua Portuguesa*

Luís Roberto Barroso, *Influência da reconstitucionalização de Portugal sobre a experiência constitucional Brasileira* 71
Jorge Carlos Fonseca, *Do regime de partido único à democracia em Cabo Verde: as sombras e a presença da Constituição Portuguesa de 1976* 81
Jorge Bacelar Gouveia, *Sistemas constitucionais africanos de língua Portuguesa: a caminho de um paradigma* 119

Terceira Sessão. *30 Anos de Constituição e Justiça Constitucional*

Maria Lúcia Amaral, *Justiça constitucional e trinta anos de Constituição* 145
Gábor Halmai, *Constitution and Fundamental Rights in Hungary. Rights-restrictions in transition and emergency* 155
Alessandro Pizzorusso, *"Concretezza" e "Astrattezza" nel sistema italiano e nel sistema portoghese di controllo di costituzionalità delle leggi* 171
Pedro Cruz Villalón, *A reforma da justiça constitucional espanhola* 179

Quarta Sessão. **Constituição e Direitos Fundamentais**

Teresa Pizarro Beleza, *Constituição e androginia: Matrix Reloaded?* 195

Paulo Mota Pinto, *Reflexões sobre jurisdição constitucional e direitos fundamentais nos 30 anos da Constituição da República Portuguesa* 201

Nuno Piçarra, *As revisões constitucionais em matéria de extradição e a influência da União Europeia* 217

Sessão de encerramento

José Moura Nunes da Cruz 245
João Tiago Silveira 247

Programa do colóquio 255
Índice 261